Magali Laure Nieradka

Franz-Hessel-Biographie

LITERATURWISSENSCHAFT

Magali Laure Nieradka

Der Meister
der leisen Töne

Biographie des Dichters
Franz Hessel

LITERATURWISSENSCHAFT

Nieradka, Magali Laure:
Der Meister der leisen Töne. Biographie des Dichters Franz Hessel.

2. überarbeitete und ergänzte Auflage 2014
ISBN: 978-3-86815-590-7
Satz: Julia Moik
© IGEL Verlag Literatur & Wissenschaft, Hamburg, 2014
Alle Rechte vorbehalten.
www.igelverlag.com

Printed in Germany

Igel Verlag Literatur & Wissenschaft ist ein Imprint der Diplomica Verlag GmbH
Hermannstal 119 k, 22119 Hamburg
Printed in Germany

Die Deutsche Bibliothek verzeichnet diesen Titel in der Deutschen Nationalbibliografie.
Bibliografische Daten sind unter http://dnb.d-nb.de verfügbar.

Inhalt

EINLEITUNG

Mit über einer Million verkaufter Exemplare wurde der politische Essay *Indignez-vous!*,[1] zu deutsch *Empört euch!*, zu einem der meistgelesenen und diskutierten Bücher der letzten Jahre. Dieses im Oktober 2010 veröffentlichte Pamphlet gegen den Finanzkapitalismus und für den Pazifismus avancierte zur Kampfschrift der Protestbewegungen in Spanien, Portugal und Griechenland. Der Autor ist dieses vierzehnseitigen Werkes: Stéphane Hessel (1917–2013), französischer Résistance-Kämpfer mit deutschen Wurzeln, Überlebender des Konzentrationslagers Buchenwald, UN-Diplomat, Autor und kein Meister der leisen Töne.

Ganz anders sein Vater, der Schriftsteller Franz Hessel (1880–1941), der über Jahrzehnte völlig in Vergessenheit geraten war. In den achtziger Jahren wurde sein erzählerisches Werk allmählich Stück für Stück wiederentdeckt, die breite Masse oder den Sprung in die Bestsellerlisten erreichte es aber nie. Auch heute noch ist er innerhalb der deutschen Literatur ein „Geheimtip".[2] Interessant ist, dass Franz Hessel von allen literarischen Größen seiner Zeit geschätzt wurde. Sehr viele kannten ihn persönlich und zeichneten ein detailliertes Porträt von diesem „stillen und freundlichen"[3] Mann in ihren autobiographischen Schriften. Doch schon zu Lebzeiten verkauften sich seine Bücher nicht gut. Zum einen, weil er keinerlei Werbung für sie machte,[4] zum ande-

---

[1] Hessel, Stéphane: *Indignez-vous!* – Montpellier: Indigène, 2010.
[2] Opitz, Michael/Jörg Plath (Hgg.): *„Genieße froh, was du nicht hast"*. *Der Flaneur Franz Hessel.* – Würzburg: Königshausen und Neumann, 1997. – S. 5.
[3] Salomon, Ernst von: *Der Fragebogen.* – Hamburg: Rowohlt, 1951. – S. 317f.
[4] „Franz Hessel scheute sich davor, in der Öffentlichkeit aufzutreten. Er veranstaltete keine Vorlesungen aus seinen Werken, er besuchte keine Schriftstellerkongresse, man fand sein Bild in keiner Illustrierten. Er ließ in den Tageszeitungen nicht verkünden, dass er nun fünfzig, fünfundfünfzig, sechzig Jahre alt geworden sei. Nachdem er sein jeweiliges Buch zu Ende geschrieben hatte, tat er nichts mehr dafür. Er tat überhaupt nichts für sich selber." – Speyer, Wilhelm: *„Komm, iss von meiner Suppe." Franz Hessels Persönlichkeit.* – In: Manfred Flügge (Hg.): *Letzte Heimkehr nach Paris.* – Berlin: Das Arsenal, 1989. – S. 97.

ren, weil ihr Stil – sie sind weder „zu leicht" noch „zu schwer" – eine Einordnung erschwert und folglich zu Desinteresse führt.[5]

Zur Zeit erfährt der von den Nationalsozialisten aus Deutschland vertriebene und 1941 im französischen Exil gestorbene Schriftsteller eine Renaissance. Nachdem man seinen Namen während der Nachkriegsjahre in den Verlagsprogrammen überhaupt nicht mehr hatte finden können, begann sich die Literaturkritik erstmals zwischen 1969 und 1971 wieder für ihn zu interessieren.[6] In den siebziger und achtziger Jahren erschienen nach und nach seine wichtigsten Texte, die autobiographischen Romane in der Bibliothek Suhrkamp, die kleineren Schriften wie *Ein Flaneur in Berlin*,[7] die ihn zum Meister der kleinen Prosa gemacht haben, im Berliner Verlag *Das Arsenal*.[8] 1989 wurde Hessel zum ersten Mal ins Französische übersetzt,[9] was ihm persönlich wichtig gewesen wäre, denn er liebte Paris und Berlin gleichermaßen und sah beide als seine Heimat an. Nur der Verlag, für den sich Franz Hessel in den zwanziger und dreißiger Jahren als Lektor regelrecht aufgeopfert hatte, wehrte sich vehement gegen seine Aufnahme in den Literaturkanon. Der damalige Verlagsleiter Heinrich Maria Ledig-Rowohlt begründete seine Ablehnung damit, „daß diese Prosa, wie liebenswürdig-anmutig sie auch sein mag, heute schon ein wenig welk

---

[5] Vollmer, Hartmut: *Der Flaneur in einer „quälenden Doppelwelt" Über den wiederentdeckten Dichter Franz Hessel*. – In: *Neue deutsche Hefte* (Berlin) 4/1987. – S. 726f.

[6] Vgl. Flügge, Manfred: *Gesprungene Liebe. Die wahre Geschichte zu „Jules und Jim"*. – Berlin: Aufbau, 1996. – S. 196.

[7] Im Original von 1929 heißt das Werk *Spazieren in Berlin*.

[8] Vgl. Flügge, Manfred: *Gesprungene Liebe*. – S. 196.

[9] Hessel, Franz: *Promenades dans Berlin* [*Spazieren in Berlin*]. Übersetzt von Jean-Michel Beloeil. – Grenoble: Presses Universitaires de Grenoble, 1989. / Hessel, Franz: *Romance parisienne. Les papiers d'un disparu* [*Pariser Romance. Papiere eines Verschollenen*]. Übersetzt von Léa Marcou. / Paris: Sell, 1990. – Hessel, Franz: *Le bazar du bonheur* [*Der Kramladen des Glücks*]. Übersetzt von Léa Marcou. – Paris: Calmann-Lévy, 1992. / Hessel, Franz: *Marlène* [*Marlene*]. Übersetzt von Josie Mély. – Paris: Arte/Editions du Félin, 1997. / Hessel, Franz: *Le dernier voyage* [*Alter Mann*]. Übersetzt von Françoise Borie. – Paris: Gallimard/Le Promeneur, 1997. / Hessel, Franz: *Des amants et de leurs erreurs* [*Von den Irrtümern der Liebenden*]. Übersetzt von Jean Ruffet. – Paris: Seuil, 1997. / Hessel, Franz: *Encouragements au plaisir* [*Ermunterungen zum Genuss*]. Übersetzt von Philippe Delerm. – Paris: Seuil, 2001. / Hessel, Franz: *Flâneries parisiennes*. Précédé par *L'art de se promener* [*Paris. / Die Kunst, spazieren zu gehen*]. Übersetzt von Maël Renouard. – Paris: Payot & Rivages, 2013.

erscheint; der Duft dieser poetischen Stücke ist – wie wir meinen – mit der besonderen Atmosphäre des Vorkriegs-Berlin verwelkt".[10] 1999 ist im Oldenburger Igel Verlag erstmals – fast sechzig Jahre nach seinem Tod – eine Werkausgabe erschienen.[11] 2001 publizierte das gleiche Haus den Band *Über Franz Hessel*, der Erinnerungen von Zeitgenossen, Porträts und Rezensionen versammelt.[12]

In den neunziger Jahren versuchte vor allem der Romanist Manfred Flügge, Franz Hessel wieder ins Gedächtnis zu rufen. Auf ihn gehen die beiden Studien *Gesprungene Liebe. Die wahre Geschichte zu „Jules und Jim"*,[13] welche die Dreiecksbeziehung zwischen Franz Hessel, Helen Grund und Henri-Pierre Roché beleuchtet, und *Letzte Heimkehr nach Paris. Franz Hessel und die Seinen im Exil*,[14] die eine Sammlung von Texten aus Hessels Emigrantenzeit ist, zurück. Damit gelang es ihm, ein genaues Bild von zwei wichtigen Phasen im Leben des jüdischen Autors zu zeichnen. In einem weiteren Buch, *Wider Willen im Paradies. Deutsche Schriftsteller im Exil in Sanary-sur-Mer*,[15] widmet Flügge Franz Hessel ebenfalls ein Kapitel. Außerdem fand im Herbst 1998 im Berliner Literaturhaus die erste Ausstellung zu Hessel statt, zu welcher ein schön bebilderter Katalog erschienen ist.[16]

Im Jahre 2010 wurde von der Stiftung Genshagen (Deutschland) und der Villa Gillet Lyon (Frankreich) der Franz-Hessel-Preis[17] ins Leben gerufen. Gefördert wird der Preis von dem Beauftragten der Bundesregierung für Kultur und Medien und dem französischen Ministère de la Culture et de la Communication. Der Preis wird an jeweils einen deutsch- und einen französischsprachigen Autor vergeben. Vo-

---

[10] Witte, Bernd: *Franz Hessel. Ein Bauer von Paris.* – In: *Juni. Magazin für Literatur und Politik* (Mönchengladbach) 1/1989. – S. 18.

[11] Hessel, Franz: *Sämtliche Werke in fünf Bänden.* Herausgegeben von Hartmut Vollmer und Bernd Witte. – Oldenburg: Igel, 1999.

[12] Ackermann, Gregor/Hartmut Vollmer (Hgg.): *Über Franz Hessel. Erinnerungen – Porträts – Rezensionen.* – Oldenburg: Igel, 2001.

[13] Vgl. Fußnote 6.

[14] Flügge, Manfred (Hg.): *Letzte Heimkehr nach Paris. Franz Hessel und die Seinen im Exil.* – Berlin: Das Arsenal, 1989.

[15] Flügge, Manfred: *Wider Willen im Paradies. Deutsche Schriftsteller im Exil in Sanary-sur-Mer.* – Berlin: Aufbau, 1996.

[16] Wichner, Ernest/Herbert Wiesner (Hgg.): *Franz Hessel. Nur was uns anschaut, sehen wir.* – Berlin: Literaturhaus, 1998.

[17] Vgl. www.stiftung-genshagen.de.

raussetzung für eine Nominierung sind eine aktuelle Veröffentlichung, nach Möglichkeit im Jahr der Preisvergabe, und dass das Werk noch nicht ins Deutsche bzw. Französische übersetzt worden ist. Die Auszeichnung wird jährlich verliehen, sie ist mit einem Preisgeld in Höhe von jeweils 10.000 Euro dotiert. Der Preis ist mit einer Schriftstellerresidenz in der Stiftung Genshagen verbunden. Er soll außerdem dazu beitragen, dass die Romane der Preisträger und Preisträgerinnen ins Deutsche und Französische übersetzt werden.

Der Meister der leisen Töne ist die erste umfassende Biographie zu Franz Hessel. Zwar hat die Französin Karin Grund-Ferroud[18] im Jahre 1994 über diesen Schriftsteller promoviert, doch diese auf Französisch auf Microfiche erschienene Dissertation hebt stärker auf die Interpretation seiner Werke ab, während die vorliegende Arbeit vor allem die Sicht seiner Zeitgenossen betont. Die Untersuchung gliedert sich in drei Teile – *Vom preußischen Kind zum Parnassien*, *Vom Frontsoldaten zum Flaneur*, *Vom Heimkehrer zum „Heiligen Franz"* – welche man mit der Früh-, Haupt- und Spätphase seines Wirkens gleichsetzen kann. Franz Hessel war zeitlebens ein „Liebhaber der Großstadt",[19] deshalb richtet sich der Aufbau der Unterkapitel nach den Städten, in denen er verweilte. Man kann sagen, dass mit jedem Ortswechsel eine Wende in seinem Leben verbunden ist. Da es bisher zu ihm und seinen Schriften wenig Sekundärliteratur gibt, arbeitet die Autorin vornehmlich mit Primärquellen, das heißt mit Beschreibungen Hessels durch seine Zeitgenossen. Außerdem werden viele biographische Elemente aus seinen Büchern einfließen und vermeintlich biographische Züge seines Werkes kritisch beleuchtet. Ziel dieser Lebensbeschreibung ist es, möglichst viele Leser mit dem Zauber des „Meisters der leisen Töne" bekannt zu machen, denn, so schreibt Peter Härtling, „wer Hessel liest, sollte zu jenen zählen, die sich, mit Verständnis, entzücken lassen".[20]

---

[18] Ferroud, Karin: *Une vie d'écriture.* – Paris: Dissertation, 1994.
[19] Plath, Jörg: *Liebhaber der Großstadt. Ästhetische Konzeptionen im Werk Franz Hessels. Mit Abdruck eines unbekannten Textes von Franz Hessel.* – Paderborn: Igel, 1994.
[20] Härtling, Peter: *Zwischen Untergang und Aufbruch. Aufsätze, Reden, Gespräche.* – Berlin und Weimar: Aufbau, 1990. – S. 136.

VOM PREUSSISCHEN KIND
ZUM PARNASSIEN (1880–1913)

Stettin – Berlin (1880–1903)

„Ob ich als Kind glücklicher war, weiß ich nicht"[21]
Franz Hessels Kindheit in Stettin

Stettin [...], die Geburtsstadt, bleibt entrückt in die memorial eher unheimliche Region frühester Kindheit, der Schauplatz erster Enttäuschungen und einer antisemitisch grundierten Ablehnung als Außenseiter.[22]

Über die Kindheit von Franz Hessel gibt es kaum autobiographische Quellen, außer ein paar Einträgen in amtlichen Dokumenten und dem Umzug der Familie im Jahre 1888. Der Familienname „Hessel" ist seit dem dreizehnten Jahrhundert im westoberdeutschen Raum nachgewiesen.[23] Aber seine Romane schildern in der „Chronologie ihrer Entstehung [...] Entwicklungsstufen im Leben ihres Autoren".[24] Alles, was er in seinen Werken beschreibt, ist erlebt, nichts erfunden.[25] „Während *Der Kramladen des Glücks* [1913] Kindheit, Jugend und frühes Mannesalter beschreibt, begegnet uns in der *Pariser Romanze* [1920] der reife, in *Heimliches Berlin* [1927] der weise Künstler und Lebensphilosoph, in *Alter Mann* [1987] der vom Tode gezeichnete, in den glücklichen Erinnerungen lebende Hessel, verborgen hinter den Masken seiner Protagonisten Gustav Behrendt, Arnold Wächter, Clemens Kestner und Julius Küster",[26] konstatiert Hartmut Vollmer. Michael Bienert nennt

21 Hessel, Franz: *Der Kramladen des Glücks.* – In: Franz Hessel: Sämtliche Werke in fünf Bänden. Herausgegeben von Hartmut Vollmer und Bernd Witte. *Werke 1: Romane.* Herausgegeben und mit einem Nachwort versehen von Bernd Witte. – Paderborn: Igel, 1999. – S. 62.

22 Honold, Alexander: *Geld und Liebe, oder was dazwischen liegt.* – In: Opitz, Michael/Jörg Plath (Hgg.): *„Genieße froh, was du nicht hast".* – S. 33.

23 Vgl. Bahlow, Hans: *Deutsches Namenlexikon. Familien- und Vornamen nach Ursprung und Sinn erklärt.* – Frankfurt am Main: Suhrkamp, 1977. – S. 234f.

24 Vollmer, Hartmut: *Der Flaneur in einer „quälenden Doppelwelt".* – S. 727.

25 Vgl. Ferroud, Karin: *Une vie d'écriture.* – S. 6.

26 Vollmer, Hartmut: *Der Flaneur in einer „quälenden Doppelwelt".* – S. 727f.

Hessels *Der Kramladen des Glücks* eine „kaum verschlüsselte Jugend-autobiographie"[27] – allerdings nur auf den ersten Blick. Sein Romande-büt handelt von der Kindheit und Jugend des Gustav Behrendt und folgt – äußerlich – dem Schema des Bildungsromans.[28] Viele Details stim-men mit Hessels Biographie überein, so zum Beispiel die Lebensstatio-nen Stettin, Berlin und München. Die Kindheit des Romanhelden erfährt mit dem Tod der Mutter einen Schock. Und genau in diesem wichtigen Detail stimmen „Dichtung und Wahrheit" nicht überein. Dieser Fehler der Parallelisierung unterläuft unter anderem Gert Ueding in seiner Darstellung *Im Morgenland der Dinge*.[29]

Hessels Mutter (1850–1931) ist über achtzig Jahre alt geworden und findet im Tagebuch von Hessels späterer Frau Helen mehrmals als „die Schwie" Erwähnung.[30] Henri-Pierre Roché, sein bester Freund, zeichnet in seinem autobiographisch gefärbten Roman *Jules et Jim* (1953), der später noch eingehend behandelt wird, ein detailliertes Porträt der reso-luten Dame als einer „richtige[n] jüdische[n] Mamme".[31] „Während-dessen kam Jules' Mutter,[32] betagt, aber noch rüstig, aus Mitteleuropa angereist, um ihren Sohn in Paris zu besuchen. Sie examinierte seine Wäsche und achtete darauf, daß ihm kein Knopf fehlte. Sie führte Jules und Jim in die feinsten Restaurants aus, bestand aber auf Gehrock und Zylinder. Das kostete Jules beträchtliche Anstrengungen."[33]

---

[27] Bienert, Michael: *Todesarten.* – In: Opitz, Michael/Jörg Plath (Hgg.): „*Genieße froh, was du nicht hast".* – S. 135.

[28] „Handelt der Bildungsroman vom krisenhaften, aber letztlich erfolgreichen Erwach-senenwerden, so beschreibt Hessel, wie jemand dazu unfähig ist und Kind bleiben will. Gustavs Suche nach einem Platz in der sozialen Welt, nach einer Rolle in der Gesellschaft – er sucht sie vor allem in der Liebe zu mütterlichen Frauen – scheitert. Am Ende entlässt der Autor keine ausgereifte, lebenstüchtige Person ins Erwachse-nenleben, sondern einen Ratlosen, Getriebenen in ein unbestimmtes Irgendwo." – Ebd., S. 136.

[29] Vgl. Ueding, Gert: *Im Morgenland der Dinge. Über Franz Hessel.* – In: Gert Ueding: *Die anderen Klassiker. Literarische Porträts aus zwei Jahrhunderten.* – München: Beck, 1986. – S. 227.

[30] Vgl. Hessel, Helen: *Journal d'Helen. Lettres à Henri-Pierre Roché.* Traductions d' Antoine Raybaud. Notes de Karin Grund. – Marseille: André Dimanche, 1991.

[31] Witte, Bernd: *Franz Hessel. Ein Bauer von Paris.* – S. 18.

[32] Jules steht für Franz Hessel, Jim für Henri-Pierre Roché.

[33] Roché, Henri-Pierre: *Jules und Jim. Roman.* Aus dem Französischen von Peter Ruhff. Neu durchgesehen von Klaus Völker. Mit einem Vorwort von François Truffaut. – Berlin: Aufbau, 1995. – S. 15.

Dagegen stirbt Hessels Vater bereits im Jahre 1900, was allerdings im *Kramladen des Glücks* keine Erwähnung findet. Tatsächlich hat der Vater seinem Sohn ein großes Vermögen hinterlassen, von dem Hessel in München und Paris ein unbeschwertes Leben führen kann.[34]

Die Familie Hessel ist durch Getreidehandel zu beträchtlichem Wohlstand gekommen. Sie hat Polen, wo sie der jüdischen Gemeinschaft angehört hat, verlassen, um sich im großen deutschen Seehafen Stettin niederzulassen. Ihr drittes Kind Franz Siegmund erblickt dort am 21. November 1880 das Licht der Welt. Um die Jahrhundertwende brechen der spätere Bankier Heinrich Hessel (1840–1900) und seine Frau Fanny, geborene Kaatz, die Tochter eines Stadtrats in Posen, mit der jüdischen Tradition.[35] Die „saturierte"[36] Familie wohnt in der Pölitzerstraße 99 und ermöglicht es ihren Kindern, die „Jugend in würdig-unbeschwerter Weise zu genießen".[37]

Die Hessels lassen ihre Kinder Anna (vor 1874–1903), Alfred (1877–1939), Franz und Hanns (1890–1967) protestantisch taufen. Alfred und Hanns entsprechen dem Bild der assimilierten Juden des Großbürgertums, die im ersten Drittel des 20. Jahrhunderts ein breites Spektrum gesellschaftlicher Positionen ersten Ranges einnehmen.[38] Mit der Gründung des zweiten deutschen Kaiserreiches im Jahre 1871 hat die rechtliche und politische Emanzipation der deutschen Juden begonnen. „Alle noch bestehenden, aus der Verschiedenheit des religiösen Bekenntnisses hergeleiteten Beschränkungen der bürgerlichen und staatsbürgerlichen Rechte werden hierdurch aufgehoben. Insbesondere soll die Befähigung zur Teilnahme an der Gemeinde- und Landesvertretung und zur Bekleidung öffentlicher Ämter vom religiösen Bekenntnis

---

[34] Vgl. Bienert, Michael: *Todesarten.* – S. 135.

[35] Vgl. dazu Gustav Behrendts Gedanken im *Kramladen des Glücks*: „Mein Vater liebt Nathan den Weisen, Uriel Acosta, das allgemein Menschliche. Das ist mir – bei all meiner Liebe zu ihm – ebenso zuwider wie die Preußenpflicht der Schule." – Hessel, Franz: *Der Kramladen des Glücks.* – In: Franz Hessel: *Werke 1: Romane.* – S. 64.

[36] Mayer, Paul: *Franz Hessel.* – In: Paul Mayer: *Lebendige Schatten. Aus den Erinnerungen eines Rowohlt-Lektors.* – Hamburg: Rowohlt, 1969. – S. 53.

[37] Ebd.

[38] „Der Anteil von Autoren jüdischer Abstammung an der deutschsprachigen Literatur war nie größer als in der Epoche zwischen 1871 und 1933." – Schütz, Hans J.: *Eure Sprache ist auch meine. Eine deutsch-jüdische Literaturgeschichte.* – Zürich und München: Pendo, 2000. – S. 13.

unabhängig sein",[39] heißt es im Emanzipationsgesetz des Norddeutschen Bundes vom dritten Juli 1869, das im April 1871 als Reichsgesetz – das sogenannte Gesetz betreffend die Gleichberechtigung der Konfessionen in bürgerlicher und staatsbürgerlicher Beziehung – in Kraft tritt. Es wird 1919 seine Geltung verlieren, indem es in dem inhaltsgleichen Artikel 136 der Weimarer Reichsverfassung aufgehen wird.

Im Jahr der Reichsgründung machen Juden 1,2 Prozent der Gesamtbevölkerung aus, bis 1914 sinkt ihr Anteil auf 0,9 Prozent. Die Abnahme läßt sich durch den Geburtenrückgang, die Auswanderung und den Übertritt zum Christentum erklären.[40] Zwei Drittel der deutschen Juden leben in den preußischen Großstädten und sind im Handel tätig, vier Fünftel von ihnen gehören dem oberen und mittleren Bürgertum an. Dazu heißt es bei Hans J. Schütz: „Mit dem rasanten wirtschaftlichen Aufstieg ging eine zunehmende Assimilation der überwiegenden Mehrzahl der deutschen Juden an die deutsche Kultur einher. Die weitaus meisten deutschen Juden waren davon überzeugt, daß die Assimilation notwendig und möglich sei. Sie und ihre geistigen und politischen Repräsentanten wollten an die Assimilation glauben, an die Verschmelzung mit einer Umgebung, die ihnen im großen und ganzen gleichmütig bis wenig wohlwollend gegenüberstand.[41] Dieser Wille zur Assimilation, der die Auflösung des traditionellen Judentums in Kauf nahm oder forcierte, führte zu einer Säkularisierung der jüdischen Religion. Sie hörte auf, das Leben von Grund auf zu prägen, und wurde zur Konfession."[42]

Alfred Hessel wird 1926 Honorarprofessor für Mittlere und Neue Geschichte und für Historische Hilfswissenschaften in Göttingen, Hanns Hessel ist ab 1915 Bankier in München. Nach Fritz Stern sei diese Talentexplosion eine der spektakulärsten Sprünge einer Minder-

[39] Huber, Ernst Rudolf (Hg.): *Dokumente zur deutschen Verfassungsgeschichte. Band 2: Deutsche Verfassungsdokumente 1851–1900*. Dritte neubearbeitete Auflage. – Stuttgart/Berlin/Köln/Mainz: W. Kohlhammer, 1986. – S. 312.
[40] Vgl. Schütz, Hans J.: *Eure Sprache ist auch meine.* – S. 123f.
[41] Vgl. Scholem, Gershom: *Von Berlin nach Jerusalem. Jugenderinnerungen.* Erweiterte Fassung. – Frankfurt am Main: Suhrkamp, 1994. – S. 31.
[42] Schütz, Hans J.: *Eure Sprache ist auch meine.* – S. 124f.

heit in der Gesellschaftsgeschichte.[43] Juden haben in Banken, Universitäten, in der Theater- und Presselandschaft das Sagen und werden deshalb später zur „Zielscheibe [...] der nationalsozialistischen Rechten und dann der Nazis".[44]

Die beiden anderen Kinder, Anna und Franz, unterscheiden sich charakterlich von ihren Brüdern.[45] Ein zartes Band soll die beiden Geschwister zeitlebens verbunden haben. Das Mädchen stirbt früh[46] an Tuberkulose, nachdem die Mutter ihr zweites Kind, die Tochter Aenne, auf die Welt gebracht hat. Ihr Mann Paul Briske wird 1939 an einem Herzanfall sterben, als ihn die Gestapo verhaften will. Den Jungen, fünf Jahre jünger als sie, erschüttert das frühe Ableben der Schwester zutiefst: „Daher rührten vielleicht jene Melancholie und Gleichgültigkeit materiellen Dingen gegenüber, wie es sich für Dichter ziemt. Was für Paul Briske, seinen Schwager, der das Vermögen der Familie durchbringen wird, die Geschäfte sind, ist für Hanns die Bank und für Alfred die Universität. Was Franz betrifft, so widmet er sich seit frühester Jugend der Literatur, den Sprachen und dem Studium der griechischen Antike."[47]

Das stille und zurückgezogene Kind erfreut sich an den kleinen Dingen des Lebens und besitzt die Begabung, sich verzaubern zu lassen. Besonders für ihn sei die Gabe des „Verwandelns"[48] gewesen, die ihm angeboren zu sein scheint, meint Helen Hessel, wie sie von ihrer Schwiegermutter erfahren habe: „Sie [die Schwiegermutter] ging kurz vor Weihnachten mit dem vierjährigen Fränzchen spazieren. Der bückte sich und hob aus dem schmutzigen Schnee der Straße ein äußerst kümmerliches Tannenreis, das, von vielen Passanten zertreten, kaum mehr Nadeln hatte. Sie nahm ihm das erbärmliche Ding aus den Fingern und

---

[43] Vgl. Stern, Fritz: *Der Traum vom Frieden und die Versuchung der Macht. Deutsche Geschichte im 20. Jahrhundert.* – Berlin: Aufbau, 1988. – S. 28.

[44] Hessel, Stéphane: *Tanz mit dem Jahrhundert. Erinnerungen.* Aus dem Französischen von Roseli und Saskia Bontjes van Beek. – München und Zürich: Piper, 2000. – S. 12.

[45] Vgl. ebd.

[46] Stéphane Hessel nennt 1900 als Todesjahr, wobei Manfred Flügge es auf 1903 datiert. – Vgl. Hessel, Stéphane: *Tanz mit dem Jahrhundert.* – S. 12; Vgl. Flügge, Manfred: *Gesprungene Liebe.* – S. 30.

[47] Hessel, Stéphane: *Tanz mit dem Jahrhundert.* – S. 12.

[48] Hessel, Helen: *C'était un brave. Eine Rede zum 10. Todestag Franz Hessels.* – In: Manfred Flügge (Hg.): *Letzte Heimkehr nach Paris.* – S. 81.

warf es fort. „Ach', sagte er ganz traurig, „nun hast du mir mein schönes Weihnachtsbäumchen weggeworfen."[49]

Ebenso phantasievoll und warmherzig wie Franz Hessel ist sein Protagonist Gustav Behrendt, der auch in seinem eigenen Kosmos lebt. Der Romanheld bereut die Initiation in die logische Welt der Erwachsenen, denn sie beraubt ihn vieler schöner Dinge: „Ob ich als Kind glücklicher war, weiß ich nicht. Aber es gab eine Welt, die mein eigen war. Ich hatte soviel Kurzweil an allen Worten, deren sich meine Zunge bemächtigen konnte. Ich sagte sie mir laut und leise vor mit mancherlei Betonung und Veränderung. Seit man mich aber gelehrt hat, Dinge und Worte aufeinander zu beziehen, bin ich ärmer geworden, scheint mir."[50]

„Es ist unheimlich, daß man mit einemmal kein Kind mehr ist"[51]
Franz Hessels Kindheit und Jugend in Berlin

Das Staunen ist der Anfang der Philosophie, dieses Talent besaß Franz Hessel seit seiner Kindheit in hohem Maße und hat es nicht verloren bis zuletzt.[52]

1888 zieht die Familie Hessel von Stettin nach Berlin in das vornehme Tiergartenviertel. Seinen Namen erhielt der Bezirk nach dem Tiergarten, dem ältesten Park Berlins, der noch heute dessen Herzstück ist.[53] Schon lange vor ihrem Zuzug ist dieses Viertel ein begehrter Wohnort der Reichen. Karin Ferroud vergleicht das großbürgerliche Berliner Elternhaus, in welchem Hessel aufwächst, mit jenem Pariser Milieu, in dem der französische Schriftsteller Marcel Proust heranwächst, dessen Werk Hessel später übersetzen wird.[54] Man nennt es das „Geheimratsviertel"[55] oder das „Dahlem der Jahrhundertwende".[56] Bankiers wie die

---

[49] Hessel, Helen: *C'était un brave.* – S. 81.
[50] Hessel, Franz: *Der Kramladen des Glücks.* – In: Franz Hessel: *Werke 1: Romane.* – S. 62.
[51] Ebd., S. 61.
[52] Ueding, Gert: *Im Morgenland der Dinge.* – S. 227.
[53] Vgl. Bohle-Heintzenberg, Sabine/Barbara Schneider (Hgg.): *Tiergarten. Ein Bezirk von Berlin.* – Berlin: Nicolaische Verlagsbuchhandlung, 1988. – S. 5.
[54] Vgl. Ferroud, Karin: *Une vie d'écriture.* – S. 16.
[55] Bohle-Heintzenberg, Sabine/Barbara Schneider (Hgg.): *Tiergarten.* – S. 3.

Rothschilds, Zeitungsverleger wie Ullstein und Scherl, Fabrikanten, Staatsbeamte, Künstler, Kaufleute, Militärs und Musiker werden für kurze Zeit im sogenannten alten Westen ansässig. Der Beschreibung vom „Alten Westen" und seiner Entwicklung widmet Hessel in *Spazieren in Berlin* (1929) ein Kapitel: „Der alte Westen hat verloren, wie man von Schönheiten sagt, die aus der Mode gekommen sind. ,Man' wohnt nicht mehr im alten Westen. Schon um die Jahrhundertwende zogen die wohlhabenden Familien fort in die Gegend des Kurfürstendamms und später noch weiter bis nach Westend und Dahlem, wenn sie es nicht gar bis zu einer Grunewaldvilla brachten."[57]

Viele jüdische Bürger sind im Tiergartenviertel ansässig geworden. Als Teile einer gesellschaftlichen Minderheit schwanken sie zwischen Assimilierung und Erhaltung ihrer ursprünglichen Identität. Der Diskriminierungsdruck zeigt sich ab 1880 in einer wachsenden Anzahl von Namensänderungen. So wird beispielsweise aus Moses Moser, aus Itzig Großmann und aus Isaak Levin. Als Hauptmotiv für diese Modifikation geben sie „wegen ihres Namens gehänselt"[58] an. Auch die Familie von Hessels Mutter will eine Namensänderung erwirken. Aber obwohl man sie eine großen Betrag zahlen läßt, gestattet man ihr nur, den Vokal zu verdoppeln, aus Katz wird Kaatz.[59]

Zunächst leben die Hessels in der Genthiner Straße Nr. 43.[60] In *Der Kramladen des Glücks* läßt Franz Hessel seinen Protagonisten Gustav

---

[56] Bohle-Heintzenberg, Sabine/Barbara Schneider (Hgg.): *Tiergarten.* – S. 4.

[57] Hessel, Franz: *Alter Westen.* – In: Franz Hessel: *Spazieren in Berlin.* – In: Franz Hessel: *Sämtliche Werke in fünf Bänden.* Herausgegeben von Hartmut Vollmer und Bernd Witte. *Werke 3: Städte und Porträts.* Herausgegeben und mit einem Nachwort versehen von Bernhard Echte. – Paderborn: Igel, 1999. – S. 110. – Vgl. dazu Walther Rathenaus bereits 1902 erschienenen Berliner *Impressionen:* „Was einst der Stolz und die Schönheit der Stadt war, das ist heute erdrückt, veraltet, deplaciert. [...] Berlin ist nicht gewachsen, es ist verwandelt. Schinkel und Wertheim, Schlüter und Begas vertragen sich einfach nicht. Das königlich preußische findet im kaiserlichen Reichsberlin keinen Platz mehr. Spreeathen ist tot und Spreechicago wächst heran." – Rathenau, Walther: *Impressionen.* – Leipzig: Hirzel, 1902. – S. 144.

[58] Bohle-Heintzenberg, Sabine/Barbara Schneider (Hgg.): *Tiergarten.* – S. 4

[59] Vgl. Ferroud, Karin: *Une vie d'écriture.* – S. 13, Anmerkung 1.

[60] Vgl. Oberhauser, Fred/Nicole Henneberg (Hgg.): *Literarischer Führer Berlin.* Mit zahlreichen Abbildungen, Karten und Registern. – Frankfurt am Main: Insel, 1997. – S. 305. – Eine Beschreibung der Wohnung findet man in der Erzählung *Ein Wiedersehn.* – Hessel, Franz: *Ein Wiedersehn.* – In: Franz Hessel: *Nachfeier.* – In: Franz Hessel: *Sämtliche Werke in fünf Bänden.* Herausgegeben von Hartmut Vollmer und

Behrendt zusammen mit seinem Bruder und Vater auch in die Hauptstadt ziehen. Der kleine Gustav nimmt seine neue Umgebung – die allem Anschein nach die Genthiner Straße ist – folgendermaßen wahr: „Sie [Die Familie Behrendt] zogen in eine der vielen geraden Straßen, die nichts als die Querstraßen ihrer Querstraßen sind. Das Haus hatte in allen vier Stockwerken vier Fenster nach der Straße. Den beiden mittleren Fenstern war immer ein kleiner Balkon vorgeklebt, der von einem Genius aus Stuck getragen wurde. Im ersten und dritten Stock war dieser Genius männlichen Geschlechtes, im zweiten und vierten war er mit den Merkmalen der Weiblichkeit ausgestattet. Behrendts bewohnten das zweite Stockwerk.“[61]

Später wird Franz Hessel in *Spazieren in Berlin* über die Genthiner Straße sagen: „Ein paar Häuser der alten Zeit sind noch unverändert in Nebenstraßen der Maaßen-, Derfflinger- und Kurfürstenstraße, die führen in Gärten ein wunderbares Inseldasein“.[62] Ein bisschen wehmütig betrachtet er das Viertel seiner Kindertage: „Manche von uns, die im alten Westen Kinder waren, haben eine Anhänglichkeit an seine Straßen und Häuser, denen eigentlich nicht viel Besondres anzusehn ist, behalten.“[63] In seinen Erinnerungen beschreibt Gustav Behrendt, dass auf ihn vor allem das Haus auf der anderen Straßenseite gewirkt habe, das ihm mit seinen Damen wie ein „Wunderort“[64] erschienen sei. Doch nach einem Besuch – es handelt sich um ein „Rotlichtetablissement“[65] – und als die Prostituierten ihn mütterlich nach Hause schicken, ist ihm „eiskalt im Rücken und glutheiß in den Fingerspitzen und Schläfen“.[66]

Bernd Witte. *Werke 2: Prosasammlungen.* Herausgegeben und mit einem Nachwort versehen von Karin Grund-Ferroud. – Oldenburg: Igel, 1999 – S. 252–254.

[61] Hessel, Franz: *Der Kramladen des Glücks.* – In: Franz Hessel: *Werke 1: Romane.* – S. 28.

[62] Hessel, Franz: *Alter Westen.* – In: Franz Hessel: *Spazieren in Berlin.* – In: Franz Hessel: *Werke 3: Städte und Portraits.* – S. 110.

[63] Ebd.

[64] Hessel, Franz: *Der Kramladen des Glücks.* – In: Franz Hessel: *Werke 1: Romane.* – S. 29.

[65] Wichner, Ernest/Herbert Wiesner (Hgg.): *Franz Hessel. Nur was uns anschaut, sehen wir.* – S. 9.

[66] Hessel, Franz: *Der Kramladen des Glücks.* – In: Franz Hessel: *Werke 1: Romane.* – S. 31.

Interessanterweise hat Walter Benjamin,[67] mit dem ihn später eine enge Freundschaft verbinden wird, in seinem autobiographischen Werk *Berliner Kindheit um neunzehnhundert* auch Erinnerungen an diese Gegend. Denn „Steglitzer Ecke Genthiner" habe nämlich „immer unter dem gleichen schwarzen Häubchen und im gleichen Seidenkleide, aus dem gleichen Lehnstuhl, vom gleichen Erkerfenster"[68] aus seine Tante gewartet und ihn willkommen geheißen. Wahrscheinlich hat diese auch die Familie Hessel gekannt: „Die Tante wußte die Verschwägerungen, Wohnsitze, Glücks- und Unglücksfälle all der Schoenflies, Rawitschers, Landsbergs, Lindenheims und Stargards, die einst als Vieh- und Getreidehändler im Märkischen und Mecklenburgischen gesessen hatten. Nun aber waren ihre Söhne und vielleicht schon Enkel hier im alten Westen heimisch, in Straßen, die die Namen preußischer Generäle und manchmal auch der Städte trugen, aus denen sie hierher gezogen waren."[69]

Später zieht die Familie Hessel in die Budapester Straße 239,[70] ebenfalls im Stadtteil Tiergarten. Im *Kramladen des Glücks* wirkt diese neue Wohnung nicht sehr einladend auf ihren Protagonisten: „Sonntag Mittag waren wir wieder in der neuen kahlen Wohnung, in die wir Ostern ziehen wollen. Dem Vater macht es Freude, abzumessen, zu besehen, in Gedanken einzurichten. Er freut sich auf die Aussicht von seinem Balkon auf den Zoologischen Garten. Mir graut es in den kalkigen und hölzernen Räumen. Ich kann mein Leben nicht hineindenken in das leere Zimmer, das ich dort bewohnen soll."[71]

Franz Hessel hat das Joachimsthalsche Gymnasium[72] besucht, das er im *Kramladen des Glücks* als „das Gymnasium […] in der Vorstadt,

---

[67] Walter Benjamin (1892–1940). Deutscher Philosoph, Literaturkritiker und Übersetzer von Honoré de Balzac, Charles Baudelaire und Marcel Proust. Benjamin überträgt in den zwanziger Jahren zusammen mit seinem Freund Franz Hessel Teile von Prousts *A la recherche du temps perdu*. Später beeinflusst Hessel das Entstehen von Benjamins posthum erschienenen *Passagenwerk*, einer Studie über die Flanerie.

[68] Benjamin, Walter: *Berliner Kindheit um neunzehnhundert*. Gießener Fassung. Herausgegeben und mit einem Nachwort versehen von Rolf Tiedemann. – Frankfurt am Main: Suhrkamp, 2000. – S. 36.

[69] Ebd., S. 36f.

[70] Vgl. Wichner, Ernest/Herbert Wiesner (Hgg.): *Franz Hessel. Nur was uns anschaut, sehen wir.* – S. 9.

[71] Hessel, Franz: *Der Kramladen des Glücks.* – In: Franz Hessel: *Werke 1: Romane.* – S. 66.

[72] Vgl. Wichner, Ernest/Herbert Wiesner (Hgg.): *Franz Hessel. Nur was uns anschaut, sehen wir.* – S. 9.

[…] ringsum war noch wild wachsendes, beschüttetes oder kahles Gelände"[73] beschreibt. Rund dreißig Jahre später, am 31. März 1932, stattet er seiner alten Schule einen Besuch ab, die nun das Stadthaus Wilmersdorf (heute Hochschule der Künste und Stadtbibliothek Wilmersdorf in der Bundesallee[74]) ist. Hessel ist dort zu einem Kunstabend des Volksbildungsamtes eingeladen, wie aus seinen Tagebuchaufzeichnungen hervorgeht: „Den alten Schulweg zu dem großen, gelben Gebäude, das heut Stadthaus Wilmersdorf ist. Im Erdgeschoß steht nicht mehr das DIC CUR HIC[75] von damals. Im Pedelleck Eintrittskarte zum Bunten Abend des Volksbildungsamtes Wilmersdorf. Die Treppe hinauf auf der Alumnatsseite. Vorraum. Dann Aula, die ich seit 99 nicht mehr betreten. Da sind die etwas dicklichen, ionischen Säulen. Da sind in den Nischen die Kurfürsten und Könige aus Bronze, unsere Stifter und Gönner. Ich sitze, sehe in den Fensterscheiben die buntgefaßten Rauten. Selbst die Kandelaber kommen mir noch bekannt vor, sind wohl noch aus unserer Glasglühlichtzeit mit neueingesetzten Birnen. Über der Bühne die alte Inschrift, die, dem Sextaner rätselhaftes Griechisch, von Tertia ab verständlich wurde: Jede Wissenschaft, die getrennt ist von der Moral, ist Innovation und nicht Weisheit. Vorhänge grün, die sind wohl neu, die waren noch nicht bei den Theateraufführungen (als der süße junge Hosemann in Platens *Schatz des Ramsinit* als ägyptische Prinzeß flüsterte: ‚Ich liebe den Siuf‘). Ich […] schaue zurück zur Harmoniumecke, aus der bei den Montagsandachten langsam das (möglichst zeitfressend gedehnte) Orgelvorspiel klang vor Liedern wie *Deiner Gnade Morgentau / fall auf unser matt Gewissen*. Wie bürgerlich antik die Kassettendecke und wie erinnerungsschwer selbst die Triglyphen und die Zahnreihen von Säule zu Säule. Nur wird ein Flügel hingestellt, wo unser Chor sang zu Feiern wie Abiturientenabschied: *Brüder nehmt die Hand / jetzt zum Unterpfand*, und wo Katheder der vortragenden Lehrer, insbesondere des Pastors, stand. […] Aber die Äderung in den grünen Wandflächen, ach die Palmetten am Kapitell der Säulen, wie sie an Gipsvorlagen, der Zeichenstunde erinnern. […]

---

[73]   Hessel, Franz: *Der Kramladen des Glücks*. – In: Franz Hessel: *Werke 1: Romane*. – S. 31.

[74]   Vgl. Wichner, Ernest/Herbert Wiesner (Hgg.): *Franz Hessel. Nur was uns anschaut, sehen wir.* – S. 9.

[75]   Lat.: Sag, warum hier.

Und steile Seitentreppe hinunter in Hof, wo Turnplatz der Alumnen war. An einer der Professorenvillen hinaus, am Karzerturm vorbei."[76]

Dies ist wohl das ausführlichste Zeugnis über seine Kindheit und Jugend. Ansonsten muss man der Feststellung von Ernest Wichner und Herbert Wiesner beipflichten, dass Hessels Lebensgeschichte erst in München Konturen annehme.[77]

„Was ist das, ein Jude?"[78]
Die Bedeutung des Judentums bei Franz Hessel

Später erfuhr ich dann, daß zu Weihnachten eigentlich ein Christkind gehört, ein Stern und eine Krippe. Das gab's natürlich bei uns nicht. Bei uns gab es überhaupt nichts Frommes. Wir sind ja aufgeklärt, das Religiöse wird abgetan mit: Es gibt eine gewisse Kraft – oder: Bei einem großen Verlust oder einer großen Freude fühlt der Mensch, daß ein Gott da ist – oder: Nicht in der Kirche, in der Natur muß man Gott finden. – Pfui, über diesen Sonntagnachmittagsgott![79]

Wie Franz Hessel zum Judentum gestanden hat, ist nicht aus autobiographischen Quellen zu erschließen. Nur in zwei seiner Schriften scheint es, als ob er Stellung beziehen würde. Eigentlich kann man ihn einen unpolitischen Autor nennen. Nur sehr selten setzt er sich mit der zeitgenössischen Politik auseinander. Zum einen, sehr deutlich, im *Kramladen des Glücks*. Zum anderen, etwas verschlüsselt, in der Erzählung *Hyänenkind*,[80] die im Juli 1931 in der *Frankfurter Zeitung* erschienen ist. Letztere ist in die Prosasammlung *Frauen und Städte* unter dem Kapitel *Berlin* aufgenommen worden. Es wird darin der Besuch bei Tierkindern im Berliner Zoo skizziert, den Michael Opitz als Auseinan-

---

[76] Hessel, Franz: *Tagebuchnotizen (1928–1932).* – In: *Juni. Magazin für Literatur und Politik* (Mönchengladbach) 1/1989. – S. 48f.

[77] Vgl. Wichner, Ernest/Herbert Wiesner (Hgg.): *Franz Hessel. Nur was uns anschaut, sehen wir.* – S. 9.

[78] Hessel, Franz: *Der Kramladen des Glücks.* – In: *Franz Hessel: Werke 1: Romane.* – S. 25.

[79] Ebd., S. 64.

[80] Hessel, Franz: *Hyänenkind.* – In: *Franz Hessel: Frauen und Städte.* – In: *Franz Hessel: Werke 3: Städte und Portraits.* – S. 265f.

dersetzung mit den Rassegesetzen beschreibt.[81] Das Hyänenkind wird gemieden, ja geächtet: „Ein Kind aber ist abseits. Es schleppt sich am Gitter entlang mit seinem schon schwer hängenden Hinterteil, und niemand will mit ihm spielen. Ob es schon fühlt, was später aus ihm wird, das Hyänenkind? Ob die anderen ihm anriechen, wie es seine Eltern treiben? Noch sieht es nicht lauernd und gierig aus, eher schüchtern wie manche Schulknaben, die infolge leidiger Rassengesetze der Eltern in der Zwischenpause im Schulhof nicht mitspielen mit den andern. Man möchte sie streicheln, die kleine Hyäne des Tierkindergartens, aber leider weicht sie aus."[82]

Man muss dazu anmerken, dass die Rassegesetze der Nationalsozialisten erst 1935 in Kraft treten. Um so erstaunlicher ist Hessels Beschreibung, denn sie hat fast prophetische Züge. Wesentlich deutlicher äußert er sich im *Kramladen des Glücks* zum Antisemitismus des Kaiserreichs. Der kleine Gustav Behrendt ist wie der Autor ein assimilierter Jude. Auf dem Gymnasium besucht er folglich den christlichen Religionsunterricht, ohne sich dabei etwas zu denken, denn der aufgeklärte Vater – im Gegensatz zur strenggläubigen Großmutter[83] – meint, Lernen könne nie schaden.[84] Doch eines Tages konstatiert ein Mitschüler: „Es ist einfach eine Frechheit. […] Wie kommst du dazu, unsre Religion mitzunehmen? Du bist ein Jude. Wir sind Christen."[85] Als Gustav „leise und etwas belehrend"[86] entgegnet: „Jesus war auch ein Jude",[87] wird er von seinen Mitschülern für diese „Frechheit"[88] zusammen geschlagen. Verprügelt und verlassen geht Gustav nach Hause, von Gott, den er sowieso fürchtet,[89] in seinem Alltagselend allein gelassen.[90]

---

[81]   Vgl. Opitz, Michael: *Frauen und Städte. Ein unrealisiertes Buchprojekt von Franz Hessel.* – In: Opitz, Michael/Jörg Plath (Hgg.): „ *Genieße froh, was du nicht hast"*. – S. 174.

[82]   Hessel, Franz: *Hyänenkind.* – In: Franz Hessel: *Frauen und Städte.* – In: Franz Hessel: *Werke 3: Städte und Portraits.* – S. 266.

[83]   Vgl. Hessel, Franz: *Der Kramladen des Glücks.* – In: Franz Hessel: *Werke 1: Romane.* – S. 38.

[84]   Vgl. ebd., S. 33.

[85]   Ebd., S. 33f.

[86]   Ebd., S. 34.

[87]   Ebd.

[88]   Ebd., S. 35

[89]   Vgl. ebd., S. 19.

[90]   Vgl. ebd., S. 35.

Gustav ist ein Einzelgänger. Einmal getraut er sich doch aus der Einsamkeit seines Zimmers heraus und geht auf den Hof zu den anderen Kindern zum Spielen. Begeistert tollt er mit ihnen im Freien herum, allen voran mit dem langen Wilhelm, so dass er den nächsten Nachmittag kaum erwarten kann. Doch da erlebt er eine böse Überraschung: „Als er im Hoftor stand, sah er, daß mehr da waren als gestern. Einer, den er noch nicht kannte, zeigte mit dem Finger auf ihn und rief ein böses Wort. Und die andern wiederholten es. Gustav erschrak und fragte den langen Wilhelm, der ihm entgegenkam: ‚Was ist das, ein Jude?' Wilhelm lachte gutmütig, drehte sich zu den andern um und sagte: ‚Er weiß selbst nicht, was er ist.' Da lachten alle. Dann wurde wieder gespielt wie gestern."[91] Eine solche Grausamkeit kann Gustav nicht verwinden. Er schleicht sich nach Hause und kommt nie mehr auf den Hof zum Spielen. Dieser Schock wiederholt sich für ihn auch in der Schule und später an der Universität, wo ihm aufgrund seiner religiösen Zugehörigkeit die Aufnahme in eine schlagende Verbindung verweigert wird.[92]

Noch einmal wird in diesem Roman das Thema Judentum dezidiert angesprochen. Beim Begräbnis von Gustavs Großmutter treffen die preußisch-militärische und die jüdisch-orthodoxe Welt aufeinander. Gustav Behrendt sieht letztere gefährdet von der ersten: „Als er dann das Gebet hersagte, scholl plötzlich von draußen ungedämpft Militärmusik und Soldatenschritt. Da kam wohl ein Regiment oder auch nur eine Kompanie in die Stadt zurück. Aber dem Gustav war es, als tausend und aber tausend Feinde an den Toren seines Volkes. Und die Mauern rückten immer enger zusammen um die Geduckten, Geängsteten. Bald werden ihre Äxte unsre Tore zerbrechen, bald werden rote Würgearme hereinlangen, phantasierte der Knabe. – Und während der auf der Kanzel sein Gebet für die jüngere Generation ins Deutsche übersetzte und die Sänger ein Schlußlied anhoben, ein deutsches Volkslied von Gottes Rat, scholl immer noch aus der Ferne ein höhnender Flötenpfiff, ein frecher Trommelwirbel."[93]

---

[91]   Hessel, Franz: *Der Kramladen des Glücks.* – In: Franz Hessel: *Werke 1: Romane.* – S. 25.
[92]   Vgl. Witte, Bernd: *Nachwort.* – In: Franz Hessel: *Der Kramladen des Glücks.* Roman. Nachwort von Bernd Witte. – Frankfurt am Main: Suhrkamp, 1983. – S. 247.
[93]   Hessel, Franz: Der Kramladen des Glücks. – In: Franz Hessel: Werke 1: Romane. –

An dieser Passage sind zwei Dinge äußerst erstaunlich: Wie konnte Franz Hessel 1913, also zwanzig Jahre vor Hitlers Machtergreifung, diese Assoziationen – wohl eher sich bewahrheitende Schreckensvisionen – haben? Auch wenn man diese Passage aus seinem Frühwerk „nur" als einen Hinweis auf die nicht zu unterschätzende Rolle des Antisemitismus im Kaiserreich werten will, so ist es erstaunlich, dass er dieses Thema später nie mehr so dezidiert aufgegriffen hat, als er wirklich von dieser Gefahr bedroht worden ist. *Der Kramladen des Glücks* ist nach Hessels Münchner Zeit entstanden, wo er erstmals bewiesenermaßen wegen seines „äthiopischen Äußeren"[94] zum Außenseiter wird, und vielleicht war dies ein Grund für die Auseinandersetzung mit dem Judentum. Auf dieses Kapitel wird aber im Folgenden näher eingegangen.

Noch ein Wort zu Franz Hessels Stellung zum Glauben im allgemeinen. Dem sächsischen Schriftsteller Max Krell[95] erzählt er einst die *Legende vom unbekannten Gott*. Dabei meint er nicht jene Schilderung der übervorsichtigen Athener, die einen Altar errichten, um unter gar keinen Umständen den Zorn eines vergessenen Gottes auf sich zu ziehen, sondern er verdankt die Deutung einem griechischen Philosophen seiner Zeit. Hessel hat diese Legende nie selbst zu Papier gebracht, aber Krell gibt sie in seinen Memoiren *Das alles gab es einmal* wieder: „Jesus hing am Kreuz, es war, wie es in der Bibel heißt, um die neunte Stunde, als er aufschrie: ‚Mein Gott, mein Gott, warum hast du mich verlassen?' Der Jünger Johannes, zu seinen Füßen, konnte den Schmerz nicht ertragen. Er eilte zur Himmelstür und klopfte an. Petrus, schon in geheiligter Gestalt, öffnete. ‚Was willst du?' fragte der Träger des goldenen Schlüssels. – ‚Ich möchte Gott bitten, die Leiden Jesu zu beenden.' ‚Du willst Gott sprechen? Das ist unmöglich. Kein Sterblicher kann ohne einen Mittler vor ihm erscheinen. Aber, warte einen Augenblick', und schloß die Tür wieder ab. – Der Augenblick war kurz, der Schlüssel klirrte, die Tür öffnete sich ein zweites Mal. Vor Johannes stand jetzt nicht Petrus, sondern die Mutter Maria, auch schon die jen-

---

94 S.40.
    Hoerschelmann, Rolf von: *Schwabing.* – In: *Berliner Hefte* (Berlin) 1/1947. – S. 431–437.
95 Max Krell (1887–1962; Pseudonym Georg Even). Deutscher Autor und Lektor im Ullstein-Verlag.

seitige, lieblich in himmlischen Glanz gekleidet. – Du willst Gott sprechen? Ich kann dich nicht vor sein Antlitz führen, du würdest den Anblick nicht ertragen. Aber ...' – Eine zweite Tür öffnete sich im Hintergrund, eine blendende Helle erfüllte die unbegrenzte Tiefe und Weite des Himmels. ‚Sieh selbst, wenn du kannst', sagte die Madonna. Mit Mühe erfaßte er, daß da eine Treppe in schwindelmachende Höhen führte. Ganz oben kniete Gott, das Antlitz konnte Johannes nicht sehen, denn die Gestalt kehrte ihm den Rücken zu, er sah nur, daß sie die Hände über sich hinaus streckte: Gott betete zu einem unsichtbaren, unvertrauten, überhaupt nicht vorstellbarem Wesen, das noch irgendwo über ihm war. – ‚Diese Legende', sagte Hessel, ‚widerspricht dem christlichen Dogma und jeder christlichen Vorstellung von der Allmacht Gottes. Aber symbolisiert sie nicht die Begrenztheit unseres Wissens von den ewigen Dingen? Als ich sie hörte, wünschte ich sie in den reinsten und schönsten Worte fassen zu können, die einem Menschen zu Gebote stehen. Wahrscheinlich würde man mich nicht verstehen und mich, den Juden, als einen Häretiker moralisch steinigen.'"[96]

Abb. 1: *Franz Hessel (um 1905)*

[96]   Krell, Max: *Der letzte Romantiker.* – In: Max Krell: *Das alles gab es einmal.* – Frankfurt am Main: Scheffler, 1961. – S. 195f.

München (1903–1906)

„Schwabing ist kein geographischer Begriff,
sondern ein Zustand!"[97]
Franz Hessels Studienjahre in München

Kennzeichnend für das Schwabinger Künstlerleben waren die Feste, die
Faschingsumzüge, die Maskeraden. Dabei geht durch alle Festlichkeit
in manchen Zirkeln eine wütende Steifheit und Feierlichkeit, ein bekla-
genswerter Mangel an Humor.[98]

Im Alter von einundzwanzig Jahren zieht Franz Hessel endgültig –
nachdem er bereits das Sommersemester 1900 dort verbracht hat – von
Berlin nach München. Er wohnt zunächst in der Schleißheimerstraße
49. Aus welchem Grund seine Wahl nach einem Semester an der Philo-
sophischen Fakultät der Berliner Friedrich-Wilhelms-Universität[99] auf
die Isar-Metropole fällt, ist nicht bekannt. Dirk Heißerer mutmaßt, dass
es eine Verbindung zwischen Hesekiel Hessel (1755–1824), dem ersten
Münchner Rabbiner,[100] und Franz Hessel geben könne.[101] Dafür sprä-

[97] Kiaulehn, Walther: *Mein Freund der Verleger. Ernst Rowohlt und seine Zeit.* –
Hamburg: Rowohlt, 1967. – S. 116.

[98] Flügge, Manfred: *Gesprungene Liebe.* – S. 34.

[99] Vgl. Vollmer, Hartmut: *Zeittafel.* – In: Franz Hessel: *Sämtliche Werke in fünf Bän-
den.* Herausgegeben von Hartmut Vollmer und Bernd Witte. *Werke 5: Verstreute
Prosa, Kritiken. Mit Zeittafel, Bibliographie und Nachwort.* Herausgegeben von
Hartmut Vollmer. – Paderborn: Igel, 1999. – S. 321.

[100] „Über das Leben des ersten Münchner Rabbiners, Hesekiel Hessel, ist leider nicht
viel bekannt. Hesekiel Hessel stammte aus Sulzbürg, er wurde um 1755 geboren.
Seine Ausbildung erhielt er an der Fürther Talmudhochschule und in Frankfurt. Seit
1802 versah er die Funktionen des Rabbiners für die Münchner Juden, am 5. Mai
1815 wurde er durch Beschluss des Generalkommissariats des Isarkreises als Rabbiner bestätigt. Einige Wochen später, am 16. Juni, wurde Hessel unter Nummer 48 in
das Matrikelverzeichnis aufgenommen. Hesekiel Hessel konnte seine Aufgaben als
Rabbiner und Vorstand der Gemeinde noch neun Jahre wahrnehmen, die Grundstein-
legung der Synagoge [26. Juli 1824] sollte er jedoch nicht mehr erleben. Er starb am
28. Mai 1824 in München. Aus der Ehe mit seiner Frau Sara gingen 13 Kinder hervor. Der älteste Sohn, David, beteiligte sich an der Gestaltung der Synagogeneinwei-
hung durch die Komposition hebräischer Lieder. Hesekiel Hessels viertes Kind, die
1807 geborene Amalie, schloss 1828 ihre Ausbildung an der Hebammenschule als
Jahrgangsbeste ab. Von den übrigen Kindern, die jüngste Tochter war erst sechs Jahre vor dem Tod des Vaters geboren worden, sind keine Nachrichten erhalten." – Kili-

che, dass Hessel später oftmals unter dem Pseudonym „Hesekiel" geschrieben hat. Vielleicht ist es aber nur das Flair der Bohème gewesen, das ihn gelockt hat. Oder sein Cousin, ein Musikstudent namens Ludwig Landshoff, hat ihn dazu überredet, nach „Isar-Athen"[102] zu kommen.[103] Hessel porträtiert letzteren später im *Kramladen des Glücks* als Gustavs älteren Bruder Rudolf.[104]

Im Sommersemester 1901 beginnt Franz Hessel sein Studium an der königlich-bayerischen Ludwig-Maximilians-Universität zu München. Zunächst belegt er Vorlesungen und Übungen in Germanistik, Kunstgeschichte und Philosophie. Neben diesem Pflichtprogramm, zu dem *Althochdeutsch, Geschichte der deutschen und niederländischen Malerei von Dürer bis Rembrandt, mit Demonstrationen in der k. älteren Pinakothek* und *Allgemeine Geschichte der Philosophie* gehören, besucht er eine vierstündige Ethikvorlesung und nimmt an einer Übung im psychologischen Seminar teil.[105]

Bereits 1901 lässt sich auch Hessels erste Veröffentlichung nachweisen. In *Avalun. Ein Jahrbuch neuer deutscher lyrischer Wortkunst*[106] ist er mit zwölf Gedichten vertreten und reiht sich so neben Autoren wie Rainer Maria Rilke[107] und Oscar A. H. Schmitz[108] ein.[109] Zwei von ihnen werden 1905 in den Gedichtband *Verlorene Gespielen* (1905)[110] aufgenommen.[111] Im Wintersemester 1901/02 zieht Franz Hessel in die

an, Hendrikje: *Die Jüdische Gemeinde in München 1813–1871. Eine Großstadtgemeinde im Zeitalter der Emanzipation.* – München: Kommissionsverlag UNI-Druck, 1989. – S. 383f.

[101] Vgl. Heißerer, Dirk: *Die Zeit von ‚Laura Wunderl.' Franz Hessel in München.* – In: Opitz, Michael/Jörg Plath (Hgg.): *„Genieße froh, was du nicht hast".* – S. 37, Anmerkung 1.

[102] Ferroud, Karin: *Une vie d'écriture.* – S. 25.

[103] Ebd.

[104] Ebd.

[105] Vgl. Heißerer, Dirk: *Die Zeit von ‚Laura Wunderl'.* – S. 38.

[106] Scheid, Richard: *Avalun. Ein Jahrbuch neuer deutscher lyrischer Wortkunst.* – München: Avalun, 1901.

[107] Rainer Maria Rilke (1875–1926). Deutschsprachiger Dichter und Übersetzer aus dem Französischen. Bedeutendster Vertreter der literarischen Moderne.

[108] Oscar A. H. Schmitz (1873–1931). Deutscher Boulevardschriftsteller und Mitglied der Schwabinger Bohème.

[109] Vgl. Wichner, Ernst/Herbert Wiesner (Hgg.): *Franz Hessel. Nur was uns anschaut, sehen wir.* – S. 9.

[110] Hessel, Franz: *Verlorene Gespielen.* Gedichte. – Berlin: S. Fischer, 1905.

[111] Vgl. Heißerer, Dirk: *Die Zeit von ‚Laura Wunderl'.* – S. 39, Anmerkung 8.

Adalbertstraße 58/IV. Noch bleibt er seiner Dreifächerkombination treu, vertieft aber vor allem seine Kenntnisse der Kunstgeschichte. Im darauffolgenden Sommersemester legt er den Studienschwerpunkt auf die alte deutsche Literatur und richtet dabei sein Augenmerk auf die Renaissance. Einer seiner Professoren ist zu jener Zeit der berühmte Mediävistik-Forscher Hermann Paul.[112] Im Wintersemester 1902/03 zieht er in die Amalienstraße 38/IV und konzentriert sich nur auf sein Germanistikstudium.[113]

Vor 1900 habe der Begriff Schwabing noch nicht existiert, erinnert sich Rolf von Hoerschelmann[114] in seinem 1947 publizierten Aufsatz über Kunst und Künstler in diesem Münchner Stadtteil.[115] „Erst die Kreise und die Menschen, die für sich selber andere Gesetze und andere Götter in Anspruch nahmen als die gewöhnlichen Sterblichen, schufen den Begriff Schwabing [...]",[116] fährt er fort. Deshalb sei zu jener Zeit Schwabing kein geographischer Begriff, sondern vielmehr ein Gemütszustand.[117] „Damals [...] schäumte das Leben in München wie das Bier in den Maßkrügen, das die Bürger im Hofbräu sich geruhsam einverleiben" beschreibt Paul Mayer[118] die Schwabinger Atmosphäre. Einer dieser Kreise formiert sich kurz vor der Jahrhundertwende um den Schriftsteller Stefan George (1868–1933):[119] Die Kosmiker.

---

[112] Hermann Paul (1846–1921). Deutscher germanistischer Mediävist, Sprachwissenschaftler und Lexikograph. Paul gehört zur Gruppe der Junggrammatiker.
[113] Vgl. Heißerer, Dirk: *Die Zeit von ‚Laura Wunderl'.* – S. 41.
[114] Rolf von Hoerschelmann (1885–1947). Deutscher Schriftsteller, Illustrator und Maler baltischer Herkunft und Mitglied der Schwabinger Bohème.
[115] Vgl. Hoerschelmann, Rolf von: *Schwabing.* – S. 431.
[116] Vgl. ebd.
[117] Vgl. ebd., S. 434.
[118] Paul Mayer (1889–1970). Deutscher Autor und Lektor im Rowohlt-Verlag. 1939 emigriert er nach Mexiko und gründet dort den Exil Verlag *El libro libre.*
[119] „Der große Stern, der über allem leuchtet, heißt Stefan George. Er ist der unsichtbare Lehrmeister, Mahner und Lenker. In seiner Weise werden Verse gesprochen, sein Urteil entscheidet – seine und Wolfskehls herrliche Auswahl der Goethischen Gedichte, der zwölf Dichter aus dem Jahrhundert Goethes bekommt kanonische Bedeutung. Der unerhörte Machtanspruch, den George stellte, beruhte nicht auf Eitelkeit oder Größenwahn. Er fühlte sich berufen, die verwahrloste deutsche Sprache, die durch die Goldschnitt-Lyriker verödete, durch den Naturalismus geschändete deutsche Dichter wieder aufzurichten und zu heiligen. Er war nicht der Dichter, er war Lehrer und Zuchtmeister, er war Priester der Schönheit und Prophet." – Hoerschelmann, Rolf von: *Bücher und Dichter.* – In: Rolf von Hoerschelmann: *Leben ohne Alltag.* – Berlin: Wedding Verlag, 1947. – S. 19.

Um den Wegbahner des Symbolismus in Deutschland gruppieren sich Ludwig Klages (1872–1936), Alfred Schuler (1865–1923) und Karl Wolfskehl (1869–1948). Zusammen bilden sie die „Kosmische Runde". Schuler studiert zunächst Archäologie, übt diesen Beruf allerdings nicht aus, weil er die Wissenschaftler für Grabschänder hält, die dem Boden das entreißen, was heilig ist. Er selbst empfindet sich als Nachfahre der Römer, die er als Ahnen „lebendig im Blute"[120] zu fühlen vermeint. Diese Auffassung der eigenen Existenz ist nur eine mögliche Variante der Idee von Zusammenhang mit dem All, dem Kosmos und der Unendlichkeit, die philosophisch im Monismus begründet und literarisch von den Friedrichshagenern[121] propagiert worden ist.[122]

Der „Anti-Archäologe"[123] Schuler lebt lange Zeit abgeschirmt von anderen, denn er hält „alle Gelehrten für Betrüger, die Priester für Lügner, die Politiker für Schurken".[124] In Stefan Georges Gedichtzyklus *Algabal* (1892) findet er schließlich das literarisch ausgedrückt, was ihm seit Jahren durch den Kopf geht: Heidentum und Herrentum, Neugeburt einer verlorenen Menschenart. So tritt Schuler mit George in Kontakt, überwindet ihm zuliebe auch für kurze Zeit seinen Antisemitismus. Im *Triptychon ex introitu cosmogoniae* (1899) erklärt Schuler das Kosmische für unfruchtbar, denn er und der Dichter und Graphologe Klages wollen keine Literatur, sondern politische Tat, was, so Rolf

---

[120] Salzer, Anselm/Eduard von Tunk (Hgg.): *Illustrierte Geschichte der deutschen Literatur in sechs Bänden. Band V. Das 20. Jahrhundert.* Neubearbeitung und Aktualisierung von Claus Heinrich und Jutta Münster-Holzlar. – Frechen: Komet, 1982. Band 5. – S. 89.

[121] Zu den Friedrichshagenern zählen unter anderem die Brüder Heinrich (1855–1906) und Julius (1859–1930) Hart, Hermann Conradi (1862–1890) und Karl Friedrich Henckell (1864–1929), die zu den Vorkämpfern des Naturalismus in Deutschland gehören. Ihre Lehre lässt sich folgendermaßen zusammenfassen: „Das Elegante, Feine, Geistreiche wird geschmäht, und das Große, Hinreißende, Imposante, Majestätische, das intimste Menschliche, das Titanische, das Geniale werden gefordert. Es ist Geniezeit – deshalb braucht es nicht auf das einzelne Werk des einzelnen Autors anzukommen". – Vgl. Salzer, Anselm/Eduard von Tunk (Hgg.): *Illustrierte Geschichte der deutschen Literatur in sechs Bänden.* Band 4. – S. 270–275.

[122] Vgl. ebd., Band 5. – S. 89.

[123] Faber, Richard: *Männerrunde mit Gräfin. Die „Kosmiker" Derleth, George, Klages, Schuler, Wolfskehl und Franziska zu Reventlow. Mit einem Nachdruck des „Schwabinger Beobachters".* Herausgegeben von Helmut Kreuzer und Karl Riha. – Frankfurt am Main (u.a.): Peter Lang, 1994. – S. 91.

[124] Vgl. Salzer, Anselm/Eduard von Tunk (Hgg.): *Illustrierte Geschichte der deutschen Literatur in sechs Bänden.* Band 5. – S. 89.

von Hoerschelmann, den „großen Schwabinger Krach"[125] nach sich zieht. Während Klages und Schuler[126] eine Gleichstellung mit George empfinden, sieht sich Wolfskehl als Schüler Georges.[127]

Auch Franz Hessel ist „im Garten Stefan Georges groß geworden".[128] Durch Karl Wolfskehl hat er die Aufnahme in die kosmische Runde geschafft. Doch wegen seines „äthiopisches Äußeren"[129] offenbaren die beiden „Rasse-Ideologen"[130] Schuler und Klages ihm gegenüber rückhaltlos ihren Antisemitismus. Mit dem Sommersemester 1903 bemerkt man eine eindeutige Interessenverlagerung, was Hessels Studien anbelangt. Unter Wolfskehls Einfluss schreibt er sich für Orientalistik ein,[131] ebenso wie er es seinen Protagonisten Gustav Behrendt tun lässt.[132] Von da an setzt er sich auch mit seiner eigenen „jüdischorientalischen Herkunft"[133] auseinander. Wahrscheinlich besucht er zusammen mit Wolfskehl im Jahre 1903 den Zionistenkongress in Basel, wovon eine Ansichtskarte der beiden an die Gräfin Franziska zu Reventlow zeugt.[134] Dafür, dass Hessel an dieser Tagung teilgenommen hat, spricht auch die Tatsache, dass er den Protagonisten seines Romans *Der Kramladen des Glücks*, Gustav Behrendt, diese besuchen und über sie sinnie-

---

[125] Hoerschelmann, Rolf von: *Schwabing.* – S. 437.
[126] „Schuler war ein Mensch von tiefen mystischen Erlebnissen, Klages, in dem ähnliches schwang, lieferte dazu Theorie und Ausdruck." – Schmitz, Oscar A. H.: *Dämon Welt. Jahre der Entwicklung.* – München: Georg Müller, 1926. – S. 290.
[127] Vgl. Hoerschelmann, Rolf von: *Schwabing.* – S. 435.
[128] Großmann, Stefan: *Franz Hessel.* – In: Gregor Ackermann/Hartmut Vollmer (Hgg.): *Über Franz Hessel.* – S. 14.
[129] Hoerschelmann, Rolf von: *Schwabing.* – S. 436.
[130] Heißerer, Dirk: *Die Zeit von ‚Laura Wunderl'.* – S. 46.
[131] Vgl. ebd. – S. 45.
[132] „Statt brav mein Jus zu studieren, besuche ich neuerdings archäologische und philosophische Vorlesungen. Und dann habe ich ein ach nur recht dilettantisches Interesse für orientalische Sprachen bekommen. Ich bin sogar ein paar Mal in das Kolleg des Ägyptologen gegangen: Was da über Laut-, Wort- und Silbenzeichen und die zugleich grammatische und symbolische Bedeutung der Hieroglyphen gelehrt wurde, habe ich mit atemloser Spannung angehört. Irgendwie geht mich das viel näher an als die englischen Trade Unions, die französischen Syndikate und was einem sonst in der Nationalökonomie als heute äußerst wichtig nahegebracht wird. Aber – ich weiß nicht weiter. Ich kann meine halben Gedanken nicht zu Gedankenkreisen runden." – Hessel, Franz: *Der Kramladen des Glücks.* – In: Franz Hessel: *Werke 1: Romane.* – S. 135f.
[133] Heißerer, Dirk: *Die Zeit von ‚Laura Wunderl'.* – S. 45.
[134] Vgl. ebd., Anmerkung 25.

ren lässt.[135] Trotz des anfänglichen Enthusiasmus für das neue Fach bricht Hessel im Sommersemester 1903 sein Studium gänzlich ab,[136] am 27. Januar 1904 erfolgt die Exmatrikulation.[137] Statt der Entschiedenheit einer künstlerischen Lehre sucht er von nun an das künstlerische Leben selbst.[138]

Schuler vertritt seine antijüdischen Thesen bis zu seinem Tod – einer seiner letzten begeisterten Zuhörer wird Adolf Hitler sein.[139] Johannes von Guenther[140], den Franz Hessel mit dem Werk des Kosmikers vertraut gemacht hat,[141] und der sich selbst zum „Freiwilligenkorps Stefan

[135] Vgl. Hessel, Franz: *Der Kramladen des Glücks.* – In: Franz Hessel: *Werke 1: Romane.* – S. 90–94.

[136] „Franz Hessel studierte an allen Fakultäten, mit Ausnahme der medizinischen. Da er sich nicht entschließen konnte, in welchem Fach er ein Examen absolvieren sollte, machte er, der an Wissen die meisten ‚Geprüften‘ übertraf, gar keins." – Mayer, Paul: *Franz Hessel.* – S. 54.

[137] Vgl. Heißerer, Dirk: *Die Zeit von ‚Laura Wunderl'.*– S. 45.

[138] Vgl. Gegenfurtner, Marc Heiner: *Der Autor als Flaneur. Einsamkeit und Ausgrenzung im Werk von Franz Hessel und Robert Walser.* – München: Magisterarbeit, 1999. – S. 30.

[139] Vgl. Salzer, Anselm/Eduard von Tunk (Hgg.): *Illustrierte Geschichte der deutschen Literatur in sechs Bänden. Band 5.* – S. 90.

[140] Johannes von Guenther (1886–1973; Pseudonym Erich M. Kamp). Deutschsprachiger Autor und Verleger baltischer Herkunft, Übersetzer aus dem Russischen.

[141] „Hessel war der erste, der ganz anders las. Er hatte die Vortragstechnik Georges: eine langsame, leidenschaftslose, manchmal fast psalmodierende Rezitation, die den sogenannten Sinn des Gedichtes unberücksichtigt ließ und sich ebenso wenig schmeichlerisch an die Bedeutung der Adjektive hielt. Jeder Buchstabe, jeder Vokal, jede Silbe, jedes Wort hatte in der Betonung gleichen Rang, höchstens die Reime wurden leicht überbetont und über dem Reimschluss lag eine geringe Zäsur, wobei Enjambements eigensinnig unterbetont wurden.
In dieser zum Absoluten erhobenen Verdichtung des vokalischen Versgebildes lag und liegt, so schien mir, der tiefste Sinn und Glanz jeder Dichtung. Nehmt eine Silbe aus dem Gedicht, und es muss zerfallen. Kein Hauptwort, kein Verbum darf dominieren, es muss sein, wie ein altbewährter klösterlicher Vortrag von Bibeltexten. Wenn Hessel Gedichte sprach, kam das Priesterliche im Dichter zu bedeutender, zu entscheidender Geltung, und das musste ja auf den empfangsbereiten Geist eines jungen Menschen von erlösender Wirkung sein. […]
Unvergesslich die eigenen Gedichte, die Hessel sprach – seine Gedichtreihe *Die sieben Raben*, mit neuem Musikempfinden dem alten Märchen nachgedichtet. Wie hätte man vormals die Zeile: ‚Auf weißen Zeltern, seht‘, ausgesprochen? Natürlich u–u–u–; hier aber klang sie: –uu–uu, jedes Wort betont, das erste ‚auf‘ im Gegensatz zur Tradition durchaus betont und das daktylische Reimende völlig verflatternd. Ich kenne vieles aus diesem herrlichen Zyklus, der leider in kein zweites Gedichtbuch

Georges"[142] zählt, erinnert sich an den Bruch dieser Runde: „1905 [war] das Jahr des großen Atomzerfalls im Kreise derer um George, das Jahr der Kettenreaktion, der Teufelsbannung und Hexenverfolgung mit dem gefährlichen Abfall zweier der Getreuesten: Ludwig Klages und Alfred Schuler."[143]

Wer im Schwabing der Jahrhundertwende von sich Reden machen will, muss nicht berühmt, sondern, wie die Schwabinger Bohème zu sagen pflegt, „enorm"[144] sein. Dass auch Franz Hessel zum Kreis der Enormen gehört, zeigt sich daran, dass er an einigen der berühmten Faschingsbälle im Jahre 1903 teilnimmt. So ist er zum Beispiel auf einem Foto, welches das antike Fest in Wolfskehls Wohnung in der Leopoldstraße 51 zeigt, zu Füßen des „Cäsaren" Stefan George zu sehen.[145] Die Grundlage ihres Lebens ist die Lehre Bachofens vom Mutterrecht, die später von den Nationalsozialisten missbraucht werden wird:[146] „Während das schöpferische Prinzip späterer Zeiten das zeugende, patriarchale sei, wurde die matriarchale Urzeit als die eigentlich enorme empfunden. In Schwabing wurde also der Triumph Apolls über die Urweltdämonen nicht anerkannt, sondern hier herrschte Dionysos,

---

Hessels geraten ist, heute noch auswendig, so innig erlebte ich es und so schön las er es uns." – Guenther, Johannes von: *Ein Leben im Ostwind. Zwischen Petersburg und München. Erinnerungen.* – München: Biederstein, 1969. – S. 83–85.

[142]   Ebd., S. 82.

[143]   Ebd., S. 81.

[144]   Hoerschelmann, Rolf von: *Schwabing.* – S. 434.

[145]   Vgl. Boehringer, Robert: *Mein Bild von Stefan George.* Zweite ergänzte Auflage. Zum Jubiläumsjahr 1968. – Düsseldorf und München: Helmut Küpper, 1967. – S. 89.

[146]   „Ja wahrhaftig, in welches Lager war zur Hitlerzeit der Geisterhauch von Bachofens Mutterrecht und seines Verkünders George hinübergeweht? Legte sich dieser große Dichter nicht damals jenseits der Reichsgrenze mit einem stolzen Gram zum Sterben? [...] Ging man nun, mit einem Buch des Kreises [der Kosmiker], zu Hessel [...] so konnte man gewiss sein, dass das Unverstandene, Verschleierte, Esoterische begriffen werden konnte. Immer [...] wenn man von Hessel kam, hatte man die Belehrungen eines unterrichteten, eingeweihten, scharf denkenden Mannes empfangen.
Und was George und seinen Freunden, was Wolfskehl, was Nietzsche in seinem Grab geschehen war, das stieß auch Hessel zu: eine der schlimmsten Prüfungen im Gebiet des Geistes: das zärtlich feierlich und geheim gehegte Kleinod war plötzlich vulgär geworden, war in die Hände der Propaganda-Redner geraten und diente ihnen als Waffe.
Und wer nicht schon, wie Nietzsche, in seinem Grab lag, der konnte leicht an dieser Schändung seiner höchsten Werte zu Grunde gehen." – Speyer, Wilhelm: „*Komm, iss von meiner Suppe."* *Franz Hessels Persönlichkeit.* – In: Manfred Flügge: *Letzte Heimkehr nach Paris.* – S. 99f.

hier galt die Nacht mehr als der Tag, der dumpfe Trieb mehr als der fordernde Wille, Rauch und Traum mehr als klare Gestaltung. [...] Königin war die „Gräfin", die als Mutter eines in freiester Liebe empfangenen Kindes den höchstgespannten Anforderungen entsprach."[147]

„Der freiwillige Adjutant der lebenslustigen Gräfin"[148]
Franz Hessels erste Lebenslehrmeisterin:
Franziska zu Reventlow

Da war die überaus charmante Gräfin zu Reventlow, die Muse der Schwabinger Bohème. Gar nicht elegant, eher etwas schlampig, aber gescheit, erotisch, witzig, verrückt, ein unerhörtes Ganzes in hundert Spiegelungen.[149]

Franziska zu Reventlow (1871–1918) ist eine Frau, die allen Konventionen, besonders gegenüber ihrer adeligen Familie, durchaus emanzipiert gegenübersteht, weshalb sie 1896 von ihrer Mutter enterbt wird. Ihre Lebensdaten fallen zusammen mit dem Aufstieg, der Blüte und dem Verfall des Wilhelminischen Reichs. Ihr vollständiger Name lautet Fanny Liane Wilhelmine Sophie Adrienne Auguste Comtesse zu Reventlow – „und wahrscheinlich wohnten in ihr so viele unterschiedliche Persönlichkeiten, wie sie Vornamen hatte".[150]
Das Leben der Gräfin beginnt in Husum als Tochter eines preußischen Landrats und einer Reichsgräfin zu Rantzau und endet in Muralto im Süden der Schweiz. 1892 legt sie das Lehrerinnen-Examen ab und flieht am 18. Mai, dem Tag ihrer Volljährigkeit, aus ihrem Elternhaus. Ihr langjähriger Freund Oscar A. H. Schmitz erinnert sich in seiner Autobiographie *Dämon Welt* an ihren Ausbruch aus der Konvention: „Sie entstammte jener Schicht des norddeutschen Adels, in der es oft vorkommt, daß alle höheren Instinkte von der protestantischen Religion und dem Ehrenpunkt so völlig in Anspruch genommen werden, daß das, was man aristokratische Kultur nennt, fehlt. Aus dieser starren

[147] Hoerschelmann, Rolf von: *Schwabing*. – S. 435.
[148] Kiaulehn, Walther: *Mein Freund der Verleger*. – S. 116.
[149] Guenther, Johannes von: *Ein Leben im Ostwind*. – S. 85.
[150] Flügge, Manfred: *Gesprungene Liebe*. – S. 36.

Enge hatte sich die achtzehnjährige Komtesse einst unter Blitz und Donnerschlägen zu befreien gewußt. Verglichen mit der westdeutsch-bürgerlichen Kultur meiner Heimat, war es in ihrem Elternhaus gerade-zu barbarisch zugegangen. […] Nur nützlich Betätigung war geschätzt, während sie eine Leidenschaft für das Malen hegte. So lernte sie den Adel nie als einen Wert, sondern nur als eine Beeinträchtigung empfin-den. Die Folge war, daß in der starken Natur der jungen Komtesse Fanny ein maßloser Trotz gegen alle Ordnung entstand, verbunden mit innerer Unsicherheit, Schüchternheit und Unfähigkeit, ihre großen Gaben des Geistes und des Körpers je recht zur Geltung zu bringen. An diesem Zwiespalt, den sie nie besiegt hat, ist sie elend zugrunde gegan-gen."[151]

Im folgenden Jahr geht Franziska zu Reventlow nach München, um Malerin zu werden. 1894 scheint sich ihr Leben in geregelte Bahnen zu begeben, als sie in Hamburg den Gerichtsassessor Walter Lübke heira-tet – er hat ihr in ihrer Verlobungszeit die finanziellen Mittel bereitge-stellt, um 1893 für ein Jahr nach München zu gehen und Malerei zu studieren –, aber zwei Jahre später wird die Ehe „wegen fortgesetzten Ehebruchs"[152] geschieden. Den Gipfel ihres Schaffens bedeutet aber ihr langjähriger Aufenthalt in München (1896–1910) und ihre rege Teil-nahme an der Bohème der Vorkriegszeit.

Die „aristokratische Bohémienne"[153] versucht sich als Autorin, Kunstgewerblerin, Malerin, Sängerin, Schauspielerin und Übersetzerin. Schon 1900 schreibt sie ihr erstes Buch, den Jugendroman „Ellen Olest-jerne" (erschienen 1903). Später veröffentlicht die Gräfin noch *Von Paul zu Pedro – Amouresken* (1912), *Herrn Dames Aufzeichnungen oder Begebenheiten aus einem merkwürdigen Stadtteil* (1913), die beide sofort gepfändet werden, *Der Geldkomplex* (1916), in welchem sie auf humoristische Art und Weise auf ihre lebenslange Geldnot anspielt und die Novellensammlung *Das Logierhaus zur schwankenden Weltkugel* (1916). Aus dem Nachlass erscheint ihr letztes Werk, *Der Selbstmord-verein* (1919), ein Romanfragment. Trotz ihrer vielfältigen Talente

---

[151] Schmitz, Oscar A. H.: *Dämon Welt.* – S. 272f.
[152] Fritz, Helmut: *Die erotische Rebellion. Das Leben der Franziska Gräfin zu Revent-low.* – Frankfurt am Main: Fischer, 1980. – S. 164.
[153] Faber, Richard: *Franziska zu Reventlow und die Schwabinger Gegenkultur.* – Köln, Weimar und Wien: Böhlau, 1993. – S. 199.

bleibt Franziska zu Reventlow zeitlebens mittellos.[154] Doch je mehr Pech sie in finanziellen Dingen hat, um so mehr Glück hat sie mit den Männern: „Freilich gehört sie zu den ersten Frauen, die sich mit Schreiben durchbrachten. Wenn auch gegen ihre erklärte Überzeugung: Frauen meinte sie, seien nicht für einen Beruf geschaffen, sondern für ein Leben in Lust und Freude. Als Vorkämpferin der Frauenbewegung läßt sie sich nicht vereinnahmen. Eher ungewollt wurde sie zur Heldin der erotischen Emanzipation: Sie diskutierte nicht über die freie Liebe, sie lebte sie."[155]

Erich Mühsam[156] zeichnet in seinen Erinnerungen *Namen und Menschen* ein detailliertes Porträt der Gräfin, die „gleichmäßig ausgezeichnet von höchstem weiblichem Charme, gepflegtester geistiger Kultur, kritischster Klugheit, anmutigstem Humor und vollkommenster Vorurteilslosigkeit"[157] ist, und zugleich ruht in ihr „unter allen Tugenden [...] der seelische Halt der Frau ganz und gar in ihrer Mutterliebe".[158] Während Mühsam diese Doppeltheit der Gräfin schätzt, nennt sie Schmitz ihren größten Fehler: „Die Mutterschaft, dieses für jede andere Frau problemlose, selbstverständliche Erlebnis, soll die junge Heldin von einem Leben haltloser Preisgabe loskaufen; in Wirklichkeit war ihre größte Schuld, daß sie es in einem solchen Leben auf ein Kind ankommen ließ. [...] – Sie konnte gleichzeitig einem albernen Mann sentimental erliegen und sich bei mir mit tödlicher Ironie über ihn lustig machen. Daß ich ihre Doppelnatur erkannte, sie weder schwabingisch verhimmelte, noch bürgerlich verurteilte, hat mir ihr Vertrauen erworben, und in jenen Jahren wendete sie sich stets an mich, wenn sie in eine Sackgasse geraten war. Ich unterstützte in ihr, nachdem sie morali-

---

[154] „Sie lebte von schlampigen Übersetzungen, von Pump und harmlosen Hochstapeleien, sei es, dass sie durch ihre gelegentlichen Beziehungen einem Standesgenossen zu einer reichen jüdischen Heirat verhalf oder für den Agenten eines in Verlegenheit geratenen Fürsten Kommerzienratstitel verkaufte." – Schmitz, Oscar A. H.: *Dämon Welt.* – S. 276.

[155] Fritz, Helmut: *Die erotische Rebellion.* – S. 2.

[156] Erich Mühsam (1878–1934). Anarchistischer deutscher Schriftsteller, Publizist und Antimilitarist. Er ist maßgeblich an der Ausrufung der Münchner Räteregierung beteiligt. In der Nacht des Reichstagsbrands wird Mühsam von den Nationalsozialisten verhaftet und 1934 im Konzentrationslager Oranienburg umgebracht.

[157] Mühsam, Erich: *Namen und Menschen. Unpolitische Erinnerungen.* – Berlin: Guhl, 1977. – S. 114.

[158] Ebd., S. 149.

sche Hemmungen doch nicht mehr besaß, gerade das Hetärische, das ich von sentimentalen Hemmungen befreien wollte, und das schmeichelte ihrer Eigenliebe. Aber es war umsonst. Sie wollte die erste Bedingung nicht erfüllen, das lästige Kind irgendwohin zur Erziehung zu geben, wozu ich als Kinderfreund ebenso sehr in des Knaben Interesse riet, der nun in einer Atmosphäre von ewig wechselndem Karneval und Aschermittwoch aufwuchs, in einem unübersehbaren Kreis von Onkeln, von denen einer gegen den anderen ausgespielt wurde. Oft hungerte man mittags und feierte nachts eine Orgie."[159]

1910 flieht sie zusammen mit ihrem unehelichen Sohn Rolf (1897–1981), genannt „Bubi" oder „Maus", aus München und wird in Ascona ansässig. 1913 geht die „unkonventionelle Weltdame"[160] mit dem baltischen Baron von Rechenberg eine Scheinehe ein, um den Schwiegervater zu beerben: „Der Conte wollte eine femme, die ni bête, ni méchante wäre, und das grad bin ich doch",[161] notiert sie, die sich in einem Brief an Franz Hessel als „Banditenbraut"[162] bezeichnet, in ihr Tagebuch. 1918 stirbt die Gräfin. Sie ist auf dem Friedhof Locarno-St. Antonio begraben.

„Wie Franzl mich oft mit Ägypten
und seinen sieben Plagen verglich"[163]
Ménage à trois im Eckhaus

Gott, Franzl, manchmal könnte ich Sie beneiden um Ihre ganze Verfassung dem Leben gegenüber – bis auf die platonischen Harems.[164]

Sie verkehre mit all den Buben nicht wie mit Menschen von wirklicher Bedeutung, sondern weil es ihr Spaß mache, denn gerade das oberfläch-

[159] Schmitz, Oscar A. H.: *Dämon Welt.* – S. 274f.
[160] Faber, Richard: *Franziska zu Reventlow und die Schwabinger Gegenkultur.* – S. 195.
[161] Reventlow, Franziska Gräfin zu: *Tagebücher 1895–1910.* Herausgegeben von Else Reventlow. – Hamburg: Luchterhand, 1992. – S. 438.
[162] Reventlow, Franziska Gräfin zu: *Briefe 1890–1917.* Herausgegeben von Else Reventlow. Mit einem Nachwort von Wolfdietrich Rasch. – München/Wien: Langen Müller, 1975. – S. 491.
[163] Reventlow, Franziska Gräfin zu: *Tagebücher 1895–1910.* – S. 416.
[164] Reventlow, Franziska Gräfin zu: *Briefe 1890–1917.* – S. 485.

liche Amüsieren wie im Karneval sei das, was sie zum Leben brauche.[165] Dies notiert die Gräfin am 12. November 1899 in ihr Tagebuch, und es zeigt sehr deutlich, wie ihre Gefühle Männern wie Hessel gegenüber sind. Für Oscar A. H. Schmitz gehe Franziska zu Reventlow „haltlos von Hand zu Hand unter Bevorzugung mittelmäßiger, ja minderwertiger Männer".[166] Bis etwa 1903 hat Franziska zu Reventlow eine leidenschaftliche Beziehung zu Ludwig Klages, dessen ästhetischer Antimodernismus oft in Antisemitismus umschlägt. Auf Klages folgt der Schriftsteller Karl Wolfskehl, ihr „Carlo",[167] als Geliebter, dessen „Haus in Schwabing Mittel- und Sammelpunkt der Georgianer"[168] ist: „Er [Schuler] und Klages teilten sich dem natürlich begeistert ihre Ideen aufnehmenden Wolfskehl mit, aber das Faschingstreiben, das um diesen wogte, erschien ihnen bald als ‚falscher Rauch‘, von dem sie sich zurückzogen. Immerhin bekamen die Feste der Karnevale von 1903 und 1904 durch diesen heidnisch-antiken Geist ein Pathos, das sie weit über das Niveau jugendlichen Austobens hinaushob. Den Höhepunkt bildete ein antikes Fest im Wolfskehlschen Haus, wo ein Spiel des Hausherrn zur Aufführung kam, dann zerfiel ganz plötzlich alles, und Schwabing sank zu einem gewöhnlichen Mummenschanz herab, von dem sich die besseren Elemente immer mehr zurückzogen. Auf jenem letzten Fest erschien Wolfskehl als üppiger indischer Dionysos, Stefan George als Cäsar, Schuler als Kaiserin-Mutter, Klages als indischer Mönch, Gräfin Fanny, Franz Hessel und ich als bekränzte Bacchanten, dazu eine Flut von Thyrsusschwingern, Korybanten, Mänaden und Hierodulen."[169]

Auch Franz Hessel verkehrt mit den Kosmikern um Stefan George, allerdings beschreibt ihn der Schriftsteller Friedrich Ahlers-Hestermann[170] als eine „tiefernste und tragische Figur"[171] innerhalb der Schwabinger Bohème. Hessels Frau Helen wird später in ihr Tagebuch

---

[165] Vgl. Reventlow, Franziska Gräfin zu: *Tagebücher 1895–1910.* – S. 121f.

[166] Schmitz, Oscar A. H.: *Dämon Welt.* – S. 273f.

[167] Heißerer, Dirk: *Wo die Geister wandern. Eine Typographie der Schwabinger Bohème um 1900.* – München: Diederichs, 1993. – S. 183.

[168] Salzer, Anselm/Eduard von Tunk (Hgg.): *Illustrierte Geschichte der deutschen Literatur in sechs Bänden. Band 5.* – S. 48.

[169] Schmitz, Oscar A. H.: *Dämon Welt.* – S. 292.

[170] Friedrich Ahlers-Hestermann (1883–1973). Deutscher Maler und Kunstschriftsteller.

[171] Ahlers-Hestermann, Friedrich: *Pause vor dem dritten Akt.* – Hamburg: Mann, 1949. – S. 133.

notieren, dass ihr Mann nicht in diesen Kreis gepasst habe, weil er zu gut, weise und bedeutend für die Schwabinger gewesen sei.[172] Bei einer dieser „kosmischen Feiern"[173] in den Faschingstagen des Jahres 1903 wird die Grundlage für den „ménage à trois" gelegt. Im *Kramladen des Glücks* lässt Franz Hessel seinen Protagonisten auf einem Karnevalsfest die geheimnisvolle Gerda von Broderson kennenlernen: „Gustav stand auf und sah in die Wunderwelt. Da verließ eine Frau in Jünglingskleidung ihren Tänzer, einen schwer gepanzerten Ritter, und kam gerade auf ihn zu. Ihre schlanken Beine staken in schwarzen Trikots und machten elastische Schritte. Das weiße Oberkleid war antikisch zugeschnitten. Nun traf ihn der Blick der weit offnen Augen. Er fragte unwillkürunwillkürlich: ‚Wer bist du?' – Sie war schon fast an ihm vorbei, drehte sich um und sagte: ‚Das hat man mir gestern auseinandergesetzt. Irgend etwas sehr Entlegenes. Weißt du es denn nicht?'

‚Ach, ich', sagte Gustav, ‚ich weiß rein gar nichts.' – ‚Das ist ja ganz tröstlich', meinte sie belustigt. ‚Kannst du tanzen?' ‚Ja, aber nur richtigen Walzer wie in der Tanzstunde. Die hiesigen Tänze habe ich noch nicht gehabt.' – ‚Auch das ist tröstlich', sagte sie, ‚komm, mein geliehener Pierrot.'"[174]

Die Gräfin findet Gefallen an diesem neuen, noch so „jungfräulichen" Verehrer. Er versucht nicht, das Geheimnis der „heidnischen Madonna"[175] zu entschlüsseln, sondern er liebt sie schlicht und ergreifend auf seine Art und Weise. Am fünften Januar des Jahres 1903 taucht Franz Hessel erstmals im Tagebuch der Gräfin auf: „Sonntag das Wolfskehlfest, wieder im griechischen Kostüm, alles sehr wundervoll. […] Überhaupt noch keinen Karneval so erlebt wie diesen, so unendlich bewegt, so einmal in ‚vollen Zügen'. […] Nachher noch mit Such,[176] Schmitz und Hessel im Leopold."[177]

[172] Vgl. Hessel, Helen: *Journal d'Helen*. – S. 168.
[173] Faber, Richard: *Männerrunde mit Gräfin*. – S. 165.
[174] Hessel, Franz: *Der Kramladen des Glücks*. – In: Franz Hessel: *Werke 1: Romane*. – S. 116f.
[175] Voswinckel, Ulrike: *Jugend eines Flaneurs. Franz Hessel und München*. – In: *Bayern 2* (München) vom 28. September 1987. – S. 6.
[176] Baron Bohdan von Suchocki (1863–1955). Puppenspieler und Glasmaler polnischer Herkunft.
[177] Reventlow, Franziska Gräfin zu: *Tagebücher 1895–1910*. – S. 253.

Man entschließt sich zu einem Lebensexperiment zu dritt: Dazu gehören Franz Hessel, der polnische Maler Bohdan von Suchocki und Franziska von Reventlow mit „Bubi". Letzterer erinnert sich in seinen bisher unveröffentlichten Memoiren *Kaleidoskop des Lebens* an diese „Zweckwohngemeinschaft" in der Münchner Kaulbachstraße Nr. 63 von Oktober 1903 bis Ende Mai 1906, auf die seine Mutter vornehmlich aus wirtschaftlicher Not eingegangen ist: „In Schwabing wohn(t)en wir nun in einem alten Häuschen in der Kaulbachstraße in einer Art Wohnkollektiv, Mutter, ihr Freund Such und der Schriftsteller Franz Hessel. Das Häuschen war kleiner – und viel älter – als die umliegenden Zinshäuser, hatte einen total verwahrlosten Garten, einen leeren Schuppen, viele ungenützte Zimmer, ein Atelier, das Mutter mit Beschlag belegt hatte, und eine seltsam angelegte Wohnküche mit Veranda, die eine Art Gemeinschaftsraum darstellte und in der Such für alle zu kochen pflegte."[178]

Bald entwickelt sich diese Schwabinger Adresse, so erinnert sich Johannes von Guenther, zum „Generalstabsquartier der Münchner Bohème".[179] Reventlow beschreibt ihren „Plan" erstmals in einem Brief an Karl Wolfskehl im August 1903: „Wir drei wollen zusammenziehen, Such, Hessel und ich, mit möglichst separierten Räumen, eventuell sogar verschiedenen Wohnungen im selben Haus, aber gemeinsame Küche, der Such und ich abwechselnd vorstehen werden etc. – Mit dem, was Hessel besitzt und Such verdient, kommen wir so heraus, daß ich ganz umsonst lebe und nichts zu tun brauche, wie dem Haushalt etwas auf die Finger zu sehen. Wenn Du ganz ermessen kannst, was das für mich ist, das nicht müssen – so etwa, als wenn man die Waffen weglegt und die Rüstung in den Schrank hängt – und Du kannst es sicher, dann mußt Du auch begreifen, daß ich nach langem Schwanken Ja gesagt habe und mich jetzt wirklich darauf freue. Ich bin sicher, mit diesen beiden meine Alleinheit wahren zu können, wie ich' s brauche, und mich dabei recht gründlich verwöhnen zu lassen, überhaupt es sehr schön zu haben."[180]

Zwar ist diese für sie nicht das Nonplusultra, aber die Gräfin sieht sie als das kleinere Übel an: „Wäre ich auf die Kaulbachstraße nicht

---

[178] Heißerer, Dirk: *Wo die Geister wandern.* – S. 185.
[179] Guenther, Johannes von: *Ein Leben im Ostwind.* – S. 80.
[180] Reventlow, Franziska Gräfin zu: *Briefe 1890–1917.* – S. 431.

eingegangen, so müßte ich wieder Tag für Tag am Schreibtisch sitzen und arbeiten, und alles würde sich nach und nach zerreißen."[181] Mit Hessel als Hausgenossen ist der chronische Geldmangel zunächst einmal behoben, denn „so ist die nächste Zukunft gedeckt, brauch' mich nicht zu überarbeiten".[182] Die Gräfin zieht also nicht mit einem ihrer glühenden Verehrer, einem der „Enormen", zusammen, sondern sie wählt den unscheinbaren Studenten Hessel. In seiner Erzählung *Der siebente Zwerg*, die in der Prosasammlung *Teigwaren, leicht gefärbt* aus dem Jahre 1926 abgedruckt ist, scheint Hessel eine Parallele zwischen seiner Münchner Liebe und Schneewittchen herzustellen: „In meinem Bettchen hat sie geschlafen, nachdem sie die sechs andern versucht und zu klein gefunden hatte. Meines war auch zu klein, aber sie blieb drin",[183] lässt er den siebten Zwerg erzählen. Der Kleinste unter den Zwergen liebt das Schneewittchen, rettet sie zweimal vor dem Zauber der bösen Hexe, hält am Sarg der Geliebten Wache, als man sie für tot erklärt und rettet sie schließlich durch seine Tollpatschigkeit.[184] Doch dies alles bemerkt Schneewittchen nicht, und so bleibt ihm nur zu resümieren: „Mich, den einen, den siebenten, den hat sie gewiß längst vergessen."[185] Im August schreibt die Gräfin einen Brief an Hessel, in welchem sie ihre „freudige Erwartung" kund tut: „Nun aber das Wichtigste, was ich mir bis zuletzt aufgehoben habe – ich habe mir den Winterplan noch sehr eingehend überlegt, und die ‚innere Stimme', die anfangs nicht recht wollte, sagt nun doch ein lautes freudiges Ja – wenn Sie nach meinem Gezappel noch wollen. Habe sehr viel darüber nachgedacht, ich glaube doch, wir könnten uns mit vereinten Kräften das

---

[181] Reventlow, Franziska Gräfin zu: *Tagebücher 1895–1910*. – S. 270.

[182] Ebd., S. 258.

[183] Hessel, Franz: *Der siebente Zwerg*. – In: Franz Hessel: *Teigwaren, leicht gefärbt*. – In: Franz Hessel: *Werke 2: Prosasammlungen*. – S. 244.

[184] „Etwas Verdorbenheit, etwas Wunderlichkeit und etwas Dummheit ist ihm in seinen Objekten willkommen, weil er das Hübsche daran entdecken kann, und das Hübsche verdient Nachsicht und sogar ein wenig Anerkennung und Güte." – Loerke, Oskar: *Franz Hessel. Teigwaren, leicht gefärbt*. – In: Oskar Loerke: *Der Bücherkarren. Besprechungen im Berliner Börsen-Courier. 1920–1928*. Unter Mitarbeit von Reinhard Tgahrt herausgegeben von Hermann Kasack. – Heidelberg/ Darmstadt: Lambert Schneider, 1965. – S. 340.

[185] Hessel, Franz: *Der siebente Zwerg*. – In: Franz Hessel: *Teigwaren, leicht gefärbt*. – In: Franz Hessel: *Werke 2: Prosasammlungen*. – S. 245.

Leben sehr angenehm machen, also kurz, lieber Franz, ich bin bereit und male mir schon alles aufs schönste aus."[186]

Trotzdem: Das Eckhaus macht auf sie beim Einzug einen „deprimierenden Eindruck",[187] und sie flieht nach Solln: „Ach, guter Franz, ich bin dem schwarzen Raben vergleichbar, der immerfort etwas haben will, aber ich will Ihnen auch im Winter lauter Leibgerichte kochen",[188] schreibt sie entschuldigend an Franz Hessel. Ihrer neuen Bleibe widmet sie folgende Verse, die ihr bei einer Bergtour im Oktober 1903 in den Sinn kommen:

> „Dies ist mein Haus und doch nit mein,
> Es wird auch nit des Zweiten sein,
> Dem Dritten geht es auch wie mir,
> Wann der Tod kommt vor seine Tür.
> Und kommt der Tod, muß ich heraus,
> Nun sag mir, wem gehört dies Haus?"[189]

Nach ihrem Auszug 1906 wird sie sich in „rasender Wehmut"[190] an das Zusammenleben erinnern und sich selbst als „kaulbachwehmütig"[191] bezeichnen. Warum lässt sich aber Franz Hessel auf diese Zweckwohngemeinschaft ein, in der er offensichtlich nur ein Mittel zum Zweck ist? Gert Ueding stellt auch hier wieder eine Parallele zu Hessels Romangestalt Gustav Behrendt her: „Doch war er auch dabei der Mitspieler, dem mitgespielt wurde und der das dulden mußte, weil er sich nur so vor größerem Schmerz schützen zu können geglaubt."[192] Hessels Bemühungen um Franziska zu Reventlow scheinen erfolglos zu sein.[193] Dass sie in ihrem Bekanntenkreis nicht als seine Freundin angesehen werden möchte, deutet sie in einem Brief an: „Lieber Franz, Sie sollen gern ein

---

[186] Reventlow, Franziska Gräfin zu: *Briefe 1890–1917*. – S. 463.
[187] Reventlow, Franziska Gräfin zu: *Tagebücher 1895–1910*. – S. 275.
[188] Reventlow, Franziska Gräfin zu: *Briefe 1890–1917*. – S. 464.
[189] Ebd., S. 463.
[190] Reventlow, Franziska Gräfin zu: *Tagebücher 1895–1910*. – S. 387.
[191] Reventlow, Franziska Gräfin zu: *Briefe 1890–1917*. – S. 476. – Die Wohngemeinschaft von Franziska zu Reventlow, Franz Hessel und Bohdan von Suchocki befindet sich in der Müncher Kaulbachstraße 63.
[192] Ueding, Gert: *Im Morgenland der Dinge*. – S. 228.
[193] „Früh Hesselfranz mit Rosen, ich ganzen Tag auf dem Sofa mit Kopfweh." – Reventlow, Franziska Gräfin zu: *Tagebücher 1895–1910*. – S. 259.

Bild von mir haben – tun Sie' s aber bitte nicht auf Schreibtische stellen, wenigstens in München nicht (hm, hm – je n' aime pas cela! Schreib er' s sich fein hinter die Ohren).“[194]

Wenn er in ihrem Alltag Erwähnung findet, dann sind die Beschreibungen wertneutral,[195] oder sie sieht ihn als nervtötendes Element: „Hessel nach Möglichkeit versetzt“,[196] „Gott sei Dank, daß wenigstens Hessel fort, könnte ihn jetzt absolut nicht ertragen“,[197] „Hesselfranz zurück, bin so nervös auf ihn, daß ich bei seiner Ankunft nach Solln ausreiße“,[198] „Heimweh nach Mauseinsamkeit. Entschluß, die wieder zu haben, wächst immer mehr. Übersetzung, fad zumut, kann Franzl nicht vertragen“,[199] „Geh' später manchmal noch allein hinunter oder nach dem Essen mit Hessel – aber es ist eine harte Nuß jeden Abend, diese ein bis zwei Stunden mit ihm allein, aber Such ist jetzt immer fort – weiß nicht, wie ich mich sehne, er möchte um mich sein.“,[200] „Hessel mit Salvatorrausch. Pfui Teufel“,[201] „Verdammter Franzl“,[202] „Ich hab'

---

[194] Reventlow, Franziska Gräfin zu: *Briefe 1890–1917.* – S. 465.
[195] „Donnerstag mit Such und Hessel an die Bahn. [...] Nachmittags spielt Bubi mit Franz Hessel und ich schlafe. [...] Früh um 7 mit Hesselfranz, Bubi und dem kleinen Franz nach Solln, Wohnung suchen.“ – „Mittags mit Schmitz und Hessel nach Solln. [...] Japanisches Fest. Such, Franz Hessel und ich – die Schweden – Rückzug bei Regen im Kostüm.“ – „Hesselfranz einen Abend und Tag. [...] Früh zwei Uhr mit Hessel nach Übersee und nach München.“ – „Hesselfranz uns am Ufer erwartet [...] Sonntag früh mit Hessel auf Suche nach unserm weiteren Unterkommen.“ – „Mittags Such mit Migräne wieder gelegen, erst in der Küche mit Maja und Hessel herumgesessen.“ – „Wollte Samstag reisen und kam nicht dazu, Montag wieder nicht: Gestern abend erst Rüttner, dann Baschl, das da blieb mit Juxer und Franzl.“ – „H. und Franzl, ich immer noch unentschlossen im Kostüm [...] Zum Schluss mit Franzl, der auch eine Tiermaske aufsetzt, eine Française mit Otto und Bubi unter wahnsinnigem Geschrei.“ – „Ging dann mit Franzl ins Luitpold [...] Dann Franzl – will mich in seine Arme schließen.“ – „Mit Franzl in die Ausstellung.“ – „Als Such mit ihnen fort war, bin ich noch eine Stunde im leeren Haus herumgegangen und gesessen, und es war schrecklich wehmütig, Bubi auch so, spielte in Hessels Zimmer und hing eine weiße Fahne hinaus.“ – „Vierzehn Tage in der Jägerstraße bei Franzl gehaust, Wohnung noch nicht fertig, hatte auch gar keine Lust, mich darum zu kümmern und ging nie hin.“ – Reventlow, Franziska Gräfin zu: *Tagebücher 1895–1910.* – S. 258f., 267, 270, 291, 331, 337, 368f., 370, 375, 384, 445.
[196] Ebd., S. 275.
[197] Ebd., S. 276.
[198] Ebd., S. 278.
[199] Ebd., S. 294.
[200] Ebd., S. 296.
[201] Ebd., S. 333.
[202] Ebd., S. 346.

mich ins Atelier gerettet, um Franzl nicht in die Hände zu fallen. [...] Sehe Franzl wenig und hasse ihn."[203]

„Franzl" reizt sie in keiner Weise als Mann, denn von ihren beiden Hausgenossen fühlt sie sich nur zu Bohdan von Suchocki, ihrem „derzeitigen Hauptgeliebten",[204] hingezogen. Die höchsten Gefühle, die sie für Hessel aufbringen kann, sind Rührung und Mitleid. Sein Werben empfindet sie als eine Art Minne: Sie ist die Dame, er der nicht erhörte Sänger, und vielleicht würde ihr dieses Spiel auch Spaß machen – die Liebe würde sie allerdings nie erwidern können –, wenn er Minne-Dienst ableisten würde. Sie bezichtigt ihn sogar der Knauserei, weil er ihr nicht jeden Wunsch von den Augen abliest, obwohl er mit seinem Erbe den „ménage à trois" finanziert,[205] was ihr bisweilen schmerzlich bewusst wird: „Vom letzten Abend einen Grusel behalten, nahm Franzl mitleidig und gerührt in die Arme. – Viel später liege ich im Bett noch bei Licht, denke, Suchs Schritte sind es – und Franzl im Chinesengewand schleicht an mein Bett. Rührte mich entsetzlich, aber was tun als ihn liebenswürdig weiterschicken. Am nächsten Abend dann noch sentimentale Aussprache. Ich war auch wirklich gerührt, wer weiß, was aus dieser Rührung für Unheil hätte entstehen können. Gott sei Dank ist es nicht entstanden. Franzl fällt mir jetzt doppelt auf die Nerven, komisch mit dem Menschen, seine Seele ist manchmal nicht unsympathisch, aber dann wieder kann man ihn direkt nicht ertragen. Zudem empört mich seine Knauserei – könnte er mich nicht in Seide wickeln und mir ein Pferd schenken? Und dann abwarten, ob ich geneigt werde? Das würde mir wenigstens imponieren."[206]

---

[203] Reventlow, Franziska Gräfin zu: *Tagebücher 1895–1910.* – S. 353.
[204] Voswinckel, Ulrike: *Jugend eines Flaneurs.* – S. 6.
[205] „Erfahren, dass Franzl Ostern [1906] fort will und etwas gesponnen – was nun?" – ebd., S. 361.
[206] Ebd., S. 346.

Abb. 2: *Philipp Kester: Foto von Franziska zu Reventlow (1905)*

Wie abstoßend sie ihn als Mann findet, ersieht man dem letzten ausführlichen Tagebucheintrag über Franz Hessel am 21. März 1906: „Gestern Hessel fort. Ich hab' dem Greuel zum Abschied einen Kuß gegeben, und er zerschmolz vollständig. Ob vielleicht doch etwas Wahres hinter all dieser zusammengelogenen und posierten Fratzenhaftigkeit steckt? Aber ich bin viel zu leicht gerührt."[207] Er hingegen kämpft auf seine typisch passive Weise um ihre Gunst, ähnlich wie er es später bei seiner Ehefrau Helen tun wird. So kümmert er sich zum Beispiel auf der Reise, die das Trio plus Bubi von Sommer bis November 1904[208] unternimmt, zusammen mit „Such" um die im Kindbett liegende Franziska. Sie gebiert Zwillinge, wobei das eine Kind gleich bei der Geburt stirbt, das andere – das Sibyllchen – überlebt nur wenige Tage.[209] Franz Hessel wird dem todgeweihten Mädchen später ein literarisches Denkmal setzen: Im *Kramladen des Glücks* nennt er die Tochter der Gerda von Broderson Sybille.

---

[207] Voswinckel, Ulrike: *Jugend eines Flaneurs.* – S. 374.
[208] Vgl. ebd., S. 290–323.
[209] Vgl. ebd., S. 302.

Einzig als Hessel sozusagen als Krankenpfleger auftaucht, wird er in ihrem Tagebuch positiv erwähnt.[210] Niemals verzehrt sich die Gräfin nach Sehnsucht zu ihm, während sie Klages[211] und Suchocki[212] – selbst noch nach Jahren – mehrmals schmerzlich vermisst. Sie bemerkt allerdings, dass Hessel sie liebt und ihre Liebhaber missgünstig beäugt: „H. sagte neulich, wenn man jemand liebte, wäre man selbst auf die Luft, die ihn umgibt, eifersüchtig."[213] Außerdem gibt sie Franz Hessel keinen Kosenamen oder verschlüsselt seinen Namen, sondern er wird bei ihr nur als „Hesselfranz", ganz schlicht „Hessel" oder in Stunden der Gewogenheit als „Franzl" in ihren Tagebüchern erwähnt: „Es war nicht Hessel, der an mir gezehrt hat. Ich darf nur lieben, aber niemals jemanden gehören, nur mir und der Maus, dagegen hab' ich mich verfehlt."[214] 1905 erscheint Hessels Gedichtband *Verlorene Gespielen*, den Friedrich Ahlers-Hestermann in *Pause vor dem dritten Akt* als „ein frühes Buch formal vollendeter Verse"[215] beschreibt. Als Bedingung für Kreativität wird darin die Abhängigkeit von der Herrin im Sinne der mittelalterlichen Minne beschrieben.[216] Dirk Heißerer nennt dieses Buch auch einen „Abschied von Kindheit und Jugend."[217] Für Hartmut Vollmer reflektiert diese neoromantische Sammlung den frühen Tod der Schwester.[218] Das Gedicht „Einladung", das in diesem Versband veröffentlicht ist, hat Hessel unter dem Titel „Am Strand" der Gräfin am siebten Mai 1903 mit folgenden Worten, im eigenwilligen Klein- und Großschreibungsstil Georges,[219] gewidmet: „Dies, Frau Gräfin, ist das seltsame kind einer traumdurchwachten nacht. Ich wollte es vor dem klug beleuchteten auge verbergen. Aber es will zu seiner mutter. Da ich nun dem

---

[210] „Hessel kam fragen, was mir wäre, weil ich so geschrien hätte. […] Dann kam Hessel und küsste mir zum Abschied sehr gerührt und mehrmals die Hand." – Voswinckel, Ulrike: *Jugend eines Flaneurs*. – S. 312.

[211] „O Klages, Klages, wo bist du? Wann find' ich dich wieder?" – Ebd., S. 416.

[212] „Aber ich bin viel zu expansiv und geh' nach allen Seiten, möchte hier das und da das, aber gerade Such, hab' ich überhaupt an einen Menschen so viel Wärme, so viel Dauerndes, Fortwährendes weggeben? Und ich kann ihn so absolut nicht lassen, kann freilich auch den vielen Blödsinn pour tout le monde nicht lassen." – Ebd., S. 373.

[213] Ebd., S. 312.

[214] Ebd., S. 388.

[215] Ahlers-Hestermann, Friedrich: *Pause vor dem dritten Akt*. – S. 133.

[216] Vgl. Heißerer, Dirk: *Die Zeit von ,Laura Wunderl'*. – S. 42.

[217] Ebd., S. 46f.

[218] Vgl. Vollmer, Hartmut: *Der Flaneur in einer „quälenden Doppelwelt"*. – S. 728.

[219] Vgl. Heißerer, Dirk: *Die Zeit von ,Laura Wunderl'*. – S. 42.

mutterrecht anhange, so sei Ihnen die gewalt eigen über tod und leben dieses wesenlosen nachtgeschöpfes. – Legen Sie die kühlen hände der weisheit auf die erhitzte stirn der thorheit. – Ich fühle selbst das komische meines vielen Verselns."[220]

Seine „Ersatzmutter"[221] ist gerührt über dieses „seltsame Kind."[222] In diesem Gedicht beschreibt er die Gräfin als die Muse für sein Schaffen, von ihrer Gegenwart hängt seine Kreativität ab.[223] Sein Leben lang hat er diese Verehrung für seine „Lebenslehrerin"[224] bewahrt. Als 1926 posthum ihre *Gesammelten Werke* erscheinen, rezensiert er die von ihrer Schwiegertochter Else Reventlow herausgegebene Ausgabe in der *Literarischen Welt*. Über diese große Schriftstellerin, die trotzdem immer ganz Frau geblieben ist, schreibt er anerkennend: „Und gerade sie, die einmal schreibt: ,Von Frauen weiß man überhaupt sehr wenig, wenn man selber eine ist', hat uns fein und gründlich über das Wesen des Weibes belehrt."[225]

Der *Schwabinger Beobachter* ist eine nur in vier Folgen erschienene anonyme Zeitschrift, die interne Vorgänge und Auseinandersetzungen des Kosmiker-Kreises und „Schwabingiana"[226] ironisch glossiert. Den Erfolg „jenes witzige[n] Pamphlet[s]"[227] und seine „außerordentliche Wirkung"[228] führt Friedrich Ahlers-Hestermann vor allem auf die Anonymität des Blattes zurück. Die ersten drei Nummern dieses „espritvol-

---

[220] Wichner, Ernest/Herbert Wiesner (Hgg.): *Franz Hessel. Nur was uns anschaut, sehen wir.* – S. 15.

[221] Heißerer, Dirk: *Die Zeit von ,Laura Wunderl'.* – S. 43.

[222] „Nur einen Gruß zum Dank für das seltsame Kind ihrer Nacht – es hat recht lieb zu mir gesprochen – an einem Tage, wo manches andere unlieb zu mir sprach ich mich sehr von allen Menschen fortsehnte." – Reventlow, Franziska Gräfin zu: *Briefe 1890–1917.* – S. 463.

[223] „Bleibe auf meinem Eiland: wenn du bleibst, / Wird meine Hand geschickt sein jedem Werke, / Wird Blumen warten und die Scholle wühlen / Und Garben winden: blonde: wie dein Haar. / Und meiner Werke werden viele sein. – / Bleibe auf meinem Eiland." – Hessel, Franz: *Einladung.* – In: Franz Hessel: *Sämtliche Werke in fünf Bänden.* Herausgegeben von Hartmut Vollmer und Bernd Witte. *Werke 4: Lyrik und Dramatik.* Herausgegeben und mit einem Nachwort versehen von Andreas Thomasberger. – Paderborn: Igel, 1999. – S. 58.

[224] Heißerer, Dirk: *Die Zeit von ,Laura Wunderl'.* – S. 44.

[225] Hessel, Franz: *Franziska zu Reventlow.* – In: Franz Hessel: *Werke 5: Verstreute Prosa, Kritiken.* – S. 146.

[226] Reventlow, Franziska Gräfin zu: *Briefe 1890–1917.* – S. 468.

[227] Ahlers-Hestermann, Friedrich: *Pause vor dem dritten Akt.* – S. 133.

[228] Ebd.

len Schabernacks"[229] hat anscheinend Franziska zu Reventlow mit Hilfe von Franz Hessel geschrieben, dem, so Rolf von Hoerschelmann, „wohl die dichterisch bedeutungsvollsten Partien des Schwabinger Beobachters zuzuschreiben sind."[230] Oscar A. H. Schmitz schreibt: „Die Herausgeber blieben zuerst geheim, aber bald wußte jeder, daß der Dichter Franz Hessel und die Gräfin Fanny die Täter waren. Man wird nicht leicht eine solche Mischung treffenden Witzes mit gutartiger Gesinnung wiederfinden. Wir alle wurden von unserer ungewollt komischen Seite dargestellt, aber ohne die geringste herabsetzende Hämischkeit. Die Redaktion wünschte anonyme postlagernde Beiträge. Zu Heft zwei und drei, in denen ich recht kräftig mitgenommen wurde, habe ich selbst einiges beigesteuert."[231] In ihrem Tagebuch erwähnt die Gräfin zu dieser Schrift: „Dritter Schwabinger Beobachter, halbe Nacht durchgearbeitet."[232] Letztere Ausgabe – die Walpurgisnacht auf der kosmischen Wiese – ist zugleich die Klimax der „Wahnmoching"[233]-Tetralogie. Eine vierte Nummer geht wahrscheinlich auf Roderich Huch[234] zurück.[235] Diese kommt aber im Urteil von Oscar A. H. Schmitz nicht gut weg: „Eine andere Gruppe ließ dann plötzlich ein viertes Heft erscheinen, aber es war gemein und witzlos und bewies nur die Unnachahmlichkeit des von Hessel und der Gräfin Fanny gefundenen Tones, wie ihn nur die seltene Dreiheit von kluger Weltüberlegenheit, echter Bildung und guter Kinderstube ermöglicht."[236]

Während aus den Tagebuchaufzeichnungen eine offensichtliche Abneigung Reventlows zu Hessel spricht, bekundet sie in späteren Briefen schließlich doch ihre Sympathie zu ihm. Die Zeilen, die sie im Sommer 1907 aus München an den nun in Paris lebenden Hessel richtet, zeugen davon und lesen sich gleichzeitig wie eine Entschuldigung für ihr früheres ablehnendes Verhalten ihm gegenüber: „Schreiben Sie

---

[229] Mayer, Paul: *Franz Hessel.* – S. 53.
[230] Hoerschelmann, Rolf von: *Schwabing.* – S. 436.
[231] Schmitz, Oscar A. H.: *Dämon Welt.* – S. 293.
[232] Reventlow, Franziska Gräfin zu: *Tagebücher 1895–1910.* – S. 285.
[233] Reventlow, Franziska Gräfin zu: *Briefe 1890–1917.* – S. 495.
[234] Roderich Huch (1880–1944). Der Neffe der Dichterin Ricarda Huch gehört zum Schwabinger Künstlerzirkel. In Franziska zu Reventlows Roman *Herrn Dames Aufzeichnungen"* wird er als „Konstantin, der Sonnenknabe" beschrieben.
[235] Vgl. Reventlow, Franziska Gräfin zu: *Tagebücher 1895–1910.* – S. 285, Anmerkung 1.
[236] Schmitz, Oscar A. H.: *Dämon Welt.* – S. 293.

doch wieder einmal, und seien Sie mir ein bissel gut, ich glaube, Sie traun mir im Grunde nicht recht, und das ist auch meine eigene Schuld, aber mich reut manches Vergangene, ich habe lange auf der falschen Seite gelegen, und deshalb auch war die falsche nach außen. Man ist manchmal wie ein verstimmtes Instrument, wenn lange schlecht auf einem gespielt wird, und ich kann jetzt erst wieder richtig sein, weil es mir wieder richtig ist."[237]

Nur ihm stellt sie ihre doppelte Natur – einerseits „Weltdame, die sich souverän über die Tristesse des Alltags erhebt und ihr einen kunterbunten Anstrich verleiht",[238] und andererseits „eine Frau, die gegenüber dem Freund und Schriftsteller Franz Hessel die Maske ein wenig lüpft"[239] – offen dar: „Ich möchte doch wissen, wie Ihnen in Paris ist, schreiben Sie doch einmal davon und wie Ihnen jetzt München aussieht. Kommt Ihnen auch die Kaulbachzeit so lange her vor? Ich möchte manchmal gern einen Sommerabend wieder dort in der Küche sitzen, die letzte Zeit war so unruhig, daß man zu keiner rechten Stimmung mehr kam, und das war vielleicht gut. Und dann kam eben gleich alles andere, und nun liegt es so weit fort. […] – Also Franzl, jetzt schreiben Sie einmal, machen Sie mir recht verlockende Schilderungen, ich möchte auch einmal nach Paris. Wer weiß, ob ich nicht am Ende statt Süden den Winter dorthin komme. Ich weiß ja vor lauter Plänen nicht, was ich will. Manchmal zittere ich davor, doch wieder hocken zu bleiben, aber das darf absolut nicht sein, man muß einmal von München heraus. Gibt es nicht herrliche Lebemänner in P.? Und überhaupt die Amour! Also addio und viele herzliche Grüße."[240]

Sie erzählt ihm in den folgenden Jahren ihr weiteres Leben in Briefen und schildert kuriose Geschichten von ihren Reisen – eine solch beschriebene Szene aus Rom findet sich später in *Jules et Jim* wieder, und es ist anzunehmen, dass sie Hessel Henri-Pierre Roché weitererzählt hat.[241] Die Gräfin betrachtet Hessel fortan als einen vertrauten,

[237] Reventlow, Franziska Gräfin zu: *Briefe 1890–1917.* – S. 484.
[238] Eden, Wiebke: *Das Leben ist ein Narrentanz. Weiblicher Narzissmus und literarische Form im Werk Franziska zu Reventlows.* – Pfaffenweiler: Centaurus, 1998. – S. 80.
[239] Ebd.
[240] Reventlow, Franziska Gräfin zu: *Jugendbriefe.* Herausgegeben von Heike Gfrereis. – Stuttgart: Hatje, 1994. – S. 95f.
[241] „In Neapel wollte ich nur einen Tag bleiben, um Pompeji zu sehen, aber es war den ersten Tag geschlossen, und so wurden es zwei, und ich lernte einen entzükkenden

lieben Freund, den sie sehr gern hat und vermisst.[242] Doch sie hat Bedenken, dass selbst Hessel ihre Offenheit nicht verstehen könne: „Sie mögen mich ja auch viel lieber in gefrorenem Zustand und verstehen ‚dies andere' – was ja doch schließlich viel wirklicher ist – glaube ich, kaum."[243]

1910 beschließt Franziska zu Reventlow in einem Anflug von Tatendrang, ein neues Buch zu schreiben. Sie will die Briefe, die sie an ihn adressiert hat, unter dem Titel *Teegespräche* veröffentlichen.[244] Dann soll Hessel ihr helfen, einen Titel mit „etwas mehr Sensation, mit erotischem Hintergrund"[245] zu finden. Später wird dieses Werk unter dem vom Verlag bestimmten Titel *Von Paul zu Pedro* in den Handel kommen. In einem Brief vom Dezember 1911 teilt sie ihm die freudige Nachricht mit und zugleich „erpresst" die Gräfin ihren alten Freund im Spaß: Wenn er sie nicht in Ascona besuche, dann würde sie über ihn eine Erzählung mit dem Titel *Der Verurteilte*, seine Biographie, wie sie sagt, schreiben.[246] Im Juni 1912 berichtet Franziska zu Reventlow Franz Hessel in einem Brief, ein Schwabinger Buch anzufangen. Darin will sie ihn zum Protagonisten machen: „Es wird kein Roman, einen Roman kann ich überhaupt nicht, sondern *Herrn Dames Aufzeichnungen oder Begebenheiten aus einem rätselhaften Stadtteil*. Schwabing heißt darin Wahnmoching – das ist eine Erfindung vom Bubi. – Herr Dame ist so

Engländer kennen, der mich spät abends, als alles im Hotel schlief, in ein eigens zu diesem Zwecke gemietetes Bubenkostüm steckte und dann mit mir in ein Homolokal ging – aber um Gottes willen dieses nur für Ihre Ohren – es war ein wenig schlimm, aber fabelhaft komisch, ich kam mir so schön karnevalistisch vor. Ich hatte eine schwarze Perücke auf und war so zurecht geschminkt, dass ich mich selbst gar nicht mehr erkannte. Es war Musik da und andere Mignons, die tanzten. Drei alte Herren haben mir ihre Adresse gegeben und eine Stunde zum Kommen. Und der eine drückte mir im voraus 50 frcs. in die Hand. Der Englishman hatte eine wahnsinnige Freude und wich Gott sei Dank nicht von meiner Seite und erklärte mich energisch für seinen Boy." – Reventlow, Franziska Gräfin zu: *Briefe 1890–1917*. – S. 479. – Vgl. dazu Henri-Pierre Roché: *Jules et Jim*. – S. 84: „Bei Jules trat Jim dann Kathe als Junge verkleidet; sie steckte in einem Anzug von Jules. Sie hatte glatte Schultern, schmale Hüften, eine Golfmütze verbarg die hochgesteckten Haare. Sie trug dicke braune Lederhandschuhe und blickte unternehmungslustig und durchtrieben drein. Wer nicht eingeweiht war, hätte sie im Augenblick für einen Jungen halten können."

[242] Vgl. Reventlow, Franziska Gräfin zu: *Briefe 1890–1917*. – S. 487.
[243] Ebd., S. 485.
[244] Vgl. ebd., S. 490.
[245] Ebd., S. 495.
[246] Vgl. ebd., S. 494f.

eine Art Begleitdogge, die nach Schwabing kommt, fortwährend ,verurteilt' wird und eine Biographie hat. Sie sehen, wie ich Sie ausschlachte.‟[247]

Da das Personal von Reventlows Roman *Herrn Dames Aufzeichnungen oder Begebenheiten aus einem merkwürdigen Stadtteil* kaum verschlüsselt dargestellt wird, kann man es eindeutig ihrem Bekanntenkreis zuordnen.[248] Während der Protagonist „Dame‟ noch sowohl die Züge von Reventlow selbst, als auch von Franz Hessel trägt,[249] hat sie mit der Figur des „Willy‟ eindeutig Hessel charakterisiert.[250] Der Roman erweist sich als „eigentliche, authentische Quelle des kosmischen Schwabing, ohne rein ins Dokumentarische zu verfallen‟.[251] Das Ende von Hessels *Kramladen des Glücks* mündet ebenfalls im Münchner Studenten- und Künstlermilieu. Ausführlich beschreibt er ein Kosmiker-Fest in einer Brauerei – der „Schwabinger Brauerei‟, dem Faschingstreffpunkt der Künstler, wie Johannes Székely mutmaßt[252] – und stellt das „Fest der Pathetischen‟ dar. Verschlüsselt erscheinen Karl Wolfskehl als rotmanteliger Dionysos, Ludwig Klages als Mönch in violetter Kutte, Franziska zu Reventlow als Dame in Jünglingskleidern und Suchocki als gepanzerter Ritter Stan. Außerdem zeichnet Hessel die dionysische Feier einer Johannisnacht im Isartal nach, die dem Sonnwendfest gleicht, das die Gräfin am 26. Juni 1901 in ihrem Tagebuch erwähnt.[253]

---

[247] Reventlow, Franziska Gräfin zu: *Briefe 1890–1917.* – S. 495f.

[248] Vgl. Székely, Johannes: *Franziska Gräfin zu Reventlow. Leben und Werk.* Mit einer Bibliographie. – Bonn: Bouvier, 1979. – S. 78.

[249] Ebd., S. 79. – „Zwar hat – wie Franziska zu Reventlow selbst bestätigt – zweifellos Franz Hessel das Modell für die Gestalt des Dame abgegeben. Äußerliche und charakterliche Übereinstimmungen zeigen jedoch, dass sich hinter dem melancholischen und fatalistischen Dame-Hessel mit seiner ‚Heimatlosigkeit‛ und nicht zuletzt mit seinen Schwierigkeiten beim Romanschreiben in Wirklichkeit die Gräfin selbst verbirgt, die so eine gewisse Wesensverwandtschaft zum traurigzerbrechlichen Hessel dokumentiert, den sie zeitweilig recht gut leiden konnte.‟ – „Glauben Sie [Paul Stern], Franzl würde es übelnehmen, wenn man ihn im Buch ‚Hans, mein Igel‛ nennte.‟– Reventlow, Franziska Gräfin zu: *Briefe 1890–1917.* – S. 541.

[250] Vgl. Székely, Johannes: *Franziska Gräfin zu Reventlow.* – S. 81.

[251] Ebd., S. 139.

[252] Vgl. ebd., S. 140.

[253] Vgl. Reventlow, Franziska Gräfin zu: *Tagebücher 1895–1910.* – S. 192.

Székely räumt zwar ein, dass Hessels *Kramladen* mit seinem „typisch wehmütig-weichen Tonfall"[254] das Kosmiker-Milieu darstelle, aber er kritisiert, dass die Figur des Gustav Behrend ohne ironischen Hintersinn gezeichnet und dass sein Roman weniger in die Kategorie von „Kulturbildern der Bohème"[255] als in die zeitgenössischer Liebes- und Unterhaltungsromane nach französischem Vorbild einzuordnen sei. Genau dieser Kritikpunkt muss widerlegt werden: Franz Hessel ist ein Meister der leisen Töne, was sich schon in seinem ersten Roman, der als Entwicklungsroman angelegt ist, zeigt. Sein Sohn Stéphane hat dies in einem Interview, das die Autorin mit ihm im Deutsch-Amerikanischen Institut Heidelberg, wo er in einer Reihe mit dem Titel „Künstler der leisen Töne" auftrat, führen konnte, den Charakter seines Vaters und folglich die Aussage seiner Werke am besten beschrieben: „Meine Töne sind immer ziemlich laut gewesen. Er war ein sehr bescheidener Geist. Zwar war er seiner eigenen Werte sehr sicher und hat sie auch oft unterstrichen in seinen Werken. Aber er hat sich nie in den Vordergrund gedrängt, er war eher der Beobachter von anderen und der Bewunderer von anderen. Wohl auch oft kritisch, aber das Leise in ihm war wohl das Ausschlaggebende, er wollte nie eindringen, er wollte nur an der Seite stehen und dazu beitragen, daß die Atmosphäre so friedlich wie möglich war. Also für ein Festival der leisen Töne war er sicher begabter als ich."[256]

---

[254] Székely, Johannes: *Franziska Gräfin zu Reventlow.* – S. 140.
[255] Ebd., S. 141.
[256] Interview von Magali Nieradka mit Stéphane Hessel im Deutsch-Amerikanischen Institut Heidelberg am achten November 2000. Das Interview ist im Anhang abgedruckt.

Paris (1906–1913)

„Franzl bevorzugte Montparnasse, das Pariser Schwabing"[257]
Franz Hessel und die Pariser Bohème

Dieses Reinprodukt der impressionistischen Zeit war zum erstenmal in
Paris und schnupperte nun wie ein junger Jagdhund in allen Ecken
herum. [Er] wollte zunächst nichts als Antenne sein, welche die feinsten
Schwingungen der Außenwelt aufnimmt; der Dichter in ihm würde dem
allem ganz von selber Sinn geben, und er hat es auch oft getan.[258]

Die wichtigste Lebensader des neuen Künstlerviertels Montparnasse,
das dem Montmartre den Rang abläuft, ist der Boulevard du Montparnasse. An dessen Ecke zur Rue Delambre liegt das eigentlich prunklose
Café du Dôme, ein „Wartesaal dritter Klasse",[259] das seit etwa 1905
zum Treffpunkt deutscher Bildhauer, Maler, Kritiker und Kunsthändler
geworden ist.[260] Eckhardt Köhn zählt auch Franz Hessel zu diesen
Kunsthändlern, die nicht nur für die schönen Dinge des Lebens, sondern auch für die Kunst einen „Spürsinn" haben.[261] Er beruft sich dabei

---

[257] Schmitz, Oscar A. H.: *Dämon Welt.* – S. 362.

[258] Ebd., S. 355.

[259] Ahlers-Hestermann, Friedrich: *Der deutsche Künstlerkreis des Café du Dôme in*
Paris. – In: *Kunst und Künstler. Illustrierte Monatsschrift für Kunst und Kunstge-*
werbe (Berlin) 16/1918. – S. 370.

[260] „In einem unscheinbaren, kleinbürgerlichen Café, in einer fast ländlich anmutenden,
bescheidenen Umgebung hatten sie sich niedergelassen, um sich in Ruhestunden über
Kunst- und Lebenseindrücke aussprechen zu können, wie das jedem angehenden
Künstler vonnöten erscheint. Zu ihnen gesellten sich bald [...] Pascin, mit einigen
Hamburgern auch Hestermann, der Bildhauer Lehmbruck; und auch die Schriftsteller
Max Dauthendey, Wilhelm Uhde, Bernhard Kellermann, Franz Hessel und Erich
Klossowsky stellten sich nach und nach ein. [...] Noch nach Jahren glich dieses Café
mit seiner Nachbarschaft eines offenen Holz- und Kohlenlagers nicht dem beängsti-
genden Sammelpunkt aller Kunst- und Sensationsbeflissenen der internationalen
Welt. Es war das Café du Dôme." – Göpel, Barbara/Erhard Göpel (Hgg.): *Leben und*
Meinungen des Malers Hans Purrmann. An Hand seiner Erzählungen, Schriften und
Briefe zusammengestellt von Barbara und Erhard Göpel. – Wiesbaden: Limes,
1961.– S. 110.

[261] Vgl. Köhn, Eckhardt: *Straßenrausch. Flanerie und kleine Form. Versuch zur Litera-*
turgeschichte des Flaneurs bis 1933. – Berlin: Das Arsenal, 1989. – S. 295, Anmerkung 45.

auf ein Zitat von Fernande Olivier,[262] die einen gewissen Hessel in einer Reihe von berühmten Kunsthändlern nennt.[263] Doch es muss sich dabei um einen Namensvetter handeln, denn Wilhelm Uhde[264] nennt bei seinem ersten Aufenthalt in Paris 1904 eine Galerie Hessel: „Das damalige Paris war einfach und klar, nicht vollgestopft mit verwirrenden Dingen. Man wußte, wohin man zu gehen hatte, wenn man schöne Bilder sehen wollte. Durand-Ruel, Vollard, Bernheim Jeune waren in der Rue Laffitte, Paul Rosenberg und Hessel in der Avenue de l'Opéra, Druet St-Honoré."[265] Auch Kurt Tucholsky weiß eine Anekdote aus der Pariser Galerie Hessel zu erzählen.[266] Franz Hessel hat sich aber zu diesem Zeitpunkt weder in Paris befunden, noch ist er jemals Besitzer einer Galerie gewesen. Außerdem bevorzugt er die Quartiers der Bohème, nicht die reichen Arrondissements am rechten Seine-Ufer. Dass er aber ein Bewunderer der neuen Kunst ist, geht aus seinen Schriften hervor.

---

[262] Fernande Olivier (1881–1966). Von 1906 bis 1912 erste Lebensgefährtin und Muse Pablo Picassos.

[263] „Die Magazine füllten sich mit Bildern von Picasso, Derain, Vlaminck, Van Dongen, Braque, und die Händler gaben sie nur langsam ab, immer auf den günstigen Augenblick wartend.
Sagot verschwand in dem Augenblick, als er seine früheren Erwerbungen zu unerwarteten Preisen verkaufen konnte; der Tod hinderte ihn, davon zu profitieren. Aber Vollard, Druet, Bernheim, Hessel konnten sich nicht beklagen. Ich weiß, zu welchen Preisen sie die meisten der allerschönsten Werke dieser Künstler bekommen haben." – Olivier, Fernande: *Picasso und seine Freunde. Erinnerungen aus den Jahren 1905–1913.* Vorwort von Paul Léautaud. Aus dem Französischen von Gertrud Droz-Rüegg. Mit Reproduktionen von 30 Bildern, Plastiken, Dokumenten und 28 Fotos auf Tafeln und 16 Zeichnungen im Text. – Zürich: Diogenes, 1982. – S. 136f.

[264] Wilhelm Uhde (1874–1947). Deutscher Kunsthändler, Galerist und Autor. Er gilt als Entdecker von Henri Rousseau, Séraphine Louis und anderen Vertretern der naiven Malerei. Helen Hessel teilt ihre letzten Lebensjahrzehnte mit Uhdes Schwester Anne Marie (1889–1988) eine Wohnung in Paris.

[265] Uhde, Wilhelm: *Von Bismarck bis Picasso. Erinnerungen und Bekenntnisse.* – Zürich: Oprecht, 1938. – S. 118.

[266] „Hier ist ein Bilderhändler, wo Hessel heißt und wohl auch so ist. Und der hat einem Mann ein Bild verkauft, für 80.000. Nach vier Tagen kommt dieser selbe Mann an und sagt: ‚Désolé. Aber ich habe da nun an der Börse Pech gehabt – können Sie mir nicht das Bild wieder abnehmen? Natürlich ... ich will gern etwas verlieren ... aber doch immerhin ... Wieviel?' – Hessel: ‚Zehntausend.' – Riesengepolter des Mannes. ‚...und habe noch vor vier Tagen achtzigtausend bezahlt!' – Hessel nimmt ihn sanft beim Arm, denn es sind Kunden im Laden, und spricht: ‚Pas si fort. On pourrait vous prendre pour un imbécile!'" – Tucholsky, Kurt: *Gesamtausgabe. Band 20. Briefe 1933–1934.* Herausgegeben von Antje Bonitz und Gustav Huonker. – Reinbek bei Hamburg: Rowohlt, 1996. – S. 321f.

So porträtiert er beispielsweise den Maler Jules Pascin[267] unter dem Namen Ephrussi in seiner Novellensammlung *Von den Irrtümern der Liebenden* (1922).[268] Dafür, dass er in der Künstlerszene bekannt gewesen ist, spricht ein Ölgemälde des norwegischen Malers Ludvig Karsten.[269] Das Bild trägt zwar den Titel *Forfatteren[270] Albert Hessel[271]*, aber es muss sich um eine Namensverwechslung handeln, denn das Porträt zeigt eindeutig Franz Hessel an einem Caféhaustisch des Montparnasse sitzend. Unverkennbar sind sein asiatisch geschnittenes Gesicht und der gutmütige Ausdruck.

Friedrich Ahlers-Hestermann beschreibt in „Pause vor dem dritten Akt" die Stimmung im Café du Dôme, aber er merkt an, „ins Café du Dôme zu gehen, gestatte ich mir nur des Abends, denn, auch abgesehen von der Ausgabe, hielt ich es für eine gefährliche Gewohnheit."[272] In *Namen und Menschen* zeichnet Erich Mühsam ein Bild seiner Pariser Eindrücke und der dort ansässigen Bohème im Jahre 1907: „So viel wußte ich, daß man als Deutscher seinesgleichen im *Café du Dôme* am Boulevard Montparnasse finden würde. […] Ein glatzköpfiger Herr schritt auf mich zu und begrüßte mich, da wir uns im *Café Monopol* in Berlin schon getroffen hätten; das war der Maler Purrmann,[273] der mich nun sofort den übrigen deutschen Künstlern und verwandten Erscheinungen zuführte. So lernte ich gleich in der ersten Stunde meines Pariser Aufenthalts fast die ganze Gesellschaft kennen, mit der ich wenigstens für die ersten beiden Monate täglich viele Stunden beisammen war. Dazu gehörten außer Purrmann und Pascin der Maler Bondy,[274] der Dichter Franz Hessel, an den mir die Gräfin Reventlow Grüße aufgetragen hatte […]; ferner der Kunstschriftsteller Wilhelm Uhde,

267 Jules Pascin (1885–1930; eigentlich Julius Mordechai Pinkas). Bulgarischer Maler des Expressionismus und Mitglied der Berliner, Münchner und Pariser Bohème. 1930 begeht er in Paris Selbstmord.

268 Vgl. Hessel, Franz: *Torso.* – In: Franz Hessel: *Von den Irrtümern der Liebenden.* – In: Franz Hessel: *Werke 2: Prosasammlungen.* – S. 125–153.

269 Ludvig Karsten (1847–1913). Norwegischer Maler des Impressionismus.

270 Norweg.: Dichter.

271 Gauguin, Pola: *Ludvig Karsten.* – Kopenhagen: Aschehoug, 1949. – S. 81.

272 Ahlers-Hestermann, Friedrich: *Pause vor dem dritten Akt.* – S. 128.

273 Hans Purrmann (1880–1966). Deutscher Maler, Kunstschriftsteller und Sammler.

274 Walter Bondy (1880–1940). Prager Maler, Kunstsammler und Galerist. Mitglied der Münchner und Pariser Bohème. Bondy zieht als „vorzeitiger Emigrant" 1932 nach Südfrankreich und arbeitet dort als Fotograf. Ebenso wie Franz Hessel stirbt er dort.

durch den die Bekanntschaft mit etlichen französischen Künstlern vermittelt wurde; so mit Picasso[275] und dessen Freund Herbin,[276] der mich in Paris porträtiert hat."[277]

Zu den „Säulenheiligen"[278] und „Dauergästen"[279] des Dôme, wie Purrmann schreibt, gehört auch Franz Hessel mit seinem „sentimentalen Grinsen".[280] Hessel hat sich schnell in Paris eingelebt und liebt das Viertel Montparnasse.[281] Die Stadt und ihre Atmosphäre erinnern ihn in vielen Punkten an „sein" Schwabing.[282] Während die anderen „Dômiers" heftig über Kunst und Literatur diskutieren, zieht er es vor

[275] Pablo Picasso (1881–1973). Spanischer Maler, Bildhauer, Grafiker und Keramiker. In *Torso* führt Franz Hessel Pablo Picasso als den nun berühmten Spanier Pedro Bilbao ein. Der Protagonist Erich Wörner wird von dem Maler durch sein Pariser Atelier geführt: „Im Atelier standen auf dem Tische polynesische und afrikanische Skulpturen; die zeigte uns Bilbao, wie um von seinen eigenen Arbeiten abzulenken. Aber Wörners Blick fand bald eine große Leinwand, auf der sich winklige, eckige Gestalten in wenigen fahlen, scharfabsetzenden Farben von einem farbenreicheren Hintergrund abhoben. Er war gebannt. In seinen Zügen malte sich ein entsetztes Erkennen. Bilbao merkte diesen Eindruck und erklärte: ,Was Sie da ansehen, ist kein Bild, es ist mein Experimentierfeld.' Aber Wörner rief: ,Sie machen mir Furcht, Sie malen ja die Wirklichkeit, die Gegenwart!' – Hessel, Franz: *Torso.* – In: Franz Hessel: *Von den Irrtümern der Liebenden.* – In: Franz Hessel: *Werke 2: Prosasammlungen.* – S. 129. – Bernd Witte mutmaßt, dass diese Passage eines der frühesten Zeugnisse für die Begegnung mit dem Gemälde *Les Demoiselles d'Avignon"* ist. – Witte, Bernd: *Ein Bauer in Paris.* – S. 30.
[276] Auguste Herbin (1882–1960). Französischer Maler der klassischen Moderne.
[277] Mühsam, Erich: *Namen und Menschen.* – S. 132.
[278] Flügge, Manfred: *Wider Willen im Paradies.* – S. 100.
[279] Göpel, Barbara/Erhard Göpel (Hgg.): *Leben und Meinungen des Malers Hans Purrmann.* – S. 76.
[280] Grossmann, Rudolf: *Dômechronik.* – In: *Kunst und Künstler. Illustrierte Monatsschrift für Kunst und Kunstgewerbe* (Berlin) 20/1922. – S. 30.
[281] „So zogen wir [Franz Hessel und Oscar A. H. Schmitz] denn in ein Hotel von wahrhaft Strindbergischem Charakter, das der Franzl eben darum ,fabelhaft' fand. O ihr glücklichen Impressionisten! Aus etwa einem halben Dutzend trotz der Herbstkühle offenen Fenstern des quadratischen Hofes hörte man unermüdliches Klavier-, Violin- und Gesangüben. Ein Amerikaner über mir hatte eine Zimmerorgel. Nachts erschienen an mehreren Fenstern weiße Gestalten, die zu mir herüberspähten. Ich fragte den Franzl, ob es Gespenster oder Kokotten seien. Er meinte: beides." – Schmitz, Oscar A. H.: *Dämon Welt.* – S. 362.
[282] „Überall entdeckte Franz Hessel sein stilles Schwabing. Auf dem Montmartre, in der gaité au temple und an der Potsdamer Brücke." – Grossmann, Rudolf: *Dômechronik.* – S. 30.

zu beobachten, erinnert sich Helen Hessel.[283] Ahlers-Hestermann liefert ein detailliertes Portrait seines Bekannten. Er charakterisiert ihn als gerechten Weisen, der, im Äußeren ein wenig gestraft von der Natur, jeder noch so negativen Sache positive Aspekte abgewinnen kann und dessen Altruismus markant ist: „Gegen Mitternacht kam manchmal noch Franz Hessel, freundlich und rundlich unter seinem Melon. (Eine ihrer Insel entflohene junge Engländerin, deren schleierumwallte Erscheinung besonders die Kollegen von der Literatur durch notierenswerte Aussprüche mannigfach beunruhigt hatte, hatte ihn ‚Pudding' getauft.) Bei seinem Erscheinen freute ich mich, daß ich noch nicht weggegangen war: man konnte so ‚menschlich' mit ihm reden. Die leicht spielerische Ironie seiner Betrachtungsart kam nicht aus bitteren Quellen, und er machte seine Schätzung nicht davon abhängig, ob die letzten Sachen, die man gemalt hatte, gut oder schlecht geworden waren. – Lieber Franz Hessel! Noch war er nicht der weise alte Jude, als den ich ihn in Berlin 1936 das letzte Mal gesehen habe. […] In schon unhaltbarer Situation war er dennoch, wie immer, umglänzt von jener tiefen, spirituellen Heiterkeit, der Fähigkeit, auch im tiefsten Grau noch farbige Punkte zu entdecken, aus denen er den Honig seiner reizend empfundenen und geformten Bemerkungen zog. Für ihn war selbst die Wüste eine lobenswerte Einrichtung, weil es ohne sie eben keine Oasen geben würde. […] ‚Schöön und trööstlich' fand er so viele Dinge und menschliche Begebenheiten, die andere gleichgültig ließen oder ärgerten. Seine zarte Teilnahme gehörte dem weiblichen Geschlecht da, wo durch Getue und Angelerntes, durch Konventionen und Haltung Ursprünglichkeit und das Unbewußte aufschimmerte. Wenn auch ein Eingeweihter der damals noch ganz neuen Psychoanalyse, so näherte er sich ihnen doch nicht als psychologisierender Faun, überhaupt nicht mit dem seiner Jugend eigentlich angemessenen geschlechtlichen Egoismus. Seine forschende Freundschaftlichkeit war verstehend, humorvoll und warm, konnte auch zwanglos jeden Augenblick in die Spiele der Liebe übergehen; aber das waren Girlanden, die den ernsten Arbeitstag am Schreibtisch nur gelegentlich umkränzten. – Er war mit manchen

---

[283] „[Franz Hessel] nahm an den hitzigen Debatten über Cézanne und die Matisse-Schule mehr beobachtend als eingreifend teil und hatte seine Freude an den oft drolligen Eigentümlichkeiten der Maler und Dichter, die sich dort zusammenfanden". – Ferroud, Karin: *Une vie d'écriture.* – S. 128, Anmerkung 112.

französischen Schriftstellern befreundet und nahm mich auch einmal mit in die *Closerie des Lilas*, wo ich ehrfurchtsvoll im Kreise der Moréas,[284] Jules Romain[s][285] und André Gide[286] saß."[287]

Hessel gehört aufgrund seiner Erbschaft zu den Vermögenden unter den „Dômiers",[288] was dem jungen Künstler „einige unbeschwerte Jahre"[289] ermöglicht. Mit seinem Geld unterstützt er aber auch mittellose Bohémiens wie zum Beispiel Erich Mühsam: „Ich muß [...] zugeben, daß in dem kleinen Kreise der deutschen Künstlerschaft, der sein Generalquartier im Café du Dôme hatte, im allgemeinen ein erfreulicher Geist der Solidarität herrschte. Es gab Leute unter uns, die nie einen Sou hatten, der nicht der Hilfsbereitschaft Hessels, Bondys oder eines der besser Situierten entstammte."[290]

Oscar A. H. Schmitz hat sehr positive Erinnerungen an die Pariser Zeit mit „Franzl", der einen „besonders günstigen Einfluß" auf seine Arbeit gehabt habe.[291] In *Von den Irrtümern der Liebenden* wiederum lässt Hessel seinen Freund Schmitz als Schriftsteller A. W. Möller auftreten, der den Protagonisten Wilhelm (= Franz Hessel) in die Pariser Geheimnisse einweiht.[292] Hessel erweist sich schon bald als „im-

---

[284] Jean Moréas (1856–1910; eigentlich Ioannis Papadiamantopoulos). Französischer Schriftsteller griechischer Herkunft. Vertreter des Symbolismus.

[285] Jules Romains (1885–1972; eigentlich Louis Henri Farigoule). Französischer Schriftsteller. Vertreter des Unanimismus.

[286] André Gide (1869–1951). Französischer Schriftsteller und Literaturnobelpreisträger von 1947. Sein Roman *Les Faux-Monnayeurs* (1925) gilt als richtungsweisendes Werk der modernen europäischen Literatur.

[287] Ahlers-Hestermann, Friedrich: *Pause vor dem dritten Akt.* – S. 133f. – Vgl. auch: Ahlers-Hestermann, Friedrich: *Der deutsche Künstlerkreis des Café du Dôme in Paris.* – S. 381.

[288] Hessel, Helen: *Journal d'Helen.* – S. 434, Anmerkung 2.

[289] Flügge, Manfred: *Gesprungene Liebe.* – S. 30.

[290] Mühsam, Erich: *Namen und Menschen.* – S. 133f.

[291] Schmitz, Oscar A. H.: *Dämon Welt.* – S. 357.

[292] „Der Schriftsteller A. W. Möller, ein Jugendfreund Wilhelms, holte ihn vom Bahnhof ab und fuhr mit ihm durch verregnete Straßen vor ein Hotel, wo er ihm ein Zimmer besorgt hatte.
,Packen Sie nur gleich Frack und Zylinder aus', sagte Möller, ,ich habe Freibillets für das Odéon. Es wird ein modernes Gesellschaftsstück gegeben. Da werden Sie sofort viel Pariserisches kennenlernen.'
Da das *Théâtre de l'Odéon* auf dem linken Seineufer liegt, schlug A. W. Möller vor, in einem charakteristischen Restaurant des lateinischen Viertels zu speisen. [...] Unterwegs belehrte der Schriftsteller den Neuling über Sitten und Besonderheiten der Stadt und machte ihn im Vorbeigehen eilig auf die merkwürdigsten Monumente auf-

pressionistischer Feinschmecker",[293] der ganz ausgesuchte Dinge ausfindig macht, so zum Beispiel eine Gipsgruppe im Marignytheater. Dort produzieren sich vier Berliner Mädchen in plastischen Posen und Franz Hessel baut alsbald eine Freundschaft zu ihnen auf, von der auch seine Pariser Bekannten profitieren. Schmitz erinnert sich an die Ausflüge mit diesen vier Grazien: „Ina, meine besondere Freundin, war eine Romantikerin, die an die große Liebe glaubte. Ich gab ihr Balzac, als sie mich um Lektüre bat. Gretchen, Franzels Bevorzugte, die Eleganteste, träumte vom dem ‚reichen Verhältnis‘, gegen das ihre Dankbarkeit unbegrenzt sein würde. Franzl ließ sie Casanova lesen. Liddy war ‚une franche grue‘[294] aus reiner Trägheit und ‚Wurstigkeit‘, wie sie sagte. Sie wurde dauernd gezwickt, und man kaufte ihr Obsttörtchen. War sie satt oder vielmehr überfressen, dann lehnte sie sich an ihren zufälligen Nachbar und schlief ein. Bertha allein war häßlich. Sie ging steif wie eine aufgezogene Gliederpuppe, las religiöse Traktätchen und behandelte uns alle mit strafender Verachtung, aber mit soviel entwaffnenden und im Grund gutartigen Mutterwitz, daß sie bei keinem Unternehmen fehlen durfte."[295]

Nachdem Franz Hessel zunächst in einer Mansarde in einem alten Montmartre-Hotel gewohnt hat, zieht er bald in das *Hôtel du Poirier* gegenüber dem berühmten *Bateau Lavoir*, wo Pablo Picasso sein Nachbar ist. Dann werden ein kleines Haus in Passy und ein Atelier in der Rue Vercingétorix seine Zuflucht, bis er schließlich in der Rue Schoelcher, inmitten des Quartier Montparnasse, seine einstweilige Heimat findet.[296]

---

merksam." – Hessel, Franz: *Paris in vierzehn Tagen.* – In: Franz Hessel: *Von den Irrtümern der Liebenden.* – In: Franz Hessel: *Werke 2: Prosasammlungen.* – S. 155.
[293] Schmitz, Oscar A. H.: *Dämon Welt.* – S. 356.
[294] Frz.: eine lockere Nutte.
[295] Schmitz, Oscar A. H.: *Dämon Welt.* – S. 356f.
[296] Vgl. Witte, Bernd: *Franz Hessel. Ein Bauer von Paris.* – S. 24.

„Pierrot und Don Juan"[297]
Die Freundschaft zwischen Franz Hessel
und Henri-Pierre Roché

Paris ist die Heimat des Fremden. Als Spaziergänger erwirbt man hier ein kleines Bürgerrecht. Die Straße ist hier ein Wohnraum. Und sie ist ein dauerndes Schauspiel. Oft wird es einem sehr schwer, das Schauspiel zu verlassen und irgendwo einzutreten. Aber dann gibt es die tausend Caféterrassen in jedem Stadtteil für Arm und Reich und alle gastlich. Von da kann man weiter dem Schauspiel der Straße zuschauen. Hier braucht man ja nicht mitzuspielen, hier macht schon das Zusehen glücklich.[298]

Im *Café du Dôme* trifft der Lebemann Henri-Pierre Roché (1879–1959) erstmals auf Franz Hessel. Roché ist Protestant und gehört somit ebenso wie der deutsche Jude Hessel einer Minderheit an. Auch er ist ein „Mittler zwischen Deutschland und Frankreich",[299] denn er vermittelt neue deutschsprachige Theaterstücke an amerikanische Agenturen und übersetzt deutsche Stücke ins Französische, so Arthur Schnitzlers[300] *Der Reigen* und mehrere Texte von Carl Sternheim.[301] Seinen ersten Roman *Don Juan* (1927) veröffentlicht er – „ein junger Abenteurer und Dandy, ein Dilettant aus gutem Hause, der als Boxer trainierte und Bilder noch unbekannter avantgardistischer Maler sammelte"[302] – aus Rücksicht auf seine gesellschaftliche Stellung unter dem Pseudonym „Jean Roc".[303] Am 10. November 1906 wird Rochés neuer Bekannter zum ersten Mal im Tagebuch erwähnt: „Heute abend habe ich meinen

---

[297] Hessel, Franz: *Pierrot und Don Juan.* – In: Franz Hessel: *Sieben Dialoge. Mit sieben Radierungen von Renée Sintenis.* – Berlin: Rowohlt, 1924. [Nachdruck in: Franz Hessel: *Werke 4: Lyrik und Dramatik.* – S. 185–189].

[298] Hessel, Franz: *Paris ist die Heimat des Fremden.* – In: Franz Hessel: *Frauen und Städte.* – In: Franz Hessel: *Werke 3: Städte und Portraits.* – S. 306.

[299] Flügge, Manfred: *Gesprungene Liebe.* – S. 20.

[300] Arthur Schnitzler (1862–1931). Österreichischer Erzähler und Dramatiker. Er gilt als der bedeutendste Vertreter der Wiener Moderne.

[301] Carl Sternheim (1897–1942). Deutscher Dramatiker und Lyriker. In seinen Theaterstücken greift er die Moralvorstellungen des Bürgertums der Wilhelminischen Zeit an.

[302] Witte, Bernd: *Franz Hessel. Ein Bauer von Paris.* – S. 22.

[303] Ebd.

neuen Freund Glob mitgebracht, Jude, Deutscher, klein, rundlich, der von einer großen Auffassungsgabe und einer bezaubernden Empfindsamkeit ist."[304] [Übers.: M.N.] „Glob" ist einer der Spitznamen, die typisch für die Namensbezeichnungen in seinem Tagebuch sind. Wahrscheinlich spielt er damit auf Hessels runde Kopfform an. Obwohl sie sehr gegensätzlich sind, freunden sich Hessel und Roché schnell an. „Sie weihten einander in die Geheimnisse ihrer Sprache ein, übersetzten füreinander Gedichte, Verlaine, Baudelaire, Rimbaud im Austausch gegen Hölderlin, Hofmannsthal, Rilke und Platten"[305] erzählt Helen Hessel über das ungleiche Gespann.

Am 15. November stellt Henri-Pierre Roché „Glob" seine neue Eroberung Marie „Flap" Laurencin[306] vor. Und wieder kommt es zu einer Dreiecksbeziehung: Manfred Flügge mutmaßt, dass „Flap" die erste Frau ist, die zeitgleich von Hessel und Roché geliebt wird.[307] Ein mit Franz und Maho signierter Hilferuf erreicht Henri-Pierre Roché Ende April 1907: „O Roché, komm." [Übers.: M.N.][308] Der in beiden Handschriften verfasste Brief teilt mit, dass ihre Regel ausgeblieben ist, und sie bittet Roché, die Adresse einer Hebamme – als Engelmacherin – zu schicken: „Maho: Mein Blut kommt nicht. (Oh die enttäuschten Blicke auf das Taschentuch!)"[309] [Übers.: M. N.] Am 19. Mai 1907 heißt es in einem weiteren Brief der beiden: „Lieber Roché, ich habe Ihre Abwesenheit bedauert – schon reize ich Hessel nicht mehr."[310]

Dass sie auch in der Folgezeit oft dieselbe Frau lieben, tut ihrer Freundschaft keinen Abbruch. Dass Hessel allerdings oftmals die Liebe vom Sex trennt, notiert Roché missbilligend in sein Tagebuch.[311] 1907

---

[304] Vgl. Roché, Henri-Pierre: Carnets. *Les Années Jules et Jim. Première partie. 1920–1921.* Avant-propos de François Truffaut. – Marseille: André Dimanche, 1990. – S. 125.

[305] Ferroud, Karin: *Une vie d'écriture.* – S. 117, Anmerkung 66.

[306] Marie Laurencin (1885–1956; genannt Maho oder Flap). Französische Lyrikerin und Malerin. Sie ist die Muse des französischen Lyrikers Guillaume Apollinaires, bevor sie 1914 den deutschen Künstler Otto von Wätgen, einen Stammgast des *Café du Dôme,* heiratet, von dem sie sich 1921 wieder scheiden lässt.

[307] Vgl. Flügge, Manfred: *Gesprungene Liebe.* – S. 54.

[308] Vgl. Wichner, Ernest/Herbert Wiesner (Hgg.): *Franz Hessel. Nur was uns anschaut, sehen wir.* – S. 35.

[309] Vgl. ebd.

[310] Ebd.

[311] Vgl. Witte, Bernd: *Franz Hessel. Ein Bauer von Paris.* – S. 23.

trifft letzterer auf Franziska zu Reventlow, die bei ihm großen Eindruck hinterläßt. „April bis Mitte Mai die Franzl-Roché-Zeit, dann die Roché-Zeit"[312] notiert Franziska zu Reventlow in ihrem Tagebuch. Während eines Münchenaufenthalts zusammen mit Franz Hessel hat sie eine kurze Affäre mit Roché.[313] Sie soll später als Gertrude zum Personal seines Romans *Jules et Jim* gehören und darin Folgendes über Jules alias Hessel sagen: „Unser Jules ist doch ein netter Kerl. [...] Er versteht die Frauen besser als irgendeiner, den ich kenne. Nur, wenn es darum geht, uns zu nehmen ... er liebt uns zu viel und zu wenig. Er ist ganz Geist und ganz Begierde, immer zur falschen Zeit. [...] Jules ist ein kühner Entdecker, ein Poet, aber erst als Gatte würde seine Zärtlichkeit einen Heiligen aus ihm machen."[314]

Während des gemeinsamen Münchenaufenthalts lernt Roché außerdem Luise Bücking[315] kennen, genannt „Wiesel", um deren Hand sein Freund Franz einst vergeblich angehalten hat. Mit „Wiesel", die mit Roché und Hessel nach Paris reist, führen sie fort, alle beide ein und dieselbe Frau zu lieben: „Lange Reise nach Paris. Sie immer zwischen uns sitzend. Wir verwöhnen sie sanft."[316] [Übers.: M. N.]

Im Jahre 1908 erscheint im Berliner Verlag S. Fischer Hessels erste Prosasammlung: *Laura Wunderl. Münchner Novellen*, die er während eines Sommeraufenthalts zusammen mit Oscar A. H. Schmitz in Isle Adam verfasst hat.[317] Manfred Flügge nennt diese Sammlung „ein Meisterwerk, das den Erzählungen Arthur Schnitzlers nicht nachsteht.

---

[312] Reventlow, Franziska Gräfin zu: *Tagebücher 1895–1910.* – S. 423.
[313] Vgl. Hessel, Helen: *Journal d'Helen.* – S. 66, Anmerkung 1.
[314] Roché, Henri-Pierre: *Jules und Jim.* – S. 22.
[315] Vgl. Grund, Karin: *Présentation.* – In: Henri-Pierre Roché: *Carnets. Les Années Jules et Jim.* – S. XXVIII.
[316] Vgl. ebd.
[317] „Inzwischen hatten der Franzl und ich eine Eisenbahnstunde von Paris in Isle Adam eine kleine Villa gemietet. Anfangs waren wir nur über Samstag und Sonntag hingefahren, einmal in Gesellschaft der Gipsgruppe, was uns in dem Städtchen nicht gerade vorteilhaft einführte. Am 1. Juli zogen wir ganz hinaus und lebten nun dort bis in den Herbst, als zwei sehr ernste junge Herren. Den ganzen Vormittag wurde gearbeitet. Ich schrieb an meinen ‚Französischen Gesellschaftsproblemen', Franzl an seinen Schwabinger Geschichten. Bisweilen lasen wir uns gegenseitig das Fertiggewordene vor. [...] Isle Adam war damals noch zwischen seinen Wäldern ein sommerliches Idyll. Außer den Pariser Villenbesitzern, die man hie und da auf der Straße sah, gab es keine Sommergäste." – Schmitz, Oscar A. H.: *Dämon Welt.* – S. 358–360.

Einfühlsam, ironisch, erotisch und tragisch werden Szenen aus dem Münchner Bohème-Leben, Frauenschicksale, erotische Dreiecke, vergebliche Träume vom freien Leben"[318] geschildert. Trotz dieser sinnlichen Frauen, bleibt der Erzähler Fritz der Beobachter und wird nicht zum Verführer. Hier lässt sich eine deutliche Parallele zwischen dem beschriebenen Studenten und dem Autor herstellen.[319] Es zeigt sich ganz der Charakter des Jules, den Henri-Pierre in seinem Roman *Jules et Jim* darstellen wird. Fritz oder Franz oder Jules – diese Namen beschreiben immer wieder dieselbe Person – ist der „Zuhörer und Zuschauer und Tröster, der die Frauen so gut versteht":[320] „Auch die Frauen betrachtete er impressionistisch, also nicht eigentlich erotisch. Das wirkte aber auf viele sehr stark, da sie sich ganz plötzlich von einer ihnen bisher entgangenen Seite aus reizvoll oder interessant gefunden sahen."[321]

Im Jahr 1911 planen Roché und Hessel eine Griechenlandreise. Dort sehen sie am achten September im Museum von Tanagra eine Statue, auf die sie schon der Archäologe Herbert G. Koch[322] vom Deutschen Archäologischen Institut in Rom, den Hessel aus seiner Schwabinger

---

[318] Flügge, Manfred: *Gesprungene Liebe.* – S. 200.

[319] „So war er schon in München stets von allerlei Mädchen umgeben, die er goethisch seine Miesels nannte, und dem impressionistisch Schauenden wurde manche Gunst zuteil, die der Draufgänger oft vergebens erwartet. Mehr als einmal habe ich ihn wie der Graf Almaviva den Cherubin unverhofft, wenn auch mehr symbolisch, unter einer Decke hervorgezogen, und eines Tags, als ich nach längerem Warten in einem Vorzimmer endlich in den Raum eingelassen wurde, wo sich eine Schöne gerade gewaschen hatte, saß der Franzl mit seelenvergnügtem Vollmondgesicht auf dem Sofa. ‚Ach, der Franzl, das ist etwas ganz anderes, vor dem braucht man sich nicht zu genieren', lautete die Erklärung, mit der ich mich begnügen musste." – Schmitz, Oscar A. H.: *Dämon Welt.* – S. 355f. – Vgl. dazu eine Passage aus *Laura Wunderl*: „Wie ich [Fritz] sie [Nina] hinlegte, kam Wedel herein, in einem indischen Schlafrock von großer Pracht. Sein braunes Haar klebte ihm in wirren Strähnen an der Stirn. Ich trat beiseite, als er sich der Nina näherte; sie lächelte müde.
Plötzlich hatte er sie emporgehoben, sie hing über seine Schulter, ihr Haar lockerte sich und eine schwarze Flechte fiel an seinem Arm herab. Seine Augen brannten wie Wolfsaugen im dunklen Wald und er trug seine Beute ins Nebenzimmer. – Ich blätterte in dem zärtlich weichen Papier eines japanischen Bilderbuches und blickte erst auf, als die beiden wieder hereintraten. Ich merkte ihnen einige Verlegenheit an und redete brav von japanischer Kunst." – Hessel, Franz: *Laura Wunderl.* – In: Franz Hessel: *Werke 2: Prosasammlungen.* – S. 25.

[320] Flügge, Manfred: *Gesprungene Liebe.* – S. 200.

[321] Schmitz, Oscar A. H.: *Dämon Welt.* – S. 355.

[322] Herbert G. Koch (1880–1962). Deutscher Archäologe.

Zeit kennt, durch Fotos aufmerksam gemacht hat: „Dieser Torso regt die Phantasie der Männer an. Erst Tage später können sie darüber reden. [...] Die archaischen Mundwinkel des geraubten Mädchens, kaum ein Lächeln zu nennen, haben sich ihnen tief eingeprägt."[323]

„Die Dritte hatte das Lächeln der Statue von der Insel"[324]
Die Beziehung zwischen Franz Hessel und Helen Grund

*Film und Roman werden oft mit dem Etikett „Dreiecksgeschichte"
versehen, aber das trifft in einer vordergründigen Weise nicht zu. Eher
war es schon ein Dreieck zwischen den Städten Berlin, München und
Paris.*[325]

Franz und Helen, beide Deutsche, beide Kosmopoliten, lernen einander 1912 in Montparnasse im Café du Dôme kennen. Das Paris der Vorkriegsjahre ist ein Schmelztiegel der Kulturen und Interessen.

Die Tochter aus höherem Hause hat die Mädchenschule in Charlottenburg besucht. Als jüngstes von fünf Kindern ist sie das Nesthäkchen, das immer versucht, seinen Kopf durchzusetzen. Mit sechzehn will sie ihren Cousin heiraten, zwei Jahre später beginnt sie eine Ausbildung als Malerin und stürzt sich in eine Affäre mit ihrem dreißig Jahre älteren Kunstlehrer.[326] Die junge Kunststudentin und Kollwitz-Schülerin[327] Helen Grund kommt im Herbst 1912 zusammen mit ihren Freundinnen Fanny Remak[328] und Augusta von Zitzewitz[329] nach Paris, wo sie im Atelier des Malers Maurice Denis[330] unterkommt. In *Jules et Jim* kündigt Jules Jim die Ankunft von jungen Mädchen an, doch Jim möchte eigentlich lieber arbeiten, als die Neuankömmlinge zu begrüßen. Aber Jules macht ihm klar, dass er ihnen zum einen hilfreich sein kann und

[323] Flügge, Manfred: *Gesprungene Liebe.* – S. 68.
[324] Roché, Henri-Pierre: *Jules und Jim.* – S. 83.
[325] Flügge, Manfred: *Gesprungene Liebe.* – S. 14.
[326] Vgl. Becker, Claudia: *Helen Grund.* – Opitz, Michael/Jörg Plath (Hgg.): *„Genieße froh, was du nicht hast".* – S. 191, Anmerkung 2.
[327] Vgl. Witte, Bernd: *Franz Hessel. Ein Bauer von Paris.* – S. 18.
[328] Fanny Remak (1883–?). Deutsche Künstlerin. Sie wird Ulrichs Patin.
[329] Augusta von Zitzewitz (1880–1960). Deutsche Künstlerin
[330] Maurice Denis (1870–1943). Französischer Maler des Symbolismus.

zum anderen gehöre er ebenso zum Paris-Programm. Nichtsdestotrotz nimmt Jim die neuen „Pariserinnen" genau unter die Lupe: „Die erste, Sarah, groß und dunkel, war eine strenge asiatische Schönheit. Die zweite, mollig und lebhaft, war eine Wiener Schönheit. Die dritte, sehr blond, mit sonnenbrauner Haut, eine germanische Schönheit. Wenn sie zusammen tanzen gingen, verursachten sie einen Aufruhr. Kathe, die dritte, hatte das Lächeln der Statue von der Insel."[331]

Ihr Lächeln ähnelt dem der griechischen Statue, sie hat die „archaischen Mundwinkel".[332] Jim fällt auf, dass Jules versucht, Kathe alias Helen Grund von ihm fernzuhalten. Ihr „Frauen-Kommunismus" scheint ein jähes Ende gefunden zu haben, als Jules den einfachen Satz „*die da nicht* ... verstehen Sie, Jim?"[333] spricht. Doch diese Frau soll „die Beziehung von Pierre und Franz zum Dreieck machen und das Leben aller drei zum erlebten Roman."[334] Rückblickend erzählt sie im Jahre 1951 in einem Rundfunkinterview, wie sie Franz Hessel kennengelernt hat: „Das war im Herbst 1912. In Paris. In dem berühmten Café du Dôme, wohin uns I. B. Neumann,[335] der damalige Leiter des Graphischen Kabinetts in Berlin, eines Abends mitnahm. Uns, das waren die junge Augusta von Zitzewitz und ich. Ich besinne mich sehr genau auf meinen ersten Eindruck von Pascin, von Rudolf Levy,[336] von Bondy und Kauders,[337] und wie beschützerisch sie uns, die jungen Malmädchen aus Berlin, in ihren Kreis aufnahmen. Ich war viel schüchterner als Augusta, und auch – in gewisser Weise – ablehnender als sie, die von Herzen genoß, mit so interessanten Menschen bekannt zu werden. Verglichen mit dem Idealbild eines Gardeoffiziers oder englischen Lords kamen mir die Künstler mit ihren allzu ausdrucksvollen Mienen und Gebärden fremd und eher unheimlich vor. Ich verlor meine Unbefangenheit in ihrer Gesellschaft, sah von einem zum anderen und konnte eine gewisse Beklommenheit nicht überwinden. Und dann, als dieser

---

[331] Roché, Henri-Pierre: *Jules und Jim.* – S. 83.
[332] Hessel, Helen: *Journal d'Helen.* – S. 8.
[333] Roché, Henri-Pierre: *Jules und Jim.* – S. 84.
[334] Flügge, Manfred: *Gesprungene Liebe.* – S. 70.
[335] I. B. Neumann (1887–1961; eigentlich Israel Ber Neumann). Deutsch-amerikanischer Kunsthändler und Verleger.
[336] Rudolf Levy (1875–1943). Deutscher Maler des Expressionismus.
[337] Hans Kauders (1880–1952). Deutscher Übersetzer. Mit Franz Hessel übersetzt er „Solal" von Albert Cohen. Hessel nennt den Freund „Habakuk".

peinliche Zustand schon eine Weile gedauert hatte, kam von einem Nebentische einer zu uns herüber, der hatte ein rundes Gesicht und einen kindlichen Mund. Er setzte sich auf die rote Polsterbank neben mich, sah mich mit freundlich geneigtem Kopf aus schmalen braunen Augen an und sagte ruhig: ‚Sie haben ja Augen wie Goethe in mittleren Jahren.' – Das war doch zu schön. Ich war aus dem Bann mit einem Schlag erlöst, ohne allerdings zu ahnen, daß ich im Begriff war, in einen anderen zu geraten."[338]

Abb. 3: *Selbstportrait Helen Hessel-Grund (um 1955)*

Das Eis ist gebrochen, Helen Grund ist sozusagen initiiert: Zum einen fühlt sie sich jetzt der Pariser Künstler-Bohème zugehörig, zum anderen nimmt die rund dreißigjährige Beziehung zu Franz Hessel ihren Lauf. Wieder einmal hat er eine Frau durch seine impressionistische Sehweise des Weiblichen für sich gewonnen. Als sie sich an diesem Abend trennen, schreibt „der Drollige"[339] den beiden Mädchen seine Adresse auf: 4, rue Schoelcher. 7. Etage links. Es dauert einige Zeit, bis sie sich entschließen, ihn zu besuchen. Als es eines Tages im Dôme eine Schlägerei gibt, sagt Augusta zu Helen, dass man sich von diesem Schreck nur bei dem „kleinen Hessel"[340] erholen könne. Franz Hessel, ein „Pierrot Lunaire",[341] öffnet im Schlafrock die Tür der Wohnung, in der alles

[338] Hessel, Helen: *C'était un brave.* – S. 84.
[339] Ebd.
[340] Ebd., S. 87.
[341] Ebd.

„so friedlich, so schläfrig still"[342] war. Hessel empfängt sie herzlich – „Er hatte eine schöne Art, in der Mehrzahl zu duzen"[343] – und im Laufe des Gesprächs stellt sich heraus, dass sie in Berlin Nachbarskinder gewesen sind: „War Ihre Kinderfrau nicht eine sehr dicke Person? Und hatten Sie nicht ein rotes Plüschmäntelchen an mit einer Kapuze?' – Ich sah ihn lange an. ,Ja', sagte ich, ,aber dann waren Sie doch der Junge, der immer so langsam vor sich hin ging.' So träumerisch verspielt wurde man in Hessels[344] Gesellschaft. Gegenwart und Vergangenheit floß in eins."[345]

Helen Grund unternimmt viel mit Franz Hessel, mal mit Freunden, mal zu dritt mit Augusta von Zitzewitz, mal allein. Sie entdecken zusammen Paris, der große Flaneur zeigt ihr die Welt, die für ihn wichtig ist, und auch die kleinen Dinge der anderen Metropole, die wahrscheinlich nur er wahrnimmt: Den verwilderten Garten mit dem Blick auf den Rücken von Notre-Dame, Saint-Julien-le-Pauvre, den Rummelplatz beim Lion de Belfort, die engen Gassen hinter Saint-Germain-des-Près und das Quartier Latin. Wie Rilkes *Malte* habe auch Franz Hessel in Paris sehen gelernt, stellt Manfred Flügge fest.[346] Helen und Franz verbringen viel Zeit miteinander, erzählen sich von ihren gemeinsamen Reisen und machen Stadtbummel, bei denen sie sich imaginäre Geschenke in den teuren Auslagen aussuchen: „Unser Gespräch nahm kein Ende. Ich hatte Lust, ihm tausend Dinge zu berichten, vor allem das Unsinnige, das Zusammenhanglose. Er hörte so gut zu."[347]

In seinem Roman *Pariser Romanze* beschreibt Franz Hessel diese Zeit mit Helen Grund, nur nennt er seine Protagonisten Arnold Wächter und Lotte. Wächter erzählt in Briefen seinem Freund Claude von der Begegnung mit dem deutschen Mädchen, das nur kurze Zeit in der Stadt weilen wird: „Wenn ich Dir auch berichten kann, wo ich mit ihr war und was sich begab, ihre Holdseligkeit vermag ich nicht wiederzu-

---

[342] Hessel, Helen: *C'était un brave.* – S. 87.
[343] Ebd.
[344] Einer Aussage Ulrich Hessels zufolge nennt die ganze Familie Franz Hessel immer nur beim Nachnamen. – Vgl. Ferroud, Karin: *Une vie d'écriture.* – S. 243, Anmerkung 51.
[345] Hessel, Helen: *C'était un brave.* – S. 87f.
[346] Vgl. Flügge, Manfred: *Gesprungene Liebe.* – S. 48.
[347] Hessel, Helen: *C'était un brave.* – S. 88.

geben."[348] Ähnlich wie in Helen Hessels Schilderungen erkunden Arnold und Lotte zusammen die Stadt.[349] Doch anders als in Hessels Leben trennen sich die Helden der *Pariser Romanze*, bevor sie ein Liebespaar werden können und ihre Unschuld verlieren. Franz Hessel legt Arnold folgende Worte an Lotte in den Mund: „Ich will lieber unglücklich sein, als mich an dir versündigen."[350] Und so bleibt von dieser zarten Romanze nur die Erinnerung an glückliche Augenblicke, in denen beide mit den Augen eines Kindes die Welt entdeckt haben.

In seiner Gegenwart kann Helen Grund zum einen Kind und unbeschwert sein, zum anderen lernt sie von Hessel, was es heißt, kosmopolitisch zu denken. Durch seine Werke und sein Handeln will er den „unverzeihlichen Fehler der Erben von Karl dem Großen"[351] – die Teilung eines Reiches in das spätere Frankreich und Deutschland – aufheben. Im Spätherbst 1912 kommen sie an einem Denkmal vorbei, welches die Franzosen an das im Krieg von 1870/1871 verlorene Elsass-Lothringen erinnern soll: „Einmal führte er mich zu der Steinfrau, die das verlorene Straßburg repräsentiert. Kränze lehnten gegen das Postament. Auf dem größten Kranz stand in Riesenlettern ‚Quand même'.[352] – ‚Als ich noch klein war', sagte Franz Hessel, ‚habe ich auch bei den Sedanfeiern in der Schulaula begeistert mitgesungen. Aber im Größerwerden verging die Freude am Singen.'"[353]

---

[348] Hessel, Franz: *Pariser Romanze*. – In: Franz Hessel: *Werke 1: Romane*. – S. 221.

[349] „Hessels Text möchte das gleiche leisten wie Apollinaires *Le Flâneur des deux rives*. Während jedoch in Apollinaires Texten ein Flaneur durch Paris streift und kraft Erinnerung die Zeit vor dem Ersten Weltkrieg als Zeit des gemeinsamen Künstlerlebens und der französischen ‚haute culture' einholt, muss eine solche Funktionalisierung des Flaneurs in der Pariser Romanze notwendig unterbleiben, weil Wächter an der Front kämpft und sich nur schreibend an die Flanerien durch Paris erinnern kann." – Neumeyer, Harald: *Franz Hessels Flanerien: Versuche zur Bewältigung der Moderne*. – In: Harald Neumeyer: *Der Flaneur. Konzeptionen der Moderne*. – Würzburg: Königshausen und Neumann, 1999. – S. 319.

[350] Hessel, Franz: *Pariser Romanze*. – In: Franz Hessel: *Werke 1: Romane*. – S. 251.

[351] Grund, Karin: *Présentation*. – In: Henri-Pierre Roché: *Carnets. Les Années Jules et Jim*. – S. XXVII.

[352] Frz.: „trotzdem".

[353] Hessel, Helen: *C'était un brave*. – S. 88f.; vgl. dazu Walter Benjamins Position zum Sedantag: „Sie [Die Berliner Siegessäule] stand auf dem weiten Platz wie das rote Datum auf dem Abreißkalender. Mit dem letzten Sedantag hätte man sie abreißen sollen. Als ich klein war, konnte man aber ein Jahr ohne Sedantag sich nicht vorstellen. Nach Sedan blieben nur Paraden übrig. [...] Als Quartaner beschritt ich die breiten Stufen, die zu ihren marmornen Herrschern führten, nicht ohne dunkel vorher zu

1913 kehrt Helen Grund nach Berlin zurück. Am Tag vor ihrer Abfahrt will sie mit Henri-Pierre Roché unter vier Augen reden, verspätet sich allerdings derart, dass er schon gegangen ist, als sie kommt. Ob alles ganz anders verlaufen wäre, wenn sie pünktlich gewesen wäre, bleibt offen.[354] Im Mai 1913 geben Fritz Wilhelm Carl Grund (1848–1931) in Berlin und Franz Hessel in Paris dessen Verlobung mit der am 30. April 1886 geborenen Helene Katharina Amita Berta Grund bekannt.[355] Sie lebt zu dieser Zeit in Berlin und er in Paris, die Verlobung findet brieflich statt. Als er ihr den Verlobungsring an den Finger steckt, soll Franz Hessel zu Helen Grund gesagt haben: „Diese kleine Fessel zum Wahrzeichen deiner Freiheit".[356] Seine unspektakuläre Werbung um sie beeindruckt Helen: „Er schlägt mir die Heirat mit ruhiger Stimme vor – er gähnt sogar mehrfach. Ich weiche der Frage aus. Trotzdem ist es verführerisch. Ich bin in ihn verliebt, sogar in seine Schwerfälligkeit, er wird mich nicht verändern wollen – er ist ein geheimnisvoller Fremder, und gleichzeitig habe ich vollstes Vertrauen."[357] [Übers.: M. N.]

Am 7. Juni 1913 wird in Berlin und in der deutschsprachigen *Pariser Zeitung* – dort hat sein Freund Roché für ihn die Hochzeitsanzeige

---

fühlen, wie mancher priviligierter Aufgang sich später mir gleich diesen Freitreppchen erschließen werde, und dann wandte ich mich zu den beiden Vasallen, die zur Rechten und Linken die Rückwand krönten, teils weil sie niedriger als ihre Herrscher und bequem in Augenschein zu nehmen waren, teils weil die Gewissheit mich erfüllte, meine Eltern von den gegenwärtigen Machthabern nicht so viel weiter entfernt zu wissen als diese Würdenträger von den ehemaligen. […] Noch weniger glimpflich aber dämmerte das Gold vom Freskenzyklus des Untergangs, der den unteren Teil der Siegessäule verkleidete. Ich habe diesen Raum, den ein gedämpftes, von seiner Rückwand reflektierendes Licht erfüllte, nie betreten; ich fürchtete, dort Schilderungen in der Art derjenigen zu finden, die sich nie ohne Entsetzen in den Stahlstichen Dorés zu Dantes ‚Hölle‘ aufgeschlagen hatte. Es schienen mir die Helden, deren Taten dort in der Säulenhalle dämmerten, im Stillen ebenso verrufen wie die Scharen, die von Wirbelwinden gepeitscht, in blutende Baumstümpfe eingefleischt, in Gletscherblöcken vereist im finstren Trichter schmachteten." – Benjamin, Walter: *Berliner Kindheit um neunzehnhundert.* – S. 20–22.

[354] Vgl. Grund, Karin: *Présentation.* – In: Henri-Pierre Roché: *Carnets. Les Années Jules et Jim.* – S. XXVIII.

[355] Wichner, Ernest/Herbert Wiesner (Hgg.): *Franz Hessel. Nur was uns anschaut, sehen wir.* – S. 41.

[356] Vgl. Hessel, Helen: *Journal d'Helen.* – S. 302, Anmerkung 2.

[357] Vgl. ebd., S. 436.

aufgegeben, obwohl er ihm von Helen abgeraten hat[358] – das Aufgebot bekannt gegeben. Helen Grund und Franz Hessel heiraten in ihrer Heimat Berlin. Ihr Sohn Stéphane schreibt dazu in seinen Erinnerungen, seine Eltern hätten nicht etwa beschlossen zu heiraten, um sich gegenseitig Ketten zu schmieden, sondern um „kühn ihre in Anspruch genommene Ungebundenheit noch zu steigern".[359] Helen Hessel empfindet diese Freiheit zugleich als Fluch und als Segen: „Hessel, der mir von Anfang an mehr Freiheit gegeben hat, als ich zuvor hatte. Der mir die Heirat vorgeschlagen hat, gleichzeitig von Scheidung sprechend, falls wir dies später je wollten. Er ist so faul, so schwerfällig, im Grunde so unberührbar, daß er mich wahnsinnig erregt hat. Ich, die ich gewohnt war, eher angegriffen und rücksichtslos behandelt zu werden. Er hat mir so viel Raum für einen Angriff von meiner Seite gelassen. Ich kannte nur die Defensive. Ich liebte seine Art und Weise, sich einnehmen zu lassen. Seine große, liebende Nachsicht mir und jedermann gegenüber. Er ist das, was ich drollig und sehr großzügig nenne. Der ideale Mann zum Heiraten – bei gleichzeitiger Reduzierung der Leiden der Ehe auf ein Minimum."[360] [Übers.: M. N.]

Helen und Franz Hessel wollen vor allem ihren Familien gegenüber ungebunden sein. Ihre Verwandten regen sich darüber auf, dass unter den Hochzeitsgästen zu viele Juden seien, während seine Familie – politisch etwas toleranter eingestellt – sich fragt, ob er nicht nur seines Geldes wegen geheiratet worden sei. Schon die Hochzeitsreise durch Frankreich, auf die sie seine Mutter begleitet,[361] bekommt Helen Hessel nicht.[362] Zurück in Paris stellen sich bei den Jungverheirateten die ersten Unstimmigkeiten ein, denn die abenteuerlustige, risikofreudige und vitale Helen erträgt es nicht, übergangen zu werden. Während eines Essens zu dritt – sie, Franz und Henri-Pierre – unterhalten sich die Männer und Schriftsteller eingehend über Literatur, ein Thema, das die Malerin wohl weniger interessiert, denken sie. Entrüstet darüber, dass man sie für einen Moment sozusagen aus den Augen gelassen hat,

---

[358] Vgl. Flügge, Manfred: *Gesprungene Liebe.* – S. 73.
[359] Hessel, Stéphane: *Tanz mit dem Jahrhundert.* – S. 14.
[360] Vgl. Hessel, Helen: *Journal d'Helen.* – S. 303.
[361] Vgl. Roché, Henri-Pierre: *Jules und Jim.* – S. 88f.
[362] „Le voyage de noce – malchancé, les hôtels mal choisis, les lits séparés – la fatigue terrible – seule avec cet homme d'une race étrangère." – Hessel, Helen: *Journal d'Helen.* – S. 437.

springt sie in die Seine – eine der Schlüsselszenen in François Truffauts Film *Jules et Jim*. Roché stellt diese Situation so dar, als ob Hessel nur um seine Frau bangen würde, während er sie still bewundert: „ ‚Oh my prophetic soul!' rief in Jim eine Stimme, während er in Gedanken Kathe einen unsichtbaren Kuß zuwarf. Dieser Sprung prägte sich seinen Augen ein, in dem Augenblick, als er davon am nächsten Tag eine Zeichnung machte, er, der nie zeichnete. Ein Strahl der Bewunderung blitzte in ihm auf. Die da fürchtete wenigstens nicht, *anderes zu tun!* – Jules stand da wie ein begossener Pudel und zitterte um Kathes Leben. Jim hingegen blieb ruhig; der Stil, in dem Kathe kerzengerade ins Wasser getaucht war, und der Ruf, der allgemein von ihren fabelhaften Fertigkeiten kündete, ließen ihn unbesorgt sein. Ja, in Gedanken tauchte er mit ihr schwimmend unter, hielt mit ihr den Atem an, um zu Jules' Entsetzen erst so weit wie möglich und so spät wie möglich wieder aufzutauchen."[363]

Franz Hessel ist diesem „Teufelsweib,"[364] dieser „befreiten Avantgardistin",[365] wie sie von ihrer späteren Freundin Charlotte Wolff[366] genannt wird. nicht gewachsen, Schon vierzehn Tage nach ihrer Heirat erkennt Franz Hessel dies und widmet ihr folgende Zeilen:

> Verzeih mir, Liebchen
> und hab Erbarmen,
> Daß ich nicht gestorben bin
> in Deinen Armen.[367]

---

[363] Roché, Henri-Pierre: *Jules et Jim.* – S. 86f.
[364] Hessel, Stéphane: *Tanz mit dem Jahrhundert.* – S.14f.
[365] Wolff, Charlotte: *Augenblicke verändern uns mehr als die Zeit. Eine Autobiographie.* – Weinheim und Basel: Beltz, 1982. – S. 123.
[366] Charlotte Wolff (1897–1986). Deutsche Ärztin, Sexualwissenschaftlerin und Schriftstellerin.
[367] Hessel, Helen: *Journal d'Helen.* – S. 104f.

VOM FRONTSOLDATEN
ZUM FLANEUR (1914–1938)

Genf – Berlin – Höhenschäftlarn – Berlin (1914–1925)

„Ein Don Quijote des Liebesromans"[368]
Das Ende der Liebe zwischen Franz Hessel und Helen Grund

Ich verließ das süße Frankreich und reiste ins ernste Deutschland.[369]

„Immer ich, die entscheidet. Gehört es sich so? Genf – Ende der Liebe."[370] [Übers. M. N.]. So kurz und schnörkellos markiert Helen den Bruch in der Ehe zwischen ihr und Franz Hessel. Als sie mit ihrem ersten Kind schwanger ist, beschließt sie, es in Genf zur Welt zu bringen. Am 27. Juli 1914 schenkt sie nach einer schwierigen Geburt Ulrich das Leben. Durch die „Hartnäckigkeit seiner Mutter"[371] überlebt der kleine Junge trotz einer starken Verletzung am Schädel, „Mutterliebe siegte über ärztliche Skepsis",[372] bleibt aber zeitlebens einseitig gelähmt. „Ulrich behielt davon ein Gebrechen zurück, das aus ihm gleichzeitig meinen großen wie meinen kleinen Bruder werden ließ",[373] schreibt Stéphane Hessel in seinen Erinnerungen.

Franz Hessel, der immer versucht, nur das Positive wahrzunehmen, registriert schon die kleinsten Fortschritte seines älteren Sohnes. So schreibt er zum Beispiel später in einem Brief an seine Mutter, dass Uli schon einigermaßen gut laufen könne.[374] Helen Hessel bekommt einen Wutanfall, als sie diesen Euphemismus liest und notiert in ihr Tagebuch: „Ich hasse ihn. Ich beschimpfe ihn: ‚Träges Geschöpf, Trägheit des Herzes, ich will kein gemeinsames Leben mehr. Du bist ein widerliches Tier. Fett und kraftlos. Ich verachte dich. Du bist der Unglückli-

---

[368] Ueding, Gert: *Im Morgenland der Dinge. Über Franz Hessel.* – S. 238.
[369] Hessel, Ulrich: *Die Autobiographie von Ulrich Hessel (Teil 2).* – In: Manfred Flügge: *Gesprungene Liebe.* – S. 220.
[370] Vgl. Hessel, Helen: *Journal d'Helen.* – S. 439.
[371] Hessel, Stéphane: *Tanz mit dem Jahrhundert.* – S. 14.
[372] Hessel, Ulrich: *Die Autobiographie von Ulrich Hessel (Teil 1).* – S. 119.
[373] Hessel, Stéphane: *Tanz mit dem Jahrhundert.* – S. 14.
[374] Vgl. Hessel, Helen: *Journal d'Helen.* – S. 10.

che, der zu sein du verdienst. Träges Herz. Du hast mich von Anfang an allein gelassen. Ich habe alle Liebesarbeit geleistet."[375] [Übers. M. N.]

Nie hat es Helen Hessel ihrem Mann verziehen, dass er sich gleich nach dem Ausbruch des Ersten Weltkrieges als Freiwilliger einziehen ließ – deshalb ist für sie Genf auch der Endpunkt ihrer Ehe. In seiner Aufregung hat der etwas lebensferne und unpraktische Hessel übersehen, dass er dazu drei Monate Zeit gehabt hätte, merkt sein Sohn Ulrich an, mit Kriegsbegeisterung hat dieses Verhalten allerdings nichts zu tun.[376] Seine Frau habe ihm diese Voreile sehr übelgenommen und als fehlende Zuneigung ausgelegt: „So haben meine Geburt und der Krieg eine erste Entfremdung in dieser schwierigen Ehe geschaffen."[377] Daraufhin tröstet sich Helen Hessel unter anderem mit Franz Hessels Freund Thankmar von Münchhausen:[378] „Er ist ein unmöglicher Mensch bei all seiner wundervollen Intelligenz – es ist schrecklich, daß er sich mir gegenüber gefällig zeigt, während ich in den Armen seines Freundes, meines Geliebten, bin. Ich verachte ihn aus tiefstem Herzen. Ich hätte Lust, aus ihm einen Märtyrer zu machen, dem man ins Gesicht spuckt. Ihn an den Pranger zu stellen. Er könnte wunderbar dastehen. Aber es ist abstoßend – ich sitze in der Patsche – Thankmar und Helen. Hessel ist wie ein Tier: widerlich. Ein niederes Tier. Er ist selber schuld – wenn er im Trüben, im Dunklen ist. Und wenn er leidet – aber er leidet nicht."[379] [Übers. M. N.]

Der Ausbruch des Krieges treibt nicht nur einen Keil zwischen Franz und Helen, sondern auch zwischen Franz und Henri-Pierre. Politisch gesehen sind die beiden Freunde jetzt Feinde. Während Roché den größten Teil des Krieges in den USA verbringt, ist Hessel zunächst in Straßburg, dann an der Ostfront stationiert, wo ihn sein Leutnant als

---

[375] Vgl. Hessel, Helen: *Journal d'Helen.* – S. 10.

[376] Vgl. Borie, Françoise: *Franz Hessel – un flâneur de deux rives.* – Paris: Suger, 1999. – S. 106.

[377] Hessel, Ulrich: *Die Autobiographie von Ulrich Hessel (Teil 1).* – S. 119f.

[378] Thankmar von Münchhausen (1893–1979). Nach dem Abitur in Berlin geht er zum Studium der Nationalökonomie und Jurisprudenz 1911 nach Paris, wo er unter anderen die Bekanntschaft von Rainer Maria Rilke, Pablo Picasso, Henri-Pierre Roché und Franz Hessel macht. Von Münchhausen hat sowohl mit Marie Laurencin als auch zu Helen Hessel eine Beziehung. Roché porträtiert ihn in *Jules et Jim* als Fortunio, Hessel als Wendelin von Domrau in *Heimliches Berlin*. Wegen des Altersunterschieds nennt er Hessel „Vater Hessel" und Roché „Père Pierre".

[379] Vgl. Hessel, Helen: *Journal d'Helen.* – S. 199.

Schriftkundigen im Büro beschäftigt.[380] Der Pazifist Hessel flüchtet sich zwischen 1914 und 1918 in seine Erinnerungen und beginnt, den Roman *Pariser Romanze*, eine „Glücksgeschichte aus unheilvoller Zeit",[381] zu schreiben. Darin thematisiert er die Absurdität des Krieges. Das Buch erzählt von seiner Freundschaft zu Henri-Pierre Roché und von seiner Begegnung mit Helen. Manfred Flügge nennt die *Pariser Romanze*, die schließlich 1920 im Rowohlt-Verlag erscheint, *d a s* Buch der Parisdeutschen[382] aus jener Zeit vor 1914. Einer davon ist Thankmar von Münchhausen, der darüber am ersten Februar 1921 an Rainer Maria Rilke schreibt: „Von Hessel ist ein klein zart Büchlein erschienen, heisst *Pariser Romanze* (bei Rowohlt); ich liebs sehr, bin aber völlig unobjektiv, kennend jede Strassenecke ebenso wie jede Episode und ziemlich jedes gesagte Wort. Mir aber ists eben lieb dass ers unternommen hat ein Bild, ein Bildchen, zu geben von dem Paris in dem ich 18jähriger mit so aufgelöster Glückseligkeit existierte.“[383] Interessant ist Christiane Schneiders Beobachtung, dass Hessel die *Pariser Romanze* in Berlin geschrieben, während er den Roman *Heimliches Berlin*, der in der preußischen Hauptstadt spielt, in Paris verfasst habe.[384] Es sei sowohl gegen Versailles als auch gegen die innerdeutschen Folgen des fatalen Friedensvertrags geschrieben worden.[385] Oskar Loerke merkt an, dass man sich dieses Werk auch gut aus der Feder eines Franzosen habe vorstellen können.[386]

---

[380] Vgl. Ferroud, Karin: *Une vie d'écriture.* – S. 151, Anmerkung 26.

[381] Ueding, Gert: *Ein Don Quijote der Liebe. „Pariser Romanze" Franz Hessels Roman in einer Neuausgabe.* – In: *Frankfurter Allgemeine Zeitung* (Frankfurt am Main) vom 17. August 1985. – S. 29.

[382] Vgl. Flügge, Manfred: *Wider Willen im Paradies.* – S.100.

[383] Rilke, Rainer Maria: *Briefwechsel mit Thankmar von Münchhausen 1913 bis 1925.* Herausgegeben von Joachim W. Storck. Mit einem Geleitwort von Maleen Gräfin von Hatzfeld und Hieronyma Baronin Speyart van Woerden. – Frankfurt am Main: Insel, 2004. – S. 115.

[384] Vgl. Schneider, Christiane: *Was macht Werther in Paris? Traumprotokoll und Wirklichkeitsbericht in Hessels ,Pariser Romanze'.* – In: Opitz, Michael/Jörg Plath (Hgg.): *„ Genieße froh, was du nicht hast".* – S. 54.

[385] Vgl. Flügge, Manfred: *Wider Willen im Paradies.* – S. 100.

[386] „Hessels *Pariser Romanze* ließe sich leicht in französischer Sprache geschrieben denken. Wir haben zwar kein bedeutendes Buch vor uns, doch hat dieses ,bedeutend' kein ,unbedeutend' zum Gegensatz." – Loerke, Oskar: *Franz Hessel. Pariser Romanze.* – In: Oskar Loerke: *Der Bücherkarren. Besprechungen im Berliner Börsen-Courier 1920–1928.* Unter Mitarbeit von Reinhard Tgahrt, herausgegeben von Hermann Kasack. – Heidelberg / Darmstadt: Lambert Schneider, 1965. – S. 30.

Die *Pariser Romanze* setzt sich aus einer Sammlung von Briefen zusammen. Der Adressat heißt Claude – ein Name, den Hessel seinem Freund Roché stets gegeben hat. Der Untertitel *Papiere eines Verschollenen* drückt Hessels Furcht aus, seinen Freund nie wieder zu sehen. Sie wird von Stéphane Hessel, Kosmopolit von Geburt und aus Überzeugung, als das „beste Buch"[387] seines Vaters bezeichnet. Als Henri-Pierre Roché 1920 dieses Buch seines Freundes liest, notiert er in sein Tagebuch: „Ich erhalte und lese in einem Zug, langsam, mit großem Vergnügen die *Pariser Romanze* von Franz, die er mir gewidmet hat, Claude – (Claude, das bin ich, ein Name, der mir von Chieng gegeben worden ist), in der er von seinem ganzen Leben spricht, von unserem ganzen Pariser Leben – und in der er seine Begegnung mit Luk[388] und seine Liebe zu ihr beschreibt, die wundersame Erscheinung, seine entscheidenden Worte, seine Erfolge in Paris – und in der er nicht von ihrer Heirat und davon, dass er sie besessen hat, sondern einer Trennung zwischen ihnen erzählt, ohne die Fortsetzung mitzuliefern: Ihr Wiedersehen und ihre Heirat – so sehr ist er Spezialist für die unglückliche Liebe – wenn man es liest, kann man sich nicht all die Küsse vorstellen, die sie seitdem ausgetauscht haben."[389] [Übers. M. N.] Die *Pariser Romanze* ist Hessels literarischer Beitrag zu ihrem „ménage à trois". Der Krieg beendet die freundschaftliche Rivalität zwischen Arnold Wächter und Claude.[390] Dieser ist aber nicht, so Alexander Honold, „ohne symptomale Retuschen, die das Zerbrochene kitten, das Unumkehrbare ungeschehen sein lassen".[391] Vielmehr korrigiert der Roman das Leben. Manfred Flügge stellt fest, dass Hessel in der *Pariser Romanze* seine Lebensgeschichte so verwandelt, als habe er Helen nicht geheiratet. Somit schildert er seine Leiden und Erlebnisse mit ihr und Henri-Pierre Roché derart, als ob er als heimlicher Sieger aus der Affäre hervorgegangen sei.[392]

---

[387] Hessel, Stéphane: *Tanz mit dem Jahrhundert.* – S. 14.
[388] Einer von Franz Hessels Kosenamen für seine Frau.
[389] Vgl. Roché, Henri-Pierre: *Carnets. Les Années Jules et Jim.* – S. 125.
[390] Honold, Alexander: *Geld und Liebe, oder was dazwischen liegt.* – S. 33.
[391] Ebd., S. 15.
[392] Vgl. Flügge, Manfred: *Gesprungene Liebe.* – S. 205.

„I contemple sans toucher, même quand il touche "[393]
Die Beziehung zwischen Henri-Pierre Roché und Helen Hessel

Dennoch war er kein weltabgewandter Akademiker. Mit einer ihm eigenen, einer spezifisch Hesselschen Tüchtigkeit schritt er durch sein Leben.

Er ließ sich in allen praktischen Dingen gern von denen leiten, zu denen er Zutrauen hatte: von seiner Frau, von seinem Verleger, Boss und Beschützer Rowohlt, von einigen Freunden sonst.

[...] Seine Bewegungen waren unbeholfen, sie muteten etwas tapsig und gelehrtenhaft an.[394]

„Er betrachtet, ohne zu berühren, selbst wenn er berührt" – diese Feststellung Henri-Pierre Rochés ist auch das, was Helen Hessel ihrem Mann am meisten vorwirft. Es ist seine angebliche Gleichgültigkeit ihr und ihrem Kind gegenüber, von der sie Henri-Pierre Roché erzählt. Er hingegen erklärt ihr, er halte seinen Freund für einen Heiligen.[395] Doch es ist gerade diese Engelsgeduld, die Helen Hessel wahnsinnig macht.[396] Hessel toleriere ihre Seitensprünge und so treibe ihr „Buddha"[397] sie dazu, ihn zu betrügen, obwohl sie Hessel doch eigentlich liebe: „Er hat mich allein gelassen. Er hat nicht begriffen, als ich ihn das erste Mal betrogen habe. Er paßt niemals auf. Er möchte gern, daß ich glücklich bin, selbst wenn ich ihn dabei betrüge. Unsere Ehe basierte auf der Idee der Treue. Ich verabscheue ihn, weil er mich gewähren läßt, was ich will. Ich mache manchmal dumme Dummheiten, vielleicht um ihm ein Schauspiel zu bieten. Im Grunde liebe ich ihn sehr. Ich brauche Leben, Bewegung, etc."[398] [Übers. M. N.]

Nach der Geburt des ersten Sohnes geht Helen Hessel mit dem Kind nach Berlin in den „Alten Westen" zurück. „An die Kriegsjahre in Berlin habe ich keine genauen Erinnerungen, [...] ich erinnere mich, daß ich eines Tages die Wohnungstür aufmachte und meinen Vater in

---

[393] Vgl. Hessel, Helen: *Journal d'Helen.* – S. 34. / Roché, Henri-Pierre: *Carnets. Les Années Jules et Jim.* – S. 125.

[394] Speyer, Wilhelm: „Komm, iss von meiner Suppe." – S. 97.

[395] Vgl. Roché, Henri-Pierre: Carnets. Les Années Jules et Jim. – S. 125.

[396] Vgl. ebd., S. 236.

[397] Ebd., S. 180.

[398] Vgl. Hessel, Helen: *Journal d'Helen.* – Ebd., S. 34.

Uniform mit festem Schritt und entschlossener Miene einmarschieren sah, was sonst gar nicht seine Art war."[399]

1917 kommt das zweite Kind der Hessels, Stefan, auf die Welt: „Drei Jahre später bin ich, während man sich in Verdun massakriert, in Berlin das Ergebnis eines Urlaubs, der Franz von der Zensurdienststelle, wohin er sich hatte versetzen lassen, zugestanden worden war."[400] Eines Tages fragt Henri-Pierre Roché Helen Hessel, ob „Kadi"[401] wirklich der Sohn von Franz sei. Sie verstehe seine Zweifel, entgegnet Helen ihm, Stefan ähnele seinem Vater wirklich kaum. Anerkennend antwortet ihr Henri-Pierre Roché, dass es ihn nicht wundern würde, wenn sie das Kind ganz allein gemacht hätte.[402] Stéphane Hessel erinnert sich an das Bild seiner so unterschiedlichen Eltern: „Franz war nahezu kahl, von kleiner Statur und ziemlich korpulent. Sein Gesicht und seine Gesten wirkten sanft, er war in unseren Augen ein etwas zerstreuter Weiser, der für sich lebte und sich kaum mit uns befaßte. Nicht eben redselig, achtete er sehr auf seine Ausdrucksweise und fand spielerisches Vergnügen in der Anordnung von Wörtern. Ich sehe noch sein Arbeitszimmer ganz am Ende des Flures vor mir, wo es immer stark nach Tabak roch. Er kam heraus, um uns Passagen aus seiner Übersetzung der *Odyssee* vorzulesen. [...] Franz hat in mir die Vorliebe für den Polytheismus geweckt, der das Göttliche nicht auf die einzigartige und ein wenig furchteinflößende Wesenheit des Ewigen Vaters reduziert, sondern uns der erschütternden Willkür der Athene, der Aphrodite, des Apollon und des Hermes ausliefert. 40 Jahre nach seinem Tode ist er für mich zu einer Initiationsfigur geworden. Sein Werk, das ich wenig kannte und von dem ich nichts weiter als Zerstreuung erwartete, wird weiter lebendig und wirft, im Einklang mit Bertolt Brecht und Walter Benjamin, ein prophetisches und melancholisches Licht auf das erste Viertel dieses Jahrhunderts. [...] – Die Mischung aus Bescheidenheit, Zärtlichkeit und Verantwortungsgefühl, die daraus spricht, machte einen tiefen Eindruck auf mich. Als erreiche mich ein Signal aus weiter

---

[399] Hessel, Ulrich: *Die Autobiographie von Ulrich Hessel (Teil 1)*. – S. 120.
[400] Hessel, Stéphane: *Tanz mit dem Jahrhundert*. – S. 14.
[401] Aus „erbitterter Selbstbehauptung" leugnet Stefan seinen ersten Vornamen und behauptet fortan „Kadi", nach seinem dritten Vornamen „Kaspar", zu heißen. Nachdem er in den dreißiger Jahren die französische Staatsbürgerschaft angenommen hat, nennt er sich Stéphane. – Vgl. ebd. – S. 19.
[402] Vgl. Hessel, Helen: *Journal d'Helen*. – S. 37.

Ferne und rufe in mir weniger ein Erbe als vielmehr eine Verpflichtung wach, die ich nicht eingelöst hatte. Bei einem so ungewöhnlichen Paar, wie es meine Eltern waren, hatte ich so sehr unter dem Einfluß von Helens Persönlichkeit gestanden, daß ich die von Franz verdrängt hatte."[403]

Während des Krieges kommen Stefan und Ulrich kaum in den Genuss väterlicher Anwesenheit. „Helen vermittelte uns von ihm ein ziemlich blasses Bild, das eines subtilen Geistes in einem von der Natur stiefmütterlich behandelten Körper",[404] erzählt Stéphane Hessel in seinen Erinnerungen. Das physische und mentale Universum aus Lachen und Zärtlichkeit, aus Spiel und Verkleiden bilden Helen und ihre Schwester Bobann,[405] „zwei Berliner Teufelsweiber". Helen Hessels Freundin Charlotte Wolff liefert in ihrer Autobiographie *Augenblicke verändern uns mehr als die Zeit* ein detailliertes Porträt der ungewöhnlichen und unkonventionellen Frau: „Sie konnte sich allem zuwenden und war überall erfolgreich – als Landarbeiterin im Ersten Weltkrieg,

---

[403] Hessel, Stéphane: *Tanz mit dem Jahrhundert.* – S. 15f.

[404] Ebd., S. 14.

[405] Johanna Grund (1884–1941; genannt Bobann, Bob oder Ulk). Zwillingsschwester von Helens Bruder Fritz Grund. Die Geschwister Fritz (1884–1904) und Ilse (1880–1928) begehen beide Selbstmord. Johanna Grund heiratet 1916 Franz Hessels Bruder Alfred. Bereits 1919 haben sie keine gemeinsame häusliche Gemeinschaft mehr. „Diese Ehe blieb reine Formsache, Alfred hatte sie kurz vor Kriegsbeginn geschlossen, um jemanden zu haben, der ihm Feldpost schicken würde", schreibt Manfred Flügge in *Gesprungene Liebe.* Zeitlebens verbindet das unterschiedliche Paar – er Professor, sie Kunstmalerin und Gymnastiklehrerin – eine innige Freundschaft. So begleitet sie ihn unter anderen 1924 zum Frankfurter Historikertag, wo sie – wie man es auch von Helen kennt – Aufmerksamkeit erregt: „Bei dem Empfang, den die Stadt Frankfurt damals in den Römerhallen gab, hatte ich [Manfred Krebs, Kollege Alfred Hessels] die Ehre, neben Frau Professor Hessel zu sitzen, was am folgenden Tage den Professor Marckwald zu der spöttischen Frage veranlasste: ‚Was hatten Sie denn da gestern für ein Pflänzchen bei sich?' ‚Pflänzchen', erwiderte ich, ‚erlauben Sie mal, das war Frau Professor Hessel.' Frau Hessel, die als Kunstmalerin tätig war, sah allerdings etwas extravagant aus und nicht im entferntesten professoral. Da es ihr viel zu langweilig war, bei ihrem etwas trockenen Gemahl in Göttingen zu sitzen, lebte sie in München. Übrigens vertrug sich das Ehepaar auf diese nicht ganz landläufige Weise ausgezeichnet, und die beiden trafen sich alljährlich des öfteren zu gemeinsamen Reisen." – Petke, Wolfgang: *Alfred Hessel (1877–1939), Mediävist und Bibliothekar in Göttingen.* – In: Kohnle, Armin/Frank Engehausen (Hgg.): *Zwischen Wissenschaft und Politik. Studien zur deutschen Universitätsgeschichte. Festschrift für Eike Wolgast zum 65. Geburtstag.* – Stuttgart: Franz Steiner, 2001. – S. 412, Anmerkung 153.

als Modejournalistin in den 20er und 30er Jahren, als Geliebte von vielen und als Ehefrau. Sie bezauberte Männer und Frauen gleichermaßen. Ihre blauen Augen, klar und kalt wie ein frostiger Frühlingstag, ihre Eleganz und Selbstsicherheit, machten sie zum Inbegriff verführerischer Weiblichkeit. Es war keine Überraschung für ihren Mann und ihre Freunde, als sie eines Tages einer Wette wegen in die Seine sprang. Sie konnte ebenso gut einen Essay schreiben wie ein Pferd zureiten oder Auto fahren. Eine Draufgängerin, die leidenschaftlich liebte und haßte, arbeitete und faulenzte. Beim Gehen hinkte sie leicht und stützte sich auf einen Spazierstock mit Elfenbeingriff, was ihre Eleganz noch betonte. Ihr Haar war schon vor ihrem 40. Lebensjahr ergraut, und als ihre Gesichtszüge mit den Jahren schärfer wurden, entwickelte sie eine erstaunliche Ähnlichkeit mit Friedrich dem Großen."[406]

„Ich danke dir, daß du gewollt hast. Das ist mir schon Glück"[407]
Die Dreiecksbeziehung
Franz Hessel – Helen Hessel – Henri-Pierre Roché

Franz sei ein Weiser, Helen ein Naturereignis, frei und unbezähmbar, Roché ein verfeinerter Franzose, der sie glücklich mache.[408]

Als Franz Hessel aus dem Krieg heimkehrt, beschließen er und Helen nach Höhenschäftlarn, ein Dorf zwanzig Kilometer von München entfernt, zu ziehen. In einem Brief erzählt Helen Hessel ihrem Geliebten und „Wintergenossen" von 1917/18, Thankmar von Münchhausen, dass ihre Schwester Bobann, ihr Mann und die Kinder im Oktober 1919 dort ansässig werden wollen.[409] Sie hingegen beschließt, als Landarbeiterin auf einem Gut in Pommern anzuheuern.[410]

Der Ruhepol der bewegten Kindheit von Stefan und Ulrich ist das aus Mecklenburg stammende Kindermädchen Emmy Toepffer. So

[406] Wolff, Charlotte: *Augenblicke verändern uns mehr als die Zeit.* – S. 123f.
[407] Hessel, Franz: *Heimliches Berlin.* – In: Franz Hessel: *Werke 1: Romane.* – S. 335.
[408] Hessel, Stéphane: *Tanz mit dem Jahrhundert.* – S. 29.
[409] Vgl. Wichner, Ernest/Herbert Wiesner (Hgg.): *Franz Hessel. Nur was uns anschaut, sehen wir.* – S. 52.
[410] Vgl. Hessel, Helen: *Journal d'Helen.* – S. 33.

charakterlich verschieden wie die Eltern sind auch die beiden Kinder. Selbst Emmy Toepffer, die eine sehr wichtige Stelle in ihrem Leben einnimmt, vermag es nicht zu verhindern, dass der ruhige Ulrich zum Vater- und Stefan zum Mutterkind wird.[411] Auch Helens Freundin Charlotte Wolff bemerkt die ungewöhnlich starke Mutter-Sohn-Beziehung zwischen Kadi und Helen, denn die beiden lieben sich „eher wie Geschwister als wie Mutter und Sohn"[412] und sie teilen „ihr Leben mit einer an Besessenheit grenzenden Sorge füreinander":[413] „Ich überließ es meinem Bruder Ulrich, Franz beizustehen, wie er es sein ganzes Leben lang getan hat. Mir scheint, wir haben seit frühester Kindheit die Welt zweigeteilt: in die meines Bruders und in die meine. Sein Teil bestand aus Franz, aus Strenge, Rechtschaffenheit und Musik; meiner aus Helen, aus Respektlosigkeit, Einfallsreichtum und Poesie. Eine willkürliche, anfechtbare Teilung, die zu leugnen, mir jedoch noch heute schwer fällt."[414]

Als Helen nach Höhenschäftlarn kommt, ist die Ehe zwischen ihr und Hessel längst nicht mehr als bloße Freundschaft, denn immer wieder notiert Helen Hessel in ihr Tagebuch, dass ihr Mann ihr im Bett nicht genüge.[415] Er kann sie mit seiner Sanftheit nicht befriedigen, deshalb suche sie sich andere Männer. In jeder Beziehung ist sie die Dominante. Es kommt ihr vor, als ob Franz Hessel im Bett die Rolle der Frau übernehme, die sich ihr, dem Mann, hingebe. Trotzdem will sie ihn nicht zu kurz kommen lassen und verwöhnt ihn auf ihre Art und Weise. Am ersten September 1920 beschreibt sie in ihrem Tagebuch eine sexuelle Begegnung zwischen ihr und ihrem Mann – der Frau und dem Teddy- Bär[416] – die bezeichnend für ihre ganze Beziehung ist: „Franz' Zimmer. Ich umarme ihn. Sein runder, dummer, kindlicher Mund. Ich umarme ihn gern. Er wird erregt, schließt die Augen. Ich beobachte den ein wenig schüchternen Ausdruck, Frau, die sich hingibt, er hat keine Falten, ist fett. Auf dem Diwan. Ich sitze auf ihm. Ich spüre sein Geschlecht, das meines berührt, getrennt durch die Kleidung. Der

---

[411] Vgl. Hessel, Helen: *Journal d'Helen.* – S. 200.
[412] Wolff, Charlotte: *Augenblicke verändern uns mehr als die Zeit.* – S. 129.
[413] Ebd., S. 129.
[414] Hessel, Stéphane: *Tanz mit dem Jahrhundert.* – S. 18.
[415] Vgl. Hessel, Helen: *Journal d'Helen.* – S. 106.
[416] Vgl. ebd., S. 138.

Ausdruck seiner Augenbrauen leitet mich. Ich bewege mich sanft. Es ist passiert. Sein verzweifelter Ausdruck. ‚Ach! Luckschen,[417] welch eine Torheit.' Helen: ‚Habe ich dir nichts Gutes getan?' Franz: ‚Nein, es ist schrecklich, es schmerzt, es ist das Ende der Welt.' Ich bin gekränkt. Ich dachte, daß ich ihm damit etwas sehr Gutes tun würde. Helen: ‚Entschuldige.' Franz: ‚Sei nicht verärgert. Natürlich ist es gut, mit dir zusammen zu sein, mein Luckschen. Aber ihr Frauen, ihr wißt nicht, wie schrecklich es ist, in nichts zu kommen.' Ich bin sicher, daß er übertreibt. Es gibt so viele Männer, die in jedem Fall begeistert sind zu kommen. Er macht Theater. Er will einfach nicht zufrieden sein."[418] [Übers. M. N.]

Franz Hessel muss einsehen, dass er niemals der Herkules gewesen ist, den Helen Hessel gebraucht hätte.[419] In ihr Tagebuch notiert sie am 11. Oktober 1920 eine Retrospektive ihrer Beziehung zu Franz. Sie läßt die vergangenen Jahre mit allen Höhen und Tiefen Revue passieren, gibt dann diese Passage ihrem Mann zu lesen. Er schreibt ihr daraufhin etwas in ihr Tagebuch. Er übertitelt die Niederschrift mit *Eyleen*, und es handelt sich dabei um ein Portrait von Helen Hessel. Unverständlicherweise ist dieser für seine Biographie so wichtige Text, in welchem er sowohl ein Bild von Helen als auch von sich selbst zeichnet, nicht in die *Gesammelten Werke* mitaufgenommen worden, weshalb er hier in Auszügen zitiert wird: „Es fällt einem schwer, davon zu erzählen, weil es eben noch nicht beendet ist und es niemals sein wird, weil dies mein Unbewußtes berührt. Ihr haltet mich entweder für einen trägen Menschen oder für einen Weisen, aber in Wahrheit fehlt es mir nur an Willen oder besser, ich habe nicht das Bedürfnis zu wollen. Als ich Eyleen kennenlernte, dachte ich: jene wird mich wollen, jene ist mein geliebter Willen, in den ich meine ganze Nachsicht gelegt habe. Später, als wir zusammen in Paris waren, handelte ich mit der Sicherheit eines Schlafwandlers. Ich hatte den Eindruck, ein richtiger Liebhaber zu sein. Ich hatte Lust auf das ‚wahre' Leben, das Leben mit Frau, Kind, Haus und allem, was dazugehört. Weil mit diesem Puck selbst die nackteste Rea-

---

[417] „Luckschen" ist einer von Franz Hessels Spitznamen für seine Frau. An anderer Stelle nennt er sie „Lucas", „Lukas", „Luc", „Luk", „Luki" oder „L." – Vgl. Roché, Henri-Pierre: *Carnets. Les Années Jules et Jim.* – S. 29, Anmerkung 4.
[418] Vgl. Hessel, Helen: *Journal d'Helen.* – S. 110.
[419] Vgl. ebd., S. 445.

lität ein reges und unersättliches Spiel bleiben mußte. […] Aber die Verlobungszeit in Berlin, die ihr so viele Sorgen und Bedenken bereitete, war für mich wieder nur ein Spiel. […] Dann kam die Zeit unserer Heirat und der Wochen am Meer. Es war zauberhaft. Und wenn Eyleen traurig war oder schlechte Laune hatte, akzeptierte ich das wie das schlechte Wetter, ohne nach den Gründen zu suchen. […] Der Winter auf dem Land nahe bei Berlin war wieder sehr schön. […] Die Geburt und der Ausbruch des Krieges, und um uns herum diese Aufregung und dieser Enthusiasmus, all das brachte mich völlig durcheinander. Es war nicht meine Welt. Es war, als ob ich den Sinn meines wahren Lebens verloren hätte und als ob man in mir die kleinbürgerliche Liebe zum Familienglück, den Geschmack an der Pflicht und am Alltag eingeflüstert hätte. […] Aber ich liebte Eyleen, ich liebe sie noch heute, in dem Maße, wie ich eben lieben kann. […] Das, was für sie eine Geschichte mit einem Anfang, einem Höhepunkt und einem Niedergang war, war für mich meist nur ein Bilderbuch, an dessen Lektüre man manchmal durch etwas Äußeres gestört wird. Aber die Bilder bleiben schön."[420] [Übers. M. N.]

Henri-Pierre Roché soll dieser Herkules in Helens Leben werden, der Franz Hessel nicht zu sein vermag. Im August 1920 treffen sich die Freunde Franz und Henri-Pierre nach sieben Jahren Trennung in München wieder, es ist Rochés erster Deutschlandaufenthalt nach dem Krieg. Er ist gekommen, um Interviews mit Carl Sternheim, Franz Blei,[421] Paul Klee,[422] Kurt Wolff[423] und Wilhelm Uhde zu führen.[424] Es folgt darauf ein längerer Aufenthalt Rochés in Höhenschäftlarn. In seinem Tagebuch beschreibt Roché die herzliche Zusammenkunft: „Von weitem erkenne ich seine Gestalt und seinen Gang, der weniger schleppend als vor dem Krieg ist. – Ich laufe ihm querfeldein entgegen.

---

[420]   Vgl. Hessel, Helen: *Journal d'Helen.* – S. 442–445.

[421]   Franz Blei (1871–1942). Österreichischer Literaturkritiker, Übersetzer und Schriftsteller.

[422]   Paul Klee (1879–1940). Deutscher Maler und Grafiker. Er gilt als einer der bedeutendsten bildenden Künstler der Klassischen Moderne.

[423]   Kurt Wolff (1887–1963). Deutscher Verleger. Ab 1912 Leiter des Rowohlt Verlags Leipzig. Der von 1913 bis 1940 existierende Kurt Wolff Verlag gilt als der wichtigste Verlag für expressionistische Literatur.

[424]   Vgl. Voswinckel, Ulrike: *„Jules und Jim" im Isartal. Franz Hessel, Helen Hessel, Henri-Pierre Roché oder die Liebe zu dritt.* –Bayern 2 (München) vom 16. Januar 1988. – S. 5.

– Wir küssen uns, auf den Mund und ganz ungezwungen. Wir haben uns seit 1913 nicht mehr gesehen, sieben Jahre lang – nichts hat sich verändert."[425] [Übers. M. N.]

Schon vier Tage nach seiner Ankunft muss sich Roché eingestehen, dass er sich in Helen verlieben könnte. Das Isartal wird durch diesen „amour fou" nicht zum ersten Mal der „Schauplatz einer alle Konventionen sprengenden Liebe".[426] Andere Heroinnen der erotischen Befreiung, wie Lou Andreas-Salomé,[427] Rainer Maria Rilkes Muse, in Wolfratshausen und Frieda von Richthofen,[428] die Geliebte von D. H. Lawrence,[429] in Irschenhausen, hätten bereits zuvor dieses ländliche Rückzugsgebiet für sich entdeckt, stellt Ulrike Voswinckel in einem Radiofeature über Franz Hessel fest.[430]

Durch eine Unterredung mit seinem Freund weiß Henri-Pierre Roché von den Eheproblemen und dass Helen schon viele Liebhaber gehabt habe, aber dass Franz Hessel sie trotzdem immer noch liebe.[431] Helen Hessel merkt an, dass Henri-Pierre Roché ihr sehr gleiche und deshalb verstehe sie es auch, dass Franz Hessel sie beide liebe.[432] In ihrem Tagebuch versucht sie die Dreiecksbeziehung schematisch darzustellen:

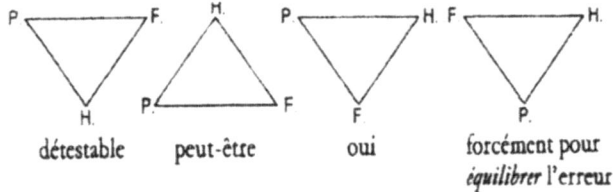

détestable   peut-être   oui   forcément pour
                                   équilibrer l'erreur

[425] Vgl. Roché, Henri-Pierre: *Carnets. Les Années Jules et Jim.* – S. 25.
[426] Voswinckel, Ulrike: *Jugend eines Flaneurs.* – S. 14.
[427] Lou Andreas-Salomé (1861–1937; Pseudonym Henri Lou). Deutsche Psychoanalytikerin und Schriftstellerin. Andreas-Salomé unterhält Beziehungen zu Friedrich Nietzsche, Rainer Maria Rilke und Sigmund Freud.
[428] Frieda von Richthofen (1879–1956). Deutsche Schriftstellerin und Übersetzerin. Muse und spätere Ehefrau von D. H. Lawrence. Sie gilt als das Vorbild für die Protagonistin seines Romans *Lady Chatterley's Lover.*
[429] D. H. Lawrence (1885–1930). Englischer Schriftsteller.
[430] Vgl. Voswinckel, Ulrike: *Jugend eines Flaneurs.* – S. 14. / Vgl. auch: Voswinckel, Ulrike: *Es geschah im Isartal ... Die Münchner Bohème im Grünen.* – In: *Bayern 2* (München) vom sechsten Mai 1998.
[431] Vgl. ebd., S. 31.
[432] Vgl. Hessel, Helen: *Journal d'Helen.* – S. 14.

Die Möglichkeit, dass sie von Henri-Pierre und Franz dominiert wird, findet sie verabscheuungswürdig. Der Variante, dass sie die beiden Männer regiert, räumt sie ein „vielleicht" ein. Dass sie und Henri-Pierre Franz dominieren, stellt sie mit einem „ja" als Tatsache fest. Schließlich entscheidet sie sich für Franz und sich als leitende Personen, denn dies sei zwangsläufig der Fall, damit man den Fehler ausgleiche.[433] Ulrike Voswinckel hebt die erstaunliche Parallelität zu dem „ménage à trois" im Eckhaus hervor: „Die Gräfin und Helen hatten viele sehr ähnliche Eigenschaften und Überzeugungen im Hinblick auf die Männer und vor allem ungefähr dieselbe erotische Souveränität. Beide traten gern mit Reitgerten auf und hantierten gelegentlich mit einem Revolver, und beide waren ungeheuer liebesfähig und der festen Meinung, daß niemandem etwas weggenommen wird, wenn man viele liebt, und daß man das Glück nur weitergeben kann, wenn man nicht kleinlich und haushälterisch mit der Liebe umgeht. Es gibt Stellen in ihren beiden Tagebüchern zu diesem Thema, die austauschbar sind. Und beide reagierten seismographisch auf tatsächliche oder eventuelle Bevormundungen und Machtansprüche der Männer, was einer der Gründe für die Bewunderung der Feministinnen ist."[434]

Sehr schnell kommen sich Henri-Pierre und Helen näher, Franz Hessel bittet sie nur – Rücksicht nehmend auf Helens instabilen psychischen Zustand – kein Kind zu zeugen.[435] Kurz vor Henri-Pierre Rochés Ankunft ist sie zum dritten Mal von ihrem Mann schwanger gewesen, hat das Kind aber abtreiben lassen: „Es war die Rede von einem dritten Kind. Ich wollte es nicht haben. Hessel auch nicht. Er überließ mir die Entscheidung. Er hätte es akzeptiert, wenn ich gewollt hätte. Ich hatte schreckliche Kämpfe mit mir selbst auszutragen. Unerträgliche Nächte, in denen ich Franz weckte und ihn mit mir stundenlang durch unser Wohnzimmer auf und ab gehen ließ, um mich zu beruhigen."[436] [Übers. M. N.]

[433] Vgl. Hessel, Helen: *Journal d'Helen.* – S. 104.
[434] Voswinckel, Ulrike: *„Jules und Jim" im Isartal.* – S. 9.
[435] Vgl. Roché, Henri-Pierre: *Carnets. Les Années Jules et Jim.* – S. 38.
[436] Vgl. Hessel, Helen: *Journal d'Helen.* – S. 148f.

Auch von Henri-Pierre Roché wird sie dreimal schwanger, aber es kommt nie zum „absoluten Kind"[437], denn er drängt Helen Hessel immer wieder zum Schwangerschaftsabbruch.[438] Zwar möchte er ein Kind von ihr, aber später.[439] So kommt es im Oktober 1920 zur ersten Abtreibung. Unverständlicherweise sprechen Helen Hessel und Henri-Pierre Roché danach von nichts anderem, als einen gemeinsamen Sohn – unter idealen Bedingungen – zu zeugen: Sie solle sich von ihrem Mann scheiden lassen und Roché heiraten, sobald sie schwanger sei. Unmittelbar nach der Geburt solle sie sich aber wieder vom ihm scheiden lassen. Schließlich wolle Henri-Pierre Roché nur das Kind, keine Ehe. Immer ist von seinem Sohn, niemals von ihrem gemeinsamen Kind die Rede. Er erwägt sogar, seinen Sohn von einer anderen Frau – seiner Münchenliebe Luise „Wiesel" Bücking – aufziehen zu lassen.[440]

Ende September 1920 schlägt sie vor, dass sie und Franz Hessel sich scheiden lassen sollten, damit sie Henri-Pierre Roché heiraten könne. Hessel reagiert darauf verlegen, aber mit einem ironischen Lächeln.[441] Am elften Juli 1921 wird die Ehe der beiden zwar geschieden werden, aber sie und Roché werden nie heiraten. Letzterer knüpft eine Heirat nämlich an die Bedingung, die Einwilligung von seiner Freundin Germaine Bonnard – „17" – , mit der er seit siebzehn Jahren in Paris liiert ist, einzuholen.[442] Nachdem es schließlich zu einer weiteren Schwangerschaft kommt, lässt sie im Januar 1922 wieder einen Eingriff vornehmen. Nicht ihr Liebhaber, sondern ihr Ex-Mann steht ihr wieder einmal bei. Trotzdem tröstet Franz Hessel seinen Freund in einem Brief, in welchem er erklärt, die Liebe zwischen Henri-Pierre Roché und Helen Hessel sei zu perfekt, als dass daraus Kinder hervorgehen könnten. Schließlich hätten Romeo und Julia, Helena und Paris oder Manon und Des Grieux auch keine Kinder gehabt.[443]

Während dieser Zeit beginnt Franz Hessel eine Beziehung zu Helens Schwester Bobann. Ende September 1920 diskutieren die vier

---

[437] Peteuil, Marie-Françoise: *Helen Hessel. Die Frau, die Jules und Jim liebte.* – Frankfurt am Main: Schöffling, 2013.– S. 147.

[438] Vgl. ebd., S. 129f., 153f. und 231f.

[439] Vgl. Roché, Henri-Pierre: *Carnets. Les Années Jules et Jim.* – S. 66.

[440] Vgl. Peteuil, Marie-Françoise: *Helen Hessel.* – S. 132.

[441] Vgl. Hessel, Helen: *Journal d'Helen.* – S. 339.

[442] Vgl. Roché, Henri-Pierre: *Carnets. Les Années Jules et Jim.* – S. 69.

[443] Vgl. ebd.,S. 426.

erstmals die Idee, einen Roman oder ein gemischtes Tagebuch „über unverhoffte Wahlverwandtschaften"[444] zu schreiben. Von Johanna ist kein derartiges Zeugnis überliefert, vielleicht weil die Viererkonstellation nur von kurzer Dauer war. Die anderen kommen ihrem „Projekt" nach. „Sie sind gefährlich gewesen. Sie haben alles über einen aufgeschrieben. Man hat sie nie ohne ihr Tagebuch gesehen.", erzählt Helen über ihre beiden Männer.[445] Bei Franz Hessel fließt seine Erinnerung an den „ménage à trois" in seine Erzählungen und Romane ein, allen voran *Pariser Romanze, Laura Wunderl* und *Heimliches Berlin* (bei Letzterem geht es aber um die Dreiergruppe Thankmar von Münchhausen – Helen Hessel – Franz Hessel). Henri-Pierre Roché notiert alles bis ins kleinste Detail in seinen *Carnets*, das heißt in seinen Tagebüchern, und verarbeitet schließlich die *Jules et Jim*-Jahre zu dem gleichnamigen Roman. Helen Hessel hält alles in ihrem *Journal* fest. Das Tagebuch, das von Oktober 1920 bis Februar 1921 geschrieben worden ist, deckt die Zeit von Juli bis Oktober 1920 ab. Darin findet ein ständiger Wechsel der Sprachen – teilweise innerhalb eines einzigen Satzes – Englisch, Französisch und Deutsch – statt: „Je te gobe / je te love / je te feel / je te like / je look at toi / sans flinching. / The joy of toi – dans meinen Armen / Je kiss your bouche."[446] Die 24 Hefte sind ein Pendant zu den *Carnets* von Henri-Pierre Roché. Da sie es allerdings durch zahlreiche Reflexionen und Rückblicke auf ihr bisheriges Leben anreichert, ist es weitaus informativer und interessanter zu lesen als sein rein beschreibendes Tagebuch. Helen Hessel erkennt, dass ihr Journal nach und nach zu einer Autobiographie wird.[447] Die Herausgeber Blandine Masson, Antoine Raybaud und André Dimanche nennen es ein einzigartiges Zeugnis: „Die weibliche Fassung einer geteilten Liebe, deren männliche Stimme wir bereits kennen."[448][Übers. M. N.]

Stéphane Hessel hat seine Kindheit inmitten dieses „amour fou" als etwas völlig Selbstverständliches empfunden: „Wie sollte der elegante

---

[444] Flügge, Manfred: *Gesprungene Liebe.* – S. 92.

[445] Ferroud, Karin: *Une vie d'écriture.* – S. 311, Anmerkung 2. – Hessels Tagebücher sind, wie viele andere persönliche Dokumente, auf dem Weg ins Exil verloren gegangen.

[446] Hessel, Helen: *Journal d'Helen.* – S. 541.

[447] Vgl. ebd., S. 526.

[448] Vgl. Dimanche, André/Blandine Masson/Antoine Raybaud: *Le Journal, les lettres.* – S. XIII.

und verführerische Franzose nicht der Geliebte der Frau seines alten Freundes werden? Doch das Dreiecksverhältnis trug eher tragische als frivole Züge, indem es die Ecken und Kanten von denen, die sich darin verfangen hatten, zutage förderte. Mein Vater begriff, daß das, was mit seiner Frau und seinem Freund geschah, eine ernste und schöne Erfahrung war, die beide womöglich verändern würde. Er wollte nicht nur kein Hindernis, sondern vielmehr der literarische Mittler dieser Leidenschaft sein. Er ermutigte die beiden, sie minutiös in einem intimen Tagebuch zu schildern, woraus ein zu zweit oder sogar zu dritt geschriebenes Buch entstehen könne."[449]

Doch nicht nur Helen liebt das Fremdgehen. Auch Franz umgibt sich mit schönen jungen Frauen. Während seine Frau die Liebe in allen Facetten auskostet, bleibt sie bei ihm fast immer auf platonischer Ebene. So weiß Helen Hessel von einer schlanken Berthe,[450] der Tänzerin, der ritterlichen Rut,[451] die so schöne Gedichte schreibt, der ganz blonden Maria,[452] die schon so oft verheiratet gewesen und geschieden worden ist, und der lieben Marianne,[453] die ihn, als er sein „Essaybuch"[454] *Spazieren in Berlin* geschrieben hat, so oft in ihrem Auto herumgefahren hat, und schließlich Doris – hinter der sich Doris von Schönthan,[455] die spätere Frau von Bruno von Salomon[456] (und nicht wie oft fälschlicherweise angenommen von Ernst von Salomon; Bruno ist dessen Bruder), verbirgt –, deren Beziehung er in *Der Zauberer und das möblierte Zimmer*[457] beschreibt und von der er sich nur wünsche,

---

[449] Hessel, Stéphane: *Tanz mit dem Jahrhundert.* – S. 17.
[450] Grete Wiesenthal (1885–1970). Österreichische Tänzerin, Choreografin und Tanzpädagogin.
[451] Ruth Landshoff (1904–1966). Deutsch-amerikanische Schriftstellerin und Schauspielerin. Nichte des Verlegers Samuel Fischer.
[452] Maria Kreitner (??). Österreichische Schriftstellerin.
[453] Marianne Breslauer (1909–2001). Deutsche Fotografin und Kunsthändlerin.
[454] Kähler, Hermann: *Berlin – Asphalt und Licht. Eine große Stadt in der Literatur der Weimarer Republik.* Mit 18 Porträtzeichnungen von Emil Stumpp. – Berlin (West): Das europäische Buch, 1986. – S. 23.
[455] Doris von Schönthan (1905–1961). Deutsche Journalistin und Fotografin.
[456] Bruno von Salomon (1900–1952). Deutscher Journalist, politischer Aktivist (KPD), Mitglied der Résistance und Spanienkämpfer. Bruder des Schriftstellers Ernst von Salomon.
[457] Hessel, Franz: *Der Zauberer und das möblierte Zimmer.* – In: Franz Hessel: *Nachfeier.* – In: Franz Hessel: *Werke 2: Prosasammlungen.* – S. 283–290.

daß sie da sei:[458] „Ob ich wohl eifersüchtig war? Ich glaube kaum. Wenn ich heute über meine Ehe mit diesem wunderlichen Menschen nachdenke, kommt es mir vor, als sei ich, trotz der standesamtlichen Beglaubigungen[459] – nie mit ihm verheiratet gewesen. Etwas anderes verband uns miteinander, freiwillig und doch zwingend."[460]

Exkurs: Der Roman und der Film *Jules et Jim*

Ich war dieses junge Mädchen, das aus Trotz in die Seine gesprungen ist, das die Verabredung verpaßt hat, das ihren geliebten und so großzügigen Jules geheiratet hat und das die Ekstasen und Katastrophen einer verzweifelten und aussichtslosen Liebe erlebt hat. Ja, sie hat sogar auf ihren Jim geschossen. Dies alles ist wahr und erlebt und selbst der weiße Schlafanzug – ich muß es zugeben – ist nicht erfunden. Jim (H.-P. Roché) hat daraus einen Roman gemacht; teilweise basierend auf „Kathes" Tagebuch. Truffaut ist bei einem Bouquinisten zufällig auf dieses Bändchen gestoßen. Die Geschichte hat ihn begeistert. Er hat daraus seinen Film gemacht.

So. Für mich ist diese Erfahrung gleichzeitig beruhigend: Ich habe gelebt, und das ein wenig uncanny:[461] Ich bin tot und lebe noch.[462] [Übers. M. N.]

Anfang Juli 1925 fährt Helen Hessel nach Paris, um ihre Tätigkeit als Modekorrespondentin der *Frankfurter Zeitung*[463] vorzubereiten. Zuvor veröffentlicht sie ihre Pariser Feuilletons in Stefan Großmanns[464] *Tage-*

---

[458] Vgl. Hessel, Helen: *C'était un brave.* – S. 93.
[459] Im Juni 1913 haben sich Helen und Franz Hessel zum ersten Mal das Jawort gegeben. Im Juli 1921 lassen sie sich scheiden, heiraten aber am 14. August 1922 ein zweites Mal. – Vollmer, Hartmut: *Zeittafel Franz Hessel.* – In: Franz Hessel: *Werke 5: Verstreute Prosa, Kritiken.* – S. 323f.
[460] Hessel, Helen: *C'était un brave.* – S. 93.
[461] Engl.: unheimlich
[462] Vgl. Hessel, Helen: *Journal d'Helen. Lettres à Henri-Pierre Roché.* – S. XII.
[463] „Die *Frankfurter Zeitung* hatte sich während der Weimarer Republik zum Sprachrohr des Widerstands gegen die NSDAP gemacht. Nach Hitlers Machtübernahme im Januar 1933 war mit ihrem Verbot zu rechnen. Doch nach dem Ausscheiden der jüdischen Herausgeber und der den Nationalsozialisten verhassten Redakteure konnte das einst liberale Blatt weiter existieren." – Becker, Claudia: *Helen Grund.* – S. 204.
[464] Stefan Großmann (1875–1935). Österreichischer Schriftsteller und Journalist. Begründer und Herausgeber der politischen Zeitschrift *Tage-Buch.*

buch. Bis 1938 schreibt sie kontinuierlich für die Beilage *Für die Frau*, die nach 1933 nur noch schlicht *Die Frau* heißt. Mit Erfolg, ihre Artikel über die Pariser Mode werden großen Anklang finden. Helen Hessel, „deren Berichte in der FZ wir stets mit großem Interesse verfolgen",[465] wie Walter Benjamin 1935 bemerkt, wird zu einer anerkannten Journalistin: „Helens Leben in der Pariser Zeit ist von einigem Glanz umgeben. […] Helen diniert mit Rilke […] und mit Carl Jacob Burckhardt;[466] sie gibt Gesellschaften, auf denen sich die durchreisenden Dichter aus Deutschland mit Grüßen von Franz Hessel einfinden. Baladine Klossowska,[467] die Mutter des Malers Balthus[468] und des Dichters Pierre Klossowski,[469] ist ihre Freundin, ebenso wie Gabrielle Picabia,[470] Sonia Delaunay,[471] die Fotografin Gisèle Freund[472] und Charlotte Wolff […]. Es belustigt sie, daß Emil Jannings[473] mit ihr flirten möchte, und sie führt seine Frau zu Chanel[474] und Schiaparelli,[475] wo sie sich über deren

[465] Benjamin, Walter: *Briefe 2*. Herausgegeben und mit Anmerkungen versehen von Gershom Scholem und Theodor W. Adorno. – Frankfurt am Main: Suhrkamp, 1978. – S. 680.
[466] Carl Jacob Burckhardt (1891–1974). Deutscher Diplomat, Essayist und Historiker.
[467] Baladine Klossowska (1886–1969; eigentlich Elisabeth Dorothea Spiro, genannt „Merline"). Deutsche Malerin polnischer Herkunft. Schwester des Malers Eugen Spiro. Ehefrau des Malers Erich Klossowski. Von 1919 bis 1926 Geliebte von Rainer Maria Rilke.
[468] Balthus (1908–2001; eigentlich Balthasar Klossowski). Französischer Maler.
[469] Pierre Klossowski (1905–2001). Französischer Schriftsteller, Philosoph und Übersetzer von Franz Kafka, Friedrich Nietzsche und Sueton.
[470] Gabrielle Buffet Picabia (1881–1985). Ehefrau des Malers Francis Picabia und Dadaistin.
[471] Sonia Delaunay (1885–1979). Französische Malerin ukrainischer Herkunft. In erster Ehe mit deutschen Kunsthändler Wilhelm Uhde, in zweiter Ehe mit dem französischen Maler Robert Delaunay, einen Vorreiter des orphischen Kubismus, verheiratet.
[472] Gisèle Freund (1908–2000). Französische Fotografin, Soziologin und Schriftstellerin deutscher Herkunft.
[473] Emil Jannings (1884–1950). Deutscher Schauspieler Schweizer Herkunft. Einer der bedeutendsten Akteure des Stummfilms. 1929 gewinnt er den Oscar in der Kategorie „Bester Hauptdarsteller".
[474] Coco Chanel (1883–1971; eigentlich Gabrielle Bonheur Chanel). Französische Modedesignerin. Wegbereiterin der funktionalen Damenmode.
[475] Elsa Schiaparelli (1890–1973). Italienisch-französische Modeschöpferin.

Geiz ärgert. Die Princesse de Polignac[476] nimmt bei ihr Deutschstunden und versucht, Rilkes *Malte Laurids Brigge* zu verstehen."[477]

Eines ist und bleibt aber zeitlebens ihre Devise. Zwei Dinge müsse eine Frau im Leben erreichen, Mutter zu werden und Geliebte zu bleiben.[478] So flirtet sie zum Beispiel mit Walter Benjamin,[479] dem sie verspricht, zusammen mit Thankmar Freiherr von Münchhausen, bei der Übersetzung der *Anabase* (1924) von Saint-John Perse[480] zur Seite zu stehen. Nach wie vor ist allerdings Henri-Pierre Roché ihr größtes Objekt der Begierde. Der vierjährige Stefan und der sieben Jahre alte Ulrich nehmen an dem „seltsamen Abenteuer"[481] teil, ohne dass sie sich ihrer ungewöhnlichen Kindheit bewusst sind: „Das Abenteuer, das unsere Eltern erlebten, war nur deswegen ungewöhnlich, weil sie es nicht zu verheimlichen suchten. Während Ulrich schockiert war und es nicht leiden konnte, wenn Roché sich als Ersatzvater aufspielte, erschien es mir als selbstverständlich und legitim."[482]

Charlotte Wolff empfindet diese Dreiecksbeziehung, so wie sie zwischen Helen Hessel, Franz Hessel und Henri-Pierre Roché gelebt wird, als perfekte Lebensform, als sie die drei Mitte der zwanziger Jahre bei der Sommerfrische in der Normandie besucht. Die Psychoanalytikerin deutet den „Liebeskommunismus" als Idealzustand und als vollkommene Loslösung vom männlichen Patriarchat: „In der dritten Woche unseres Urlaubs tauchte Franz Hessel in Sotteville auf. Man hätte erwarten können, daß er auf seine Frau und ihren Liebhaber eifersüchtig war. Doch es stellte sich heraus, daß Roché sein bester Freund war, und ich wurde Zeugin des gleichen Beziehungsmusters wie bei den Benjamins.[483] In beiden Fällen schien die Dreieckssituation eine glückliche

---

[476] Princesse Edmond de Polignac (1865–1943; eigentlich Winnaretta Singer). Amerikanische Musikmäzenin.
[477] Voswinckel, Ulrike: „*Jules und Jim*" im Isartal. – S. 16f.
[478] Vgl. Flügge, Manfred: *Gesprungene Liebe.* – S. 185.
[479] Vgl. Benjamin, Walter: *Briefe 2.* – S. 419.
[480] Saint-John Perse (1887–1975; eigentlich Alexis Leger). Französischer Dichter, Diplomat und Literaturnobelpreisträger von 1960.
[481] Hessel, Stéphane: *Tanz mit dem Jahrhundert. Erinnerungen.* – S. 17.
[482] Ebd., S. 28.
[483] Charlotte Wolff spielt wohl auf die Beziehung zwischen Walter Benjamin, Dora Kellner-Benjamin und Jula Cohn an. Es handelt sich bei ihnen eher um eine „Wahlverwandtschaften-Konstellation". – Vgl. Brodersen, Momme: *Spinne im eigenen Netz. Walter Benjamin: Leben und Werk.* – Bühl-Moos: Elster, 1990. – S. 140.

Konstellation zu sein, unter der Liebe und Freundschaft nicht zu leiden hatten. Wieder einmal begegnete ich einer besonderen Art verfeinerter Beziehungen, einem Ideal menschlichen Verhaltens, das vielleicht viele anstreben, aber nur wenige jemals erreichen. [...] Frei von Eifersucht zu sein bedeutet, ohne Besitzdenken leben zu können. Eifersucht, Neid, Konkurrenzdenken sind integrale Bestandteile kapitalistischer Mentalität, mit der die Gesellschaft durch den Machtkampf männlicher Vorherrschaft infiziert wurde."[484]

Bis 1933 zieht sich dieser „ménage à trois" hin. Anfang der dreißiger Jahre hat in Helens Beziehung zu Roché eine stürmische Phase begonnen, „Jahre der Hoffnungen und Enttäuschungen, Zurückweisungen und Neuanfänge, die in einer relativ morbiden Trennung gipfeln"[485] sollen. Roché hat nicht nur im Dezember 1927 seine langjährige Lebensgefährtin, die Puppenmacherin Germaine Bonnard,[486] die bereits 1902 in sein Leben getreten ist, geheiratet, sondern auch noch mit einer weiteren Geliebten, Denise Renard,[487] einen Sohn, Jean-Claude[488], gezeugt, während er Helen Hessel im Sommer 1928 zur erneuten Abtreibung ihres gemeinsamen Kindes überredet hat[489] – „in der Untreue bleibt sich Roché ganz treu".[490] Helen Hessel wirft er vor, seine anderen Geliebten hätten mehr Qualitäten als sie: „Es war ungerecht, dies zu sagen. Sie hat so viele Qualitäten, die du nicht hast. Sie ist eine Künstlerin, eine Schöpferin – maße dir kein Urteil über sie an – du, die du zwar immer etwas anfängst, aber es niemals zu Ende bringst."[491] [Übers. M. N.] Sie schließt die Tür ab, wirft den Schlüssel aus dem Fenster und bedroht ihn mit seinem Revolver. Nach einer kleinen Balgerei zwischen den beiden kommt es zu einer Art Vertrag: Henri-Pierre Roché erklärt sich bereit, das Schulgeld für Stéphane aufzubringen, von einstiger Liebe ist seinerseits nichts mehr zu spüren: „Ein Chaos der

---

[484] Wolff, Charlotte: *Augenblicke verändern uns mehr als die Zeit.* – S. 124f.
[485] Hessel, Stéphane: *Tanz mit dem Jahrhundert.* – S. 36.
[486] Germaine Bonnard (genannt „Mno", „Meno", „Lilith" oder „17"). Französische Puppenmacherin.
[487] Denise Renard (*1894). Französische Kunstbuchhändlerin. Ehefrau Henri-Pierre Rochés.
[488] Jean Claude Roché (*1931). Französischer Tonmeister.
[489] Vgl. Peteuil, Marie-Françoise: *Helen Hessel.* – S. 231.
[490] Flügge, Manfred: *Gesprungene Liebe.* – S. 97.
[491] Vgl. Hessel, Helen: *Journal d'Helen.* – S. 325.

Gefühle, erkaltete Leidenschaft, Niedrigkeiten und Erniedrigungen. Gesprungene Liebe. Liebesscherben. Alles wirkt etwas verrückt und sehr grotesk."[492] Henri-Pierre Roché nimmt sein Tagebuch von einst zur Hand und beschließt, einen Roman, „eine Art Education sentimentale",[493] zu schreiben. Sie beschließt, ihn nie wieder zu sehen. Und Stéphane Hessel erfindet für sich eine ganz besondere Form der „Vergangenheitsbewältigung": „In dieser Zeit hatte ich die kindische Idee, etwas in der Art unserer Schulbücher in Geschichte und Geographie zu verfassen. Das Werk, ein dickes grünes Heft voll Illustrationen, Landkarten und Einlagen, schildert den Archipel Hesselland, eine Gruppe von Inseln, jede einzelne nach einem Mitglied der Familie oder einem Schulfreund benannt. Der letzte Eintrag behandelt die Episode, in deren Verlauf Pedroland, die Insel Henri-Pierre Rochés, von einer Springflut überrollt, im Meer versinkt. So beende ich die große Leidenschaft meiner Mutter."[494]

Im August 1933, nach der Trennung von Henri-Pierre Roché, zieht Helen Hessel zusammen mit Charlotte Wolff ins Dachgeschoss eines Apartmenthauses auf dem Boulevard Brune im 14. Arrondissement.[495] Für die junge jüdische Ärztin, die im Mai 1933 aus Deutschland geflohen ist, sind Helen und Stéphane Hessel ihre neue „Familie":[496] „Sie und ihr 14 Jahre alter Sohn [Stéphane] wurden Stützen meines Lebens. […] Durch eine seltsame Fügung des Schicksals, die in Helen den Wunsch weckte, ihr eigenes Appartement aufzugeben und mit mir zusammenzuziehen, hatte ich ein neues Zuhause gefunden. Sie war der anmutige Schutzengel, der sich um mich kümmerte von dem Augenblick an, da ich meinen Fuß auf französischen Boden setzte."[497]

Die Freundin begleitet die geschätzte Journalistin zunächst nur zu Modenschauen. Bei einer gemeinsamen Reise nach Sanary im Sommer 1933 macht Helen Hessel ihre Mitbewohnerin mit Maria Huxley,[498] der

---

[492] Flügge, Manfred: *Gesprungene Liebe.* – S. 13.

[493] Ebd.

[494] Hessel, Stéphane: *Tanz mit dem Jahrhundert.* – S. 36f.

[495] Vgl. Wolff, Charlotte: *Augenblicke verändern uns mehr als die Zeit.* – S. 130.

[496] Wolff, Charlotte: *Innenwelt und Außenwelt. Autobiographie eines Bewusstseins.* Autorisierte Übersetzung aus dem Englischen von Christel Buschmann. – München: Rogner & Bernhard, 1971. – S. 101.

[497] Ebd., S. 73f.

[498] Maria Huxley (1896–1955). Ehefrau von Aldous Huxley.

Frau von Aldous Huxley,[499] bekannt. Maria Huxley ist von Wolffs Fähigkeiten der Handdiagnostik überzeugt und auf die Vermittlung der beiden beginnt die junge Medizinerin, die in Frankreich nicht ihren Beruf als Ärztin ausüben darf, als Chirologin zu arbeiten. Da die Modeberichterstatterin sie in die Künstlerkreise, allen voran den der Surrealisten um André Breton[500] und Paul Éluard,[501] einführt, wird die Medizinerin bald eine „geschätzte Erscheinung […] wegen ihr mehr oder weniger wissenschaftlichen Handlesekunst in Verbindung mit etwas Psychotherapie".[502] Eine „unmißverständliche antisemitische Äußerung"[503] von Helen Hessel, schreibt Wolff in *Augenblicke verändern uns mehr als die Zeit*, entzweit im Frühjahr 1935 die Freundschaft der beiden. Vielleicht sei auch die Art, wie sie ihren Lebensunterhalt verdient habe, ein „emotionaler Stolperstein"[504] gewesen. Charlotte Wolff zieht ins *Hôtel Voltaire* am Quai Voltaire und reist schließlich auf Einladung von Maria Huxley im Herbst nach London, wo sie bis zum Ende des Krieges lebt.

Während Franz Hessel im Exil stirbt, sympathisiert sein bester Freund Henri-Pierre Roché nicht mit der Résistance, sondern mit dem Vichy-Regime, das ihm noch nicht einmal energisch genug erscheint.[505] Am 20. April 1941 erfährt Roché, der in Dieulefit im Département Drôme, einem Geheimtipp unter den Künstlern und Intellektuellen – unter ihnen

---

[499] Aldous Huxley (1894–1963). Englischer Schriftsteller. Seine Anti-Utopie *Brave New World* gilt als einer der bedeutendsten Romane des 20. Jahrhunderts.

[500] André Breton (1896–1966). Französischer Dichter des Surrealismus.

[501] Paul Éluard (1895–1952). Französischer Dichter des Surrealismus.

[502] Flügge, Manfred: *Gesprungene Liebe.* – S. 178.

[503] Wolff, Charlotte: *Augenblicke verändern uns mehr als die Zeit.* – S. 151.

[504] „Der ständige Zwang, mit unbewussten, intuitiven Kräften zu arbeiten, vergrößerte meine Angst, die ohnehin schon schlimm genug war, und blieb nicht ohne Rückwirkungen auf meine persönlichen Beziehungen. Auch wurde ich allzu sehr vergöttert von den Berühmten und weniger Berühmten, die ich beruflich und privat traf. Irgendwo sind wir alle Snobs, und da ich eine entwurzelte Person war, bescheidener jüdischer Herkunft, fiel ich leicht in die missliche Lage, dass ich gegen meine Überzeugung lebte. Ich fühlte mich geschmeichelt, dass Prinzessinnen, Marquisen und Grafen mich in ihre Häuser einluden. Noch mehr geschmeichelt war ich von der Freundschaft und Bewunderung Bretons, Eluards und ihres Kreises. Wahrscheinlich wurde ich unerträglich, meine Freundschaft mit Helen erhielt einen harten Schlag." – Wolff, Charlotte: *Innenwelt und Außenwelt.* – S. 89.

[505] Vgl. Flügge, Manfred: *Gesprungene Liebe.* – S. 280.

Wols,[506] René Char[507] und Louis Aragon[508] –, die das unsichere Paris verlassen haben, lebt, vom Tod Hessels. Seine Gedanken kreisen um ihre Freundschaft und er notiert in sein Tagebuch: „Hätte ich doch an Franz geschrieben, aber Helen war ein Schwert zwischen uns. Ich möchte gerne wissen, was Franz von unserem Leben zu dritt wirklich gedacht hat und von Helen, dieser Menschenfresserin. Wir haben beide gedacht, eines Tages stirbt sie bei einer ihrer unberechenbaren Aktionen."[509]

Von vor 1900 bis weit nach 1945 hat er täglich Notizen und gelegentlich längere Aufzeichnungen angefertigt, die geplanten Romanen[510] als Basis dienen sollten. 346 Hefte hat er so gefüllt. François Truffaut hat nach Rochés Tod den größten Teil von dessen „Carnets" abtippen lassen, was etwa vierzig Aktenordner Text ergab, die voller prickelnder Details sind: „Die Sekretärinnen, die Truffaut gefunden hatte, waren aber schockiert und mußten immer wieder ausgetauscht werden: denn in den Heften stand nur sehr wenig über die berühmten Personen, mit denen Roché Umgang hatte, dafür aber in großer Ausführlichkeit fast alles über sein Liebesleben. In einem eigenartigen Jargon mit englischen Sprachbrocken und mit seltsamen Abkürzungen und Siglen werden seine zahlreichen Liebschaften und seine Liebespraktiken detailgetreu geschildert."[511]

1942 beginnt er, den Roman *Jules et Jim* zu schreiben, den er zunächst *Une amitié* überschreibt. Als stilistische Vorbilder nennt er Steinbecks *Of mice and men*, Stendhals *Le rouge et le noir* und Flauberts *Education sentimentale*,[512] Franz soll darin die Hauptrolle spie-

---

[506] Wols (1913–1951; eigentlich Alfred Otto Wolfgang Schulze). Deutscher Maler, Fotograf und Grafiker. Vertreter des Tachismus.

[507] René Char (1907–1988). Französischer Dichter.

[508] Louis Aragon (1897–1982). Französischer Dichter. Mitbegründer des Surrealismus.

[509] Flügge, Manfred: *Gesprungene Liebe.* – S. 282.

[510] Neben *Jules et Jim* verarbeitet er seine erotischen Abenteuer – darin geht es um die Dreiecksbeziehung zwischen Henri-Pierre Roché und zwei Mädchen aus England, die Schwestern sind – zu dem 1956 erschienenen Roman *Deux Anglaises et le Continent*. – Roché, Henri-Pierre: Deux Anglaises et le Continent. – Paris: Gallimard, 1956.

[511] Flügge, Manfred: *Gesprungene Liebe.* – S. 22.

[512] In der ersten Fassung des Romans von Gustave Flaubert aus dem Jahre 1845 heißen die beiden Protagonisten nicht Frédéric und Deslauriers wie in der Endfassung von 1869, sondern dort spielt die Männerfreundschaft zwischen Henry und Jules. – Rössig, Wolfgang (Hgg.): *Hauptwerke der französischen Literatur. Einzeldarstellungen*

len,[513] die Person Helens will er zunächst nicht auftauchen lassen. Schließlich entscheidet er sich doch dazu, es wird ein Roman über alle drei: Er gibt ihr den Namen „Kathe" in Anlehnung an Helens zweiten Vornamen, „Jules" ist der Titel einer seiner frühen Erzählungen und „Jim" war der Kosename Helens für Roché:[514] „Er [Der Roman] heißt *Jules et Jim* und ist die Geschichte einer Freundschaft, die fortbesteht inmitten schwierigster Liebessituationen."[515]

Erst 1953 erscheint der Roman im französischen Verlag Gallimard. Der vierundsiebzigjährige Autor erhält für seinen Romanerstling den *Prix Claire Bellon*, trotzdem bleibt der Roman wenig beachtet, von der Kritik wird das Buch weder zerrissen noch in den Himmel gehoben.[516] 1955 entdeckt der junge Regisseur François Truffaut Rochés „Liebesroman im Telegrammstil"[517] in einem Antiquariat und ist von dessen Prosa, die ihm ausdrucksstärker als die eines Jean Cocteau[518] erscheint, begeistert.[519]

1961 erscheint der Film *Jules et Jim* unter der Regie von François Truffaut mit Jeanne Moreau (Catherine – Helen Hessel), Henri Serre (Jim – Henri-Pierre Roché) und Oskar Werner (Jules – Franz Hessel) in den Kinos. Vor allem Oskar Werner überzeugt als Jules, denn mit seinem „introvertierte[m] Charme und [mit seiner] unverwechselbar[en] nuancenreiche[n] Sprachmelodik"[520] ähnelt er stark Franz Hessel. Von den Kritikern wird *Jules et Jim* gefeiert, das *Lexikon des internationalen Films* nennt ihn einen „Film mit eminentem Fingerspitzengefühl für die Zwischentöne des Menschlich-Seelischen ebenso wie des Filmisch-Optischen"[521] und die *Neue Zürcher Zeitung* schreibt, dass Truffaut

und *Interpretationen. Band 1. Das 20. Jahrhundert. Die Literaturen außerhalb Frankreichs.* – S. 458–460.

[513] Vgl. Flügge, Manfred: *Gesprungene Liebe.* – S. 284.

[514] Vgl. ebd., S. 285.

[515] Ebd., S. 286.

[516] Vgl. Truffaut, François: *Henri-Pierre Roché revisité.* – In: Henri-Pierre Roché: Carnets. Les Années Jules et Jim. – S. IX.

[517] Ebd., S. X.

[518] Jean Cocteau (1889–1963). Französischer Dichter, Maler und Regisseur.

[519] Vgl. Truffaut, François: *Henri-Pierre Roché revisité.* – S. IX.

[520] Hairapetian, Marc: *Oskar Werner Bonaparte. Im Tod wird der exzentrische Schauspieler wie ein Popstar verehrt.* – In: Die Welt (Berlin) vom 12. November 1997. – S. 30.

[521] *Lexikon des internationalen Films. Das Angebot in Kino, Fernsehen und Video. Band 4.* – Hamburg: Rowohlt, 1995. – S. 2881.

„diese ungewöhnliche Geschichte einer Liebe zu dritt [...] fern von jeder Frivolität, jedem falschen Beigeschmack inszeniert" hat.[522] Auf dem Bodil-Festival in Kopenhagen ist *Jules et Jim* 1963 als bester europäischer Film ausgezeichnet worden, bei den *British Academy Awards* in London ist er in den Kategorien „bester Film" und „beste Schauspielerin" für den BAFTA-Award nominiert und beim Mar del Plata Film Festival in Argentinien bekommt François Truffaut 1962 den „Silver Ombú" als bester Regisseur.[523]

Während in der Realität Franz Hessel früher als die beiden anderen aus dem Leben scheidet, ist in Rochés Roman *Jules et Jim* und in der späteren Verfilmung durch François Truffaut Jules der Überlebende. Kathe reißt sich und Jim absichtlich in den Tod, Jules soll ihnen genau zuschauen: „Sie bat ihn, Jim anzurufen und ihn noch für den gleichen Tag zu einem Ausflug zu dritt in ihrem Cabriolet einzuladen. Sie vermied dadurch, daß Jules und Jim sich unter vier Augen sprachen. [...] Kathe spielte mit der Geschwindigkeit ihres Wagens und stürzte sich aus einer Leichtsinnigkeit in die andere. Jules saß wie immer hinten. [...] Sie erreichten das Ufer der Seine, außerhalb von Paris. Kathe sagte zu Jules: ,Wenn du rechtzeitig zum Essen mit diesem Freund in Paris zurück sein willst, kannst du den Zug in dem Bahnhof da nehmen.' Und sie hielt an der Kreuzung an. Jules stieg aus, ging zum Wagenschlag. Sie küßte ihn herzlich. Dann sagte sie zu ihm, Feuer in den Augen: ,*Gib gut auf uns acht, Jules!*" Und sie sauste mit Jim davon. Statt nach rechts auf die hübsche Straße einzubiegen, die am Fluß entlangführte, steuerte sie gradaus auf die Brücke zu, die wegen Bauarbeiten gesperrt war. Jim wollte schon fragen: ,Warum denn da lang?' Aber ihm war schon alles egal. Jules sah ihnen nach. [...] Kathe fuhr scharf links, so daß die Räder immer wieder den Rand des Gehsteigs streiften. Jim ahnte etwas. Kathe riß das Steuer scharf nach rechts. Sie waren schon fast an den gefährlichen dreißig Metern vorbei. Sie gab Gas und riß das Steuer scharf nach links. Der Wagen sprang auf den Gehsteig, erst die Vorderräder, dann die Hinterräder. Vor ihnen das Nichts. Zu spät, um den Wagen herumzureißen, selbst wenn Jim ins Lenkrad gegriffen hätte ... und das Lenkrad hielt Kathe. – Alles, was er hätte tun können, wäre sinnlos gewesen. Also tat er besser nichts. Kathes Garn war wohl ge-

---

[522] http://www.dem.de/entertainment/kino/108/108589.html vom 06. August 1999.
[523] Vgl. http://www.us.imdb.com/Tawards?0055032 vom 06. August 1999.

sponnen. Kein Ausweg. Jim hatte mit allem gerechnet, nur mit diesem Streich nicht. *Und sie blieb an seiner Seite! Ach! Also liebte sie ihn doch? ... Na, dann liebte er sie auch!* Sie drehte sich zu ihm um, lächelte ihm kameradschaftlich und schalkhaft zu, als hätten sie noch viel Zeit ... als seien sie dabei, wieder einmal zu einem schönen Ausflug aufzubrechen. Und dieser Blick sagte: ‚Siehst du, Jim ... diesmal habe ich gewonnen. Das archaische Lächeln strahlte reiner denn je.‘‘[524]

Paris (1925–1930)

„Der Flaneur ist der Priester des genius loci"[525]
Die Gestalt des Flaneurs an sich

„Nur was uns anschaut sehen wir. Wir können nur – , wofür wir nichts können." Man hat die Philosophie des Flaneurs niemals tiefer erfaßt als es Hessel mit diesen Worten getan hat.[526]

Heutzutage sei der Begriff des Flaneurs etwas in Verruf geraten, stellt Manfred Flügge fest. Aber niemand habe diesen Typus so glaubhaft und so sympathisch verkörpert wie Franz Hessel.[527] Aber um feststellen zu können, ob Hessel wirklich der „Beispiel-Flaneur" ist, muß an dieser Stelle zunächst einmal eine kurze Charakterisierung des Flaneurs im Laufe der Jahrhunderte erfolgen.

Die Figur des Flaneurs ist ein Phänomen des 19. Jahrhunderts. Seine Geburt ist verbunden mit der Entstehung der Metropolen. Selbstsicher bewegt er sich „durch das Labyrinth der immer unüberschaubarer werdenden Städte".[528] Die sogenannten Passagen sind das Zentrum dieser Labyrinthe und das Zuhause des Flaneurs.[529] Neunzehn Passagen entstehen zwischen 1799 und 1830 in Paris, in den Jahren bis 1855 kom-

---

[524] Roché, Henri-Pierre: *Jules und Jim.* – S. 240f.
[525] Benjamin, Walter: *Die Wiederkehr des Flaneurs.* – In: Walter Benjamin: *Gesammelte Schriften III.* Herausgegeben von Hella Tiedemann-Bartels. – Frankfurt am Main: Suhrkamp, 1981. – S. 196.
[526] Ebd., S. 198.
[527] Vgl. http://www.BerlinOnline.de/wissen/berlin.html vom 11. September 1996.
[528] http://www.webtexte.de/flaneur/elemente/auge.html vom 06. August 1999.
[529] Vgl. Frisby, David: *The flâneur in social theory.* – In: Keith Tester (Hg.): *The Flâneur.* – London/New York: Routledge, 1994. – S. 85.

men sieben weitere hinzu. Sie sind überdacht, ein Vorläufer der Shopping Mall, und sind so „die erste urbane Traumwelt".[530] Der Flaneur fühlt sich in der Masse wohl und zeigt sich bisweilen weltfremd. Seine „Nonchalance"[531] trägt er auf provokative Weise oftmals zur Schau. Ein extremes Beispiel der Dekadenz führt Walter Benjamin an: „1839 war es elegant, beim Promenieren eine Schildkröte mit sich zu führen. Das gibt einen Begriff vom Tempo des Flanierens in den Passagen."[532]

Dem Flaneur steht der Müßiggang über der Arbeit. Einen Beruf akzeptiert er dennoch: den des Schriftstellers. Er als „Held der neuen Stadtlandschaften"[533] beobachtet das Leben auf der Straße und fasst es in Worte. Walter Benjamin bezeichnet den Journalismus als „gesellschaftliche Grundlage der Flânerie".[534] 1848 erscheint als ihr Publikationsorgan eine Zeitung mit dem programmatischen Titel *Le Flâneur*. Während diese Form des Müßiggangs zu Anfang nur von gutbetuchten Literaten gepflegt worden ist, entwickelt sich die Flanerie bald zum schriftstellerischen Markenzeichen. Das Entstehen des Feuilletons – die sogenannte kleine Form – zu Beginn des 19. Jahrhunderts ermöglicht es dem Schriftsteller, seine Arbeiten in Zeitungen zu veröffentlichen und davon zu leben.[535] Für Eckhardt Köhn ist diese kleine Form eine Annäherung von Literatur und Journalismus, sie ist eine „Kunstform […], ohne über einheitliche Darstellungsregeln zu verfügen, [die] ihre historische Konstitution aber dem Journalismus verdankt":[536] „Der Flaneur schaffte es noch einmal, in den Zeiten zunehmender Anonymisierung, sich als Mittelpunkt der Welt zu begreifen. Die Leichtfüßigkeit des Flaneurs angesichts der alltäglichen Veränderungen machten ihn zum Helden der neuen Stadtlandschaften. Wo die Individualität von der Auflösung bedroht war, konnte er seine Individualität beweisen und stärken. So konnte er letzthin zur Kultfigur werden."[537]

---

[530] http://www.webtexte.de/flaneur/elemente/auge.html vom 06. August 1999.
[531] Ebd.
[532] Wiesner, Herbert/Ernest Wichner (Hgg.): *Der Flaneur und die Memoiren der Augenblicke*. – In: *die horen* (Bremerhaven) 4/2000. – S. 2.
[533] http://www.webtexte.de/flaneur/elemente/auge.html vom 06. August 1999.
[534] Ebd.
[535] Vgl. http://www.berlinerzimmer.de/ortmann/studium/hessel.html vom 10. Juni 1999.
[536] Köhn, Eckhardt: *Straßenrausch*. – S. 8f.
[537] http://www.webtexte.de/flaneur/elemente/auge.html vom 06. August 1999.

Doch nicht alle Städte laden zum Flanieren ein. In seiner Sammlung *Frauen und Städte* skizziert Franz Hessel das Porträt von vier Metropolen: Wien, München, Paris und Berlin. Während die ersten drei Städte, ähnlich wie Rom, altgewachsene Metropolen sind, handelt es sich bei Berlin um die Metropole der Neuen Sachlichkeit,[538] die außer bei Franz Hessel auch in den Feuilletons von Arthur Eloesser,[539] Edmund Edel,[540] Victor Auburtin[541] und Siegfried Kracauer[542] besungen wird.[543] Paris allerdings ist die „Mutter" des Flaneurs, so Walter Benjamin: „Den Typus des Flaneurs schuf ja Paris. Daß nicht Rom es war, ist das Wunderbare. Aber zieht nicht in Rom selbst das Träumen schon allzu gebahnte Straßen? Und ist die Stadt nicht zu voll von Tempeln, umfriedeten Plätzen, nationalen Heiligtümern, um ungeteilt mit jedem Pflasterstein, jedem Ladenschild, jeder Stufe und jeder Torfahrt in den Traum des Passanten eingehen zu können? Die großen Reminiszenzen, die historischen Schauer – sie sind dem wahren Flaneur ja ein Bettel,

---

[538] „Berlin-Flanerie in Anthologien oder als Gegenstand der Literaturwissenschaft basiert auf Texten, deren Großteil ursprünglich im Feuilleton bürgerlich-liberaler Blätter veröffentlicht wurde: *Vossische Zeitung, Berliner Börsen-Courier, Frankfurter Zeitung* und vor allem das *Berliner Tageblatt* bildeten neben den Zeitschriften *Weltbühne* und *Tage-Buch* die bedeutenden Foren – in Parteiorganen wie dem sozialdemokratischen *Vorwärts* oder auch im Zentrumsblatt *Germania* sucht man Berlin-Flanerie vergebens. Politisch radikale Blätter wie die kommunistische *Rote Fahne* oder Münzenbergs *Arbeiter-Illustrierte-Zeitung* boten erst recht keinen Raum für Spaziergänger, ebenso wenig wie die rechte Presse: Weder nationalkonservative Zeitungen wie *Lokal-Anzeiger, Deutsche Allgemeine Zeitung, Der Tag, Berliner Börsen-Zeitung, Kreuz-Zeitung, Deutsche Tageszeitung* noch die Blätter der Nationalsozialisten wie *Völkischer Beobachter* oder *Der Angriff* widmeten sich der Form literarischer Flanerie." – Otto, Viktor: *Warum Goebbels kein Flaneur sein konnte. Politische Dimensionen der Berlin-Flaneure um 1930.* – In: Peter Sprengel (Hg.): *Berlin-Flaneure. Stadt-Lektüren in Roman und Feuilleton 1910–1930.* – Berlin: Weidler, 1999. – S. 161.

[539] Arthur Eloesser (1870–1938). Deutscher Literaturwissenschaftler und Journalist. 1919 erscheint sein Berlin-Buch *Die Straße meiner Jugend*, das er 1934 revidiert. Eine Vergleichsstudie zwischen Hessels *Spazieren in Berlin* und Eloessers *Die Straße meiner Jugend* steht bisher noch aus, wäre aber äußerst interessant.

[540] Edmund Edel (1863–1934). Deutscher Karikaturist, Schriftsteller und Filmregisseur. Seine Berlin-Erinnerungen finden sich in dem Band *Neu-Berlin*.

[541] Victor Auburtin (1870–1928). Deutscher Schriftsteller und Journalist.

[542] Siegfried Kracauer (1889–1966). Deutscher Journalist, Soziologe, Filmtheoretiker und Geschichtsphilosoph. *Straßen in Berlin und anderswo* heißen seine Betrachtungen eines Flaneurs.

[543] Vgl. Bellmann, Günther: *Ein Flaneur fährt dem Polizeichef in die Parade.* – In: *Berliner Morgenpost* (Berlin) vom 12. Mai 1997. – S. 33.

den er gerne dem Reisenden überläßt. [...] Auch mag manches am Charakter der Römer liegen. Denn Paris haben nicht die Fremden, sondern sie selbst, die Pariser, zum gelobten Land des Flaneurs, zu der ‚Landschaft aus lauter Leben gebaut‘, wie Hofmannsthal sie einmal nannte, gemacht. Landschaft – das wird sie in der Tat dem Flanierenden. Oder genauer: ihm tritt die Stadt in ihre dialektischen Pole auseinander. Sie eröffnet sich ihm als Landschaft, sie umschließt ihn als Stube."[544]

Typisch für den Flaneur ist es, das Sehen zum bestimmenden Sinn zu erheben. Dieser Blick ist aber immer der distanzierte Blick des Fremden. Selbst seine Heimatstadt betrachtet er aus dieser Distanz,[545] „um die sich in der Alltagswelt offenbarende Individualität der Stadt"[546] zu entdecken. Ein solcher Künstler des distanzierten Blickes ist Franz Hessel: „Anders als der Baedeker ist Hessels Buch nicht nur an den Berlinreisenden, sondern zugleich und vor allem an die Berliner selbst adressiert, die ihre Stadt zu kennen glauben."[547]

„*So war sein Leben eigentlich eine ständige Pilgerreise zwischen Berlin und Paris*"[548] Hessel als Flaneur

In Hessel betritt erstmals der Typus des durch die französische Tradition geprägten Flaneurs Berliner Boden.[549]

Im Juli 1925 ziehen Hessels[550] in den Pariser Vorort Fontenay-aux-Roses.[551] Während Helen Hessel beginnt, als Modekorrespondentin für

---

[544] Benjamin, Walter: *Die Wiederkehr des Flaneurs.* – S. 195.
[545] Vgl. http://www.webtexte.de/flaneur/elemente/auge.html vom 06. August 1999.
[546] Köhn, Eckhardt: *Straßenrausch.* – S. 159.
[547] Müller, Lothar: *Peripatetische Stadtlektüre. Franz Hessels ‚Spazieren in Berlin‘.* – In: Opitz, Michael/Jörg Plath (Hgg.): *„Genieße froh, was du nicht hast".* – S. 94.
[548] Kiaulehn, Walther: *Mein Freund der Verleger.* – S. 171.
[549] Köhn, Eckhardt: *Straßenrausch.* – S. 174.
[550] „Wir hatten eine nach dem verlorenen Krieg vom Sittenverfall heimgesuchte Kulturhauptstadt verlassen, in der unsere Eltern an den Wirren einer verbitterten, revoltierenden und bisweilen zynischen, von Rilkes reiner Lyrik beflügelten und gleichzeitig durch die düsteren Prophezeiungen des Expressionismus verunsicherten Intelligenz beteiligt waren. Wir gelangten in das Paris von 1925, das stolz darauf war, wieder

die *Frankfurter Zeitung* zu schreiben, arbeitet Franz Hessel vor allem an Übersetzungen aus dem Französischen. Bedingt durch die vielen internationalen Bekannten der Eltern wachsen die beiden Kinder in einem „vielsprachigen, künstlerischen Familienkokon"[552] auf: „Zu Hause sprachen wir Französisch, nur selten ein paar Brocken Deutsch. Franz beherrschte zwar das geschriebene Französisch perfekt, behielt aber zeitlebens einen leichten Akzent."[553]

Im Jahre 1927 kehrt Franz Hessel nach Berlin zurück, Helen Hessel dagegen zieht 1929 mit Stefan und Ulrich in die Rue Ernest-Cresson im XIV. Arrondissement, nur wenige Schritte von der Villa Adrienne entfernt, wo sie 1984 stirbt. Ulrich Hessel erinnert sich an diese Zeit der „Vater-Abstinenz": „Es begann die erste längere Periode in meinem Leben ohne seine Nähe. Aber seine Abwesenheit fiel nicht sonderlich ins Gewicht, zumal er seine Anwesenheit schon so diskret wie möglich gestaltet hatte, eine Zurückhaltung, die ich mir vielleicht auf meine Weise auch angeeignet habe."[554]

Die im Bauhaus-Stil gehaltene Wohnung wird von den illustren Künstlerfreunden der Hessels frequentiert: Marcel Duchamp[555] und seine Begleiterin, Mary Reynolds,[556] Man Ray,[557] der Helen Hessel nackt am Strand fotografiert, der Architekt Le Corbusier,[558] der Bild-

---

Zentrum einer neuen künstlerischen Richtung geworden zu sein, das radikal mit der Vergangenheit gebrochen hatte und bereit war, gemäß Apollinaires Formel, ‚die Güte, das unermessliche Gefilde, wo alles schweigt' zu ergründen." – Hessel, Stéphane: *Tanz mit dem Jahrhundert. –* S. 21.

[551] Vgl. Benjamin, Walter: *Briefe 1. –* S. 415.
[552] Hessel, Stéphane: *Tanz mit dem Jahrhundert. –* S. 23.
[553] Ebd.
[554] Hessel, Ulrich: *Die Autobiographie von Ulrich Hessel (Teil 1). –* S. 150.
[555] Marcel Duchamp (1887–1968). Französisch-amerikanischer Maler und Objektkünstler. Er ist Mitbegründer der Konzeptkunst und zählt zu den Wegbegleitern des Dadaismus und Surrealismus.
[556] Mary Reynolds (1891–1950). Amerikanische Buchbinderin und Lebensgefährtin von Marcel Duchamp.
[557] Man Ray (1890–1976). Amerikanischer Maler, Fotograf, Filmregisseur und Objektkünstler des Dadaismus und Surrealismus. Seine Porträtfotografien zeitgenössischer Künstler dokumentieren die Hochphase des kulturellen Lebens im Paris der 1920er Jahre.
[558] Le Corbusier (1887–1965; eigentlich Charles-Édouard Jeanneret-Gris). Französisch-schweizerischer Architekt, Maler und Designer. Er ist einer der bedeutendsten Architekten des 20. Jahrhunderts.

hauer Constantin Brancusi,[559] die Maler Max Ernst[560] und Pablo Picasso sind nur einige der Berühmtheiten, die bei der Familie ein und aus gehen. Henri-Pierre Roché lebt bei ihnen, behält aber seine Wohnung im Boulevard Arago 99 – und somit seine Freiheit.

Franz Hessel pendelt in dieser Zeit oft zwischen Paris und Berlin, für ihn vollzieht sich also eine „Kontrastierung der alteuropäischen Metropole Paris und des modern-amerikanischen Berlin".[561] Er hat die Möglichkeit, beide Städte miteinander zu vergleichen und den Grundstein für seine Flaneur-Prosa zu legen. Doch anders als bei seinem ersten Parisaufenthalt soll er die Stadt nun nicht mehr für sich „als unbeirrte[r] Wolkenkuckucksheimer",[562] wie sein Protagonist Kestner aus *Heimliches Berlin* abschätzig genannt wird, allein genießen, sondern er soll als Journalist den deutschen Zeitungsleser an dieser Stadtwahrnehmung teilhaben lassen. Diese ihm nicht leichtfallende Aufgabe beschreibt der „lernende Reporter-Flaneur"[563] in der „Vorschule des Journalismus" folgendermaßen: „Ich muß mich bemühen, mir von Zeit zu Zeit zu vergegenwärtigen, daß ich nicht ohne Zweck hier bin. Meine Brüder haben mir eine Art journalistischen Auftrag verschafft, mir Empfehlungen mitgegeben. Ich habe Adressen von Bekannten und Freunden aus früherer Zeit, die ich aufsuchen könnte. […] Ich habe Themen und Aufgaben. ‚Eindrücke' soll ich ‚festhalten'. Ich soll sozusagen vorbildlich erleben."[564]

Hessel kennt sowohl die neusachliche Sichtweise der Metropole,[565] als auch die letzten Klassiker der Flanerie wie Baudelaire[566] und andere

---

559 Constantin Brancusi (1876–1957). Rumänisch-französischer Bildhauer und Fotograf.

560 Max Ernst (1891–1976). Deutscher Maler, Grafiker und Bildhauer. Hauptvertreter des Kölner Dada und der surrealistischen Bewegung in Paris.

561 Müller, Lothar: *Peripatetische Stadtlektüre.* – S. 102.

562 Hessel, Franz: *Heimliches Berlin.* – In: Franz Hessel: *Werke 1: Romane.* – S. 293.

563 Klatt, Gudrun: *Berlin – Paris bei Walter Benjamin.* – In: Peter Wruck (Hg.): *Literarisches Leben in Berlin 1871–1933.* – Berlin (Ost): Akademie, 1986. – S. 293.

564 Hessel, Franz: *Vorschule des Journalismus.* – In: Franz Hessel: *Nachfeier.* – In: Franz Hessel: *Werke 2: Prosasammlungen.* – S. 293f.

565 „Interessant vor dem zeitgeschichtlichen Hintergrund ist, dass viele zeitgenössische Autoren Hessels von immer hektischer werdenden Abläufen sprechen, sie das enorme Tempo, das in Berlin zu diesem Zeitpunkt beginnt, in Form von Autoverkehr, der Geschwindigkeit von maschinellen Fortbewegungs- wie auch Arbeitsvorgängen beschreiben, aber nicht so detailliert wie Hessel.
Im Roman ‚Berlin Alexanderplatz' von Döblin werden viele einzelne Szenen sowohl zum Stadtleben, als auch zum Arbeitsleben bzw. der Arbeitswelt dargestellt. Doch

Flaneur-Texte des 19. Jahrhunderts.[567] Laut Christiane Schneider „ver-
weisen [seine] vielfältigen Beschreibungen der Stadt und ihrer Vorstadt
[...] unübersehbar auf die ‚klassischen' französischen Flaneurfeuille-
tons des 19. Jahrhunderts".[568] Sehr treffend bringt Julia Schmidt in ihrer
Untersuchung die Geschichte des Flaneurs auf den Punkt: „Hätte der
Flaneur wie eine reale Person einen Geburtsort, so hieße der Paris, man
schriebe das Jahr 1775, und er würde vielleicht als Sohn Merciers[569]
geboren. In diesem Falle wäre er also Franzose. – Für den Flaneur in
der deutschen Literatur verhält es sich dementsprechend anders. Er
wäre Berliner, im Jahre 1820 geboren, Journalist, schriebe Reiseberich-
te aus den europäischen Metropolen und bediente sich des neu aufkommenden feuilletonistischen Schreibstils. – Erbe seiner Hinter-
lassenschaft sei Franz Hessel."[570]

Die Freunde Franz Hessel, der träumerische, sentimentale und naive
Flaneur,[571] und Walter Benjamin, der „Realo-Flaneur",[572] gehören zu
den berühmtesten Stadtspaziergängern des 20. Jahrhunderts. Im Ver-

---

auch wenn beide Autoren dieselben Themen ‚bearbeiten', stellt sich der Unterschied
im Detail dar. Der Flaneur wird immer tiefer in den Teilaspekt eintreten. Eben dem,
der sich seiner Beobachtung als besonders bemerkenswert zeigt.
Von diesem Gedanken ausgehend wird auch der Unterschied zur Großstadtliteratur
deutlich. Sowohl Döblin als auch Dos Passos versuchen ein gesamtes Bild der Stadt
zu geben. Der Flaneur greift sich aus diesem Gesamten etwas heraus, was dann aber
für ein Ganzes steht." – Schmidt, Julia: *Der Flaneur*. Analysiert am Beispiel von
Franz Hessel. – Osnabrück: Magisterarbeit, 1999.– S. 49.

[566] Vgl. Benjamin, Walter: *Die Wiederkehr des Flaneurs*. – S. 194f.
[567] „Seit seinen Ausführungen zu Baudelaire verengt man das Bild von der literarischen
Flanerie zumeist auf Berichte über die primär rauschhafte Wahrnehmungsproduktion
eines ästhetischen Subjekts. Dagegen ist infolge Benjaminischer Verdikte und Ver-
einseitigungen die klassische französische Flaneurliteratur des 19. Jahrhunderts eher
aus dem Blick geraten. Sie lässt sich als beschreibende Kurzprosa über aktuelle Phä-
nomene einer modernen Metropole aus der Perspektive eines selbstbewussten und
distanzierten Stadtbeobachters beschreiben." – Schneider, Christiane: *Was macht
Werther in Paris? Traumprotokoll und Wirklichkeitsbericht in Hessels ‚Pariser Romanze'*. – S. 54, Anmerkung 5.
[568] Ebd., S. 55.
[569] Louis-Sébastien Mercier (1740–1814). Französischer Schriftsteller. Seine zwölfbän-
dige Sammlung von Feuilletons und Tatsachenberichten *Tableau de Paris* (1781–
1788) war einer der Bestseller des späten 18. Jahrhunderts. Mit seinen Stadtbeobach-
tungen ist Mercier der Vorfahre der Flaneure wie Baudelaire oder Aragon.
[570] Schmidt, Julia: *Der Flaneur*. – S. 14.
[571] Vgl. ebd., S. 80.
[572] Ebd.

gleich zu ihren Schriftstellerkollegen sind aber beide stark von der französischen Flanier-Prosa des 19. Jahrhunderts geprägt, was sie „als die etwas altertümelnden, gelehrten Beobachter"[573] erscheinen läßt. Trotz dieser Gemeinsamkeit sind ihre Ansätze unterschiedlich: „Benjamin liegt auf der erkenntnistheoretischen und geschichtsphilosophischen Ebene, Hessel verfolgt literarische Ambitionen."[574] Das *Passagenwerk* entsteht vor dem Hintergrund der Pariser Haussmannisierung,[575] *Spazieren in Berlin* vor dem der Berliner Modernisierung[576] in den zwanziger Jahren.[577] Trotzdem kann man *Spazieren in Berlin* als Vorstufe des *Passagenwerkes*[578] verstehen, zu dem Hessel Benjamin ermuntert hat.[579] Kirsten Egin weist in einem Vergleich zwischen Hessels *Alter Westen* und Benjamins *Tiergarten* bereits darauf hin, dass „Worte aus *Spazieren in Berlin* fast wörtlich in die *Berliner Kindheit*

---

[573] Severin, Rüdiger: *Zwischen Identitätssuche und Weltgericht: Flanerie bei Hessel und Benjamin.* – In: Rüdiger Severin: *Spuren des Flaneurs in der deutschsprachigen Prosa.* – Frankfurt am Main/Bern/New York/Paris: Peter Lang, 1988. – S. 195.

[574] Schmidt, Julia: *Der Flaneur.* – S. 13.

[575] Georges Eugène Haussmann (1809–1891). Französischer Präfekt und Stadtplaner von Paris. Als Senator gibt er Paris durch das Anlegen von öffentlichen Gärten und das Bauen breiter Boulevards das Stadtbild, das man noch heute kennt.

[576] Zur Berliner Modernisierung vgl. Scarpa, Ludovica: *Martin Wagner und Berlin. Architektur und Städtebau in der Weimarer Republik.* – Weimar/Wiesbaden: Friedrich Vieweg, 1986.

[577] Vgl. Schmidt, Julia: *Der Flaneur.* – S. 78.

[578] „Ein kleines Stück aus Passagenzusammenhängen bei Gelegenheit einer Rezension von Hessels Berlinbuch unter dem Titel ‚Die Wiederkehr des Flaneurs' zum Vorschein gebracht." – Benjamin, Walter: *Briefe 2.* – S. 502.

[579] „Franz Hessel war es auch, der Walter Benjamin ermuntert hat, die europäische Kulturgeschichte am Beispiel der Pariser Passagen aufzuschreiben. Doch Benjamin beschrieb in seinem fragmentarisch gebliebenen *Passagenwerk* nicht nur den Typus des aufkommenden Flaneurs in den 20er Jahren des 19. Jahrhunderts, er berichtete im Zusammenhang mit der zunehmenden gesellschaftlichen Mobilität auch von einem ‚Schock' über das Verschwinden des öffentlichen Raums. Mit der Zurichtung des Stadtraums auf den Konsum hat der Stadtraum als Aufenthaltsort der unterschiedlichsten Gruppen und Individuen ausgedient – aus dem theatrum mundi wurde ein theatrum konsumendi: ‚Die brutale Gleichgültigkeit', schreibt Benjamin, ‚die gefühllose Isolierung jedes einzelnen auf seine Privatinteressen tritt um so widerwärtiger und verletzender hervor, je mehr diese einzelnen auf den kleinen Raum zusammengedrängt sind." – Rada, Uwe: *Kann man in der Passage küssen? Der Trend zu Passgen hält an. Der geordnete Konsum im Privaten stößt aber kaum auf Gegenliebe. taz-Serie „Das Verschwinden des öffentlichen Raums" (Teil 3).* – In: taz (Berlin) vom 02. August 1996. – S. 24.

übernommen werden".[580] Dass sich Benjamin an den Texten des Freundes orientiert hat, ist denkbar, zumal *Spazieren in Berlin* 1929 erschienen ist, die *Berliner Kindheit* drei Jahre später.[581]

Abb. 4: *Johannes Nawrath: Linolschnitt von Walter Benjamin (1977)*

Anders als die traditionelle kleine Form treten in der Neuen Sachlichkeit, verbunden mit ihrem Interesse an großstädtischem Leben, immer mehr Texte über Lebens-, Verkehrs- und Straßenbeschreibungen auf, die zuvor nicht typisch für das Feuilleton gewesen sind. Die Orientierung an der „Sachlichkeit", sprich an den Fakten und der Schnelligkeit, wird zum ideellen Leitprinzip der neusachlichen Literatur, während der Spielraum der individuellen, subjektiven Darstellung bewusst minimiert wird.[582]

Auch Franz Hessel sinniert darüber, dass „die wahrnehmungsästhetischen Regeln des absichtslosen Schweifens die Benutzung von Autobussen oder des schnellen Privatwagens nicht ausschließen müssen".[583] So begibt sich zum Beispiel der Erzähler im Band *Spazieren in Berlin*

[580] Egin, Kirsten: *Der ästhetische Daseinsentwurf im Werk von Franz Hessel.* – Hannover: Dissertation, 1997. – S. 24.
[581] Vgl. ebd., S. 25.
[582] Vgl. Potdevin, Arndt: *Franz Hessel und die Neue Sachlichkeit.* – In: Peter Sprengel (Hg.): Berlin-Flaneure. – S. 104.
[583] Wiesner, Herbert/Ernest Wichner (Hgg.): *Der Flaneur und die Memoiren der Augenblicke.* – S. 5.

auf eine *Rundfahrt*,[584] um alle Ecken der Stadt kennenzulernen, denn „die Gestalt der Stadt zwingt den Flaneur zum Autofahren".[585] Bezeichnenderweise ist dieser Text mit fast fünfzig Seiten Länge der umfangreichste des berühmten Flaneur-Pamphlets. Arndt Potdevin nennt Franz Hessel einen „Schwellenliteraten zwischen humanistischer Tradition und Moderne".[586] Denn er verweigere sich nicht der Faszination durch die Oberfläche der modernen, technischen Stadt. Er thematisiere sie vielmehr, ohne jedoch seine subjektive Wahrnehmung, bewusst oder unbewusst, zugunsten einer sachlichen Perspektive aufzugeben.[587]

Nicht nur Texte über das Umherschweifen in der Metropole sind Thema von *Spazieren in Berlin*. Auch die veränderten Lebens- und Arbeitsbedingungen in der modernen Industriehauptstadt kommen bei Hessel zur Sprache. Fasziniert schaut der wie immer Distanzierte den jungen Arbeiterinnen bei ihrem Tagewerk zu. Es ist auffällig, dass ihn die menschliche Komponente wesentlich mehr als die technischen Abläufe interessiert: „Und so großartig es ist, im Saal, von der Treppe, von der Galerie auf die kreisenden und surrenden Maschinen zu sehen, so ergreifend ist der Anblick der Nacken und Hände derer, die da werkeln, und die Begegnung des Auges mit ihrem aufschauenden Augen."[588]

Hessel ist alles andere als ein Technokrat, was in *Etwas von der Arbeit* besonders deutlich wird. Trotzdem ist gerade dieser Text in der Rezeption grundlegend falsch verstanden worden. In der Deutschen Demokratischen Republik ist Franz Hessel noch weniger untersucht worden als in der Bundesrepublik Deutschland. Wenn seine Werke Erwähnung finden, dann geschieht dies nur in Verbindung und im Vergleich zu Walter Benjamin. Hessels Essay hinterlasse einen „zwiespältigen Eindruck",[589] er wird als „Verniedlichung und Verharmlosung der Lebensprozesse in der modernen Industriestadt"[590] beschrieben,

---

[584] Hessel, Franz: *Die Rundfahrt.* – In: Franz Hessel: *Spazieren in Berlin.* – In: Franz Hessel: *Werke 3: Städte und Portraits.* – S. 39–98.
[585] Plath, Jörg: *Liebhaber der Großstadt.* – S. 93.
[586] Potdevin, Arndt: *Franz Hessel und die Neue Sachlichkeit.* – S. 105.
[587] Vgl. ebd.
[588] Hessel, Franz: *Etwas von der Arbeit.* – In: Franz Hessel: *Spazieren in Berlin.* – In: Franz Hessel: *Werke 3: Städte und Portraits.* – S. 19.
[589] Klatt, Gudrun: *Berlin – Paris bei Walter Benjamin.* – S. 295.
[590] Ebd., S. 294.

„bigotte Ehrfurcht"[591] zeichnet sein Verhalten aus, „neusachliches Technik-Pathos und Flaneur-Pose führen zu religiöser Verklärung der Arbeitswelt"[592] und „Fließbandarbeit erscheint bei Hessels Flaneur als Wunder der Perfektion".[593] Den Gipfel erreicht diese Anhäufung von falschen Auslegungen in der Formulierung, dass *Etwas von der Arbeit* „kolportagehafte Züge"[594] trage. Noch stärker missverstehen kann man Hessels Prosa wohl kaum. Arndt Potdevin ist der Meinung, dass diese Falschauslegung durch Gudrun Klatt darauf zurückgehe, dass sie automatisch einen Zusammenhang zwischen ästhetischen und sozialen Aspekten der modernen Arbeit herstelle, den Franz Hessel überhaupt nicht beabsichtige.[595]

Die Verklärung des Kapitalismus und der Dekadenz ist mit Sicherheit nicht sein Sujet. Er hat seine *Lektüre der Straße*[596] bewusst als schlichtes „Spazieren" verstanden, wie es schon der Titel verrät, und nicht als „Flanieren", wie es der Titel der Neuauflage *Ein Flaneur in Berlin* suggeriert, denn am liebsten hätte er sich für diese Art der Fortbewegung eine ganz andere Bezeichnung gewünscht, eine, die er sich von der modernen Berlinerin erhofft: „Bitte flaniere! Das ist ein Fremdwort und wird ein fremder Begriff bleiben, bis du dich so bewegst, daß ein neues Wort von deinem schönen Gange redet. Lustwandeln ist zu langsam und kleinstädtisch. Berlinerin, schaff' ein neues Wort."[597]

Nicht Brustschwimmen, sondern Crawl im Strom der Passanten hätte Hessels neues Wort geheißen, erklären Ernest Wichner und Herbert Wiesner, aber das sei nicht durchsetzbar gewesen: „So blieb es bei Spazieren und Flanieren, obwohl mehr und mehr deutlich wurde, daß es den Theoretikern der Flanerie eher um die Gunst und die Kunst der

---

[591] Klatt, Gudrun: *Berlin – Paris bei Walter Benjamin. –* S. 294.

[592] Ebd.

[593] Ebd.

[594] Ebd.

[595] Vgl. Potdevin, Arndt: *Franz Hessel und die Neue Sachlichkeit. –* S. 107.

[596] „Flanieren ist eine Art Lektüre der Straße, wobei Menschengesichter, Auslagen, Schaufenster, Caféterrassen, Bahnen, Autos, Bäume zu lauter gleichberechtigten Buchstaben werden, die zusammen Worte, Sätze und Seiten eines immer neuen Buches ergeben." – Hessel, Franz: *Berlins Boulevard. –* In: Franz Hessel: *Spazieren in Berlin. –* In: Franz Hessel: *Werke 3: Städte und Portraits. –* S. 103.

[597] Hessel, Franz: *An die Berlinerin. –* In: Franz Hessel: *Frauen und Städte. Berlin. –* In: Franz Hessel: *Werke 3: Städte und Portraits. –* S. 267.

Blicke ging als um die Fortbewegungslust der Füße".[598] Als Thomas Manns älteste Tochter Erika[599] im März 1929 in der deutschen *Vogue* Hessels „liebevolle Parodie auf die weibliche Moderne"[600] liest, ist sie von der Schilderung der modernen Berlinerin, die „tags berufstätig und abends tanzbereit"[601] ist, so angetan, dass sie im Mai augenzwinkernd mit der „Schmonzette"[602] *An den Berliner*[603] kontert. Ihre Biographin Irmela von der Lühe vermutet, dass es dieser öffentliche „Briefwechsel" zwischen dem annähernd fünfzigjährigen Literaten und der jungen Journalistin gewesen ist, der Annette Kolb[604] dazu bewogen hat, Erika Mann aufzufordern, sich ernsthaft mit dem Schreiben zu beschäftigen.[605] So ist Franz Hessel nicht nur bewusst, sondern auch unbewusst zum Förderer junger Talente geworden.

Wenn man alle Städteschilderungen, die es gebe, nach dem Geburtsort der Verfasser in zwei Gruppen teilen wolle, dann würde sich bestimmt herausstellen, dass die von Einheimischen sehr in der Minderzahl seien, stellt Walter Benjamin in seiner Rezension *Die Wiederkehr des Flaneurs* zu Franz Hessels Buch *Spazieren in Berlin* fest.[606] Hessel ist aber eine solche Ausnahme, er gehöre dieser Minderheit an, die die Stadt ihrer Kindheit zum Thema seiner Erzählungen macht: „Immer wird das Stadtbuch des Einheimischen Verwandtschaft mit Memoiren haben, der Schreiber hat nicht umsonst seine Kindheit am Ort verlebt. So in Berlin Franz Hessel die seine. Und wenn er sich nun aufmacht und durch die Stadt geht, so kennt er nicht den aufgeregten Impressionismus, mit dem

---

[598] Wiesner, Herbert/Ernest Wichner (Hgg.): *Der Flaneur und die Memoiren der Augenblicke.* – S. 6.

[599] Erika Mann (1905–1969). Deutsche Schriftstellerin, Journalistin und Kabarettistin.

[600] Lühe, Irmela von der: *Erika Mann. Eine Biographie.* – Frankfurt/New York: Campe, 1993. – S. 46.

[601] Hessel, Franz: *An die Berlinerin.* – In: Franz Hessel: *Frauen und Städte.* – In: Franz Hessel: *Werke 3: Städte und Portraits.* – S. 266.

[602] Lühe, Irmela von der: *Erika Mann.* – S. 47.

[603] Mann, Erika: *An den Berliner.* – In: Erika Mann: *Blitze überm Ozean. Aufsätze, Reden, Reportagen.* Herausgegeben von Irmela von der Lühe und Uwe Naumann. – Hamburg: Rowohlt, 2001. – S. 65–68.

[604] Annette Kolb (1870–1967). Deutsche Schriftstellerin und Pazifistin.

[605] Vgl. Lühe, Irmela von der: Erika Mann. – S. 47.

[606] Vgl. Benjamin, Walter: Die Wiederkehr des Flaneurs. – S. 194.

so oft der Beschreibende seinen Gegenstand antritt. Denn Hessel beschreibt nicht, er erzählt."[607]

Schon immer ist das Thema Flanieren in seine Werke miteingeflossen, so zum Beispiel in den Novellenzyklus *Von den Irrtümern der Liebenden*. „Das Parfüm der Vergangenheit"[608] ströme einem entgegen, wenn man diesen Band in den Händen halte, sagt Peter Härtling über „Hessels Dekameron".[609] Dappertutto[610] (italienisch für überall), eine Anspielung auf E. T. A. Hoffmann, hält die Fäden der Geschichten zusammen. Keine der Liebesgeschichten, die wie bei Boccaccio erzählt werden, erfüllt sich oder findet einen glücklichen Schluss. Im Gegenteil, sie bleiben offen, sie münden in zartem Elend, im Katzenjammer oder in der Wiederholung.[611] Doch auch hier zeigt sich schon Hessels Flaneurblick für die Metropole: „Die Stadt droht, man liest es bei Hessel zwischen den Wörtern, zu verwesen. Aber sie stirbt schön; urban. […] Merkwürdig, daß man aus seinen Andeutungen das Berlin von 1919 bedrückender erfährt als aus den meisten Reportagen. Vielleicht, weil hier der Schmerz einige Wörter findet, die ein Achselzucken ersetzen, eine Geste einschließen, eine Häuserzeile evozieren."[612]

Nicht dem Außergewöhnlichen, sondern dem Gewöhnlichen, dem Alltäglichen soll unsere ganze Aufmerksamkeit geschenkt werden.[613]

---

[607] Vgl. Benjamin, Walter: Die Wiederkehr des Flaneurs. – S. 194.

[608] Härtling, Peter: Franz Hessel. – In: Peter Härtling: Zwischen Untergang und Aufbruch. – S. 136.

[609] „Daran denke ich, wenn ich Hessels Dekameron lese, an jenes flüchtige wie haltbare Aroma, das den einen enerviert, den anderen entzückt. Wer Hessel liest, sollte zu jenen zählen, die sich, mit Verständnis, entzücken lassen." – Ebd., S. 137f.

[610] Italien.: überall.

[611] Vgl. Hessel, Franz: *Blaue Stranddistel*. – In: Franz Hessel: *Von den Irrtümern der Liebenden*. – In: Franz Hessel: *Werke 2: Prosasammlungen*. – S. 116.

[612] Härtling, Peter: *Franz Hessel*. – S. 137.

[613] „Der Masse – und mit ihr lebt der Flaneur – sind die glänzenden, emaillierten Firmenschilder so gut und besser ein Wandschmuck wie im Salon dem Bürger ein Ölgemälde, Brandmauern ihr Schreibpult, Zeitungskioske ihre Bibliotheken, Briefkästen ihre Bronzen, Bänke ihr Boudoir und die Caféterrasse der Erker, von wo sie auf ihr Hauswesen herabsieht. Wo am Gitter Asphaltarbeiter den Rock hängen haben, ist ihr Vestibül und die Torfahrt, die aus der Flucht der Höfe ins Freie leitet, der Zugang in die Kammern der Stadt. […]
Der Flaneur ist der Priester des genius loci. Dieser unscheinbare Passant mit der Priesterwürde und dem Spürsinn eines Detektivs – es ist um seine leise Allwissenheit etwas wie um Chestertons Pater Brown, diesen Meister der Kriminalistik." – Benjamin, Walter: *Die Wiederkehr des Flaneurs*. – S. 196.

Zwei Dinge gehören zum Hesselschen Flaneur wie das A und O: Zum einen bewegt er sich langsam[614] durch die Menge und verweilt oftmals[615] – dadurch wird er für die anderen zum Verdächtigen[616] –, zum anderen besitzt er noch die Begeisterungsfähigkeit eines Kindes. Am deutlichsten wird das nicht in seinem Flanierbuch *Spazieren in Berlin*, sondern im *Kramladen des Glücks*. So bleibt der Protagonist Gustav Behrendt in der titelgebenden Schlüsselszene fasziniert vor einem Gemischtwarenladen stehen, in welchem allerlei Tand verkauft wird, die einem allerdings mehr Glückseligkeit bereiten können, als der größte Reichtum: „Er geriet in eine schmale Gasse, die abwärts führte, und blieb vor einem Spezereiladen stehn, in dessen Fenster ein Goldfischbassin zu sehen war und darüber auf einem Brett Holzspielzeug, Spagatrollen und Gläser voll bunter Bonbons. – Wenn ich ein kleiner Bube wäre, könnte ich jetzt da hineingehn, dachte er, und mir für zehn Pfennige was kaufen. Warum bin ich denn erwachsen? Und seit wann? – Und wieder besah er das liebe Allerlei der Auslage. Da waren noch Nudeln, gezackte und runde, neben Kinderbällen und Tuchproben, und weiter Behälter mit Lindenblütentee und Kamillen und Korinthen. – Als Kind wurde man in solch einen Laden geschickt, und da stand dann eine gute alte Frau im Umschlagetuch, die gab einem zu dem, was man einholen mußte, obendrein ein strotzendes Bonbon, oder schwarze Lakritze oder ein Stück von dem schotenförmigen Johannisbrot, das eine so überraschende Folge von faden und beizenden Geschmäcken bietet. – Entschlossen ging Gustav in den Laden, kaufte Bonbons und

---

[614] „Der Spaziergänger [...] ist der Langsame inmitten der Eiligen, der Müßiggänger inmitten der Geschäftigen, und während ringsum alle Gesten und Blicke von Zwecken gelenkt werden, leistet er sich den Luxus frei schwebender Aufmerksamkeit." – Müller, Lothar: *Peripatetische Stadtlektüre*. – S. 75.

[615] „Der richtige Flaneur, der kann in einer Straße eine halbe Stunde bleiben und all die Fenster ansehen und die Bäume." – Stéphane Hessel im Interview mit der Autorin in Heidelberg am 08. November 2000. Das Interview ist im Anhang abgedruckt.

[616] „Langsam durch belebte Straßen zu gehen, ist ein besonderes Vergnügen. Man wird überspielt von der Eile der andern, es ist ein Bad in der Brandung. Aber meine lieben Berliner Mitbürger machen einem das nicht leicht, wenn man auch noch so geschickt ausbiegt. Ich bekomme immer misstrauische Blicke ab, wenn ich versuche, zwischen den Geschäftigen zu flanieren. Ich glaube, man hält mich für einen Taschendieb." – Hessel, Franz: *Der Verdächtige*. – In: Franz Hessel: *Spazieren in Berlin*. – In: Franz Hessel: *Werke 3: Städte und Portraits*. – S. 9.

wanderte mit seiner Tüte glücklich durch die winkligen Gassen weiter."[617]

Bernd Witte kommt zu dem Schluss, dass für Franz Hessel das Schreiben nichts anderes als der Versuch sei, sich in der Erwachsenenwelt das verlorene Paradies der Kindheit neu zu erfinden.[618]

"Berlin und Paris –
er brauche sie wie die beiden Lungenflügel zum Atmen":[619]
Franz Hessels Flanierbuch "Spazieren in Berlin"

Pariser Esprit, eindringlich, aber unaufdringlich, Alt-Berlin zwischen Steinwüstenbarock und Aktiengotik und anderes dergleichen gehört zum unwillkürlichen Denkstil Hessels.[620]

1929 erscheint im Epstein-Verlag sein berühmtestes Buch *Spazieren in Berlin*, das Eckhardt Köhn „als Summe des Hesselschen Werkes"[621] beschreibt und das ihn zum „Erfinder des literarischen Berlinführers"[622] macht. Es ist der einzige Band, der während Hessels Rowohlt-Zeit nicht im Stammhaus verlegt wird. Generell haben sich seine Bücher nur schwer verkauft – auch heute ist er noch ein Autor für „Eingeweihte". Als er Ernst Rowohlt ein Exemplar schenkt, schreibt er darin folgende Widmung:

> O lieber Ernst, was für ein Segen,
> Dies brauchtest Du nicht zu verlegen.[623]

---

[617] Hessel, Franz: *Der Kramladen des Glücks.* – In: Franz Hessel: *Werke 1: Romane.* – S. 92f.

[618] Vgl. Witte, Bernd: *Nachwort.* – In: Franz Hessel: *Heimliches Berlin.* Roman. Nachwort von Bernd Witte. – Frankfurt am Main: Suhrkamp, 1987. – S. 127.

[619] Härtling, Peter: *Franz Hessel.* – S. 137.

[620] Loerke, Oskar: *Franz Hessel. Teigwaren, leicht gefärbt.* – In: Oskar Loerke: *Der Bücherkarren.* Besprechungen im Berliner Börsen-Courier. 1920–1928. Unter Mitarbeit von Reinhard Tgahrt herausgegeben von Hermann Kasack. – Heidelberg / Darmstadt: Lambert Schneider, 1965. – S. 340.

[621] Köhn, Eckhardt: *Straßenrausch.* – S. 177.

[622] Krause, Tilman: *Innenansichten des Flaneurs.* – In: *Berliner Morgenpost* (Berlin) vom 10. August 2002. – S. 19.

[623] Flügge, Manfred: *Gesprungene Liebe.* – S. 212.

Jörg Plath schreibt in seiner Abhandlung über Franz Hessels Werke, dass dieser nach seiner Rückkehr in seine Heimatstadt von einem der Berliner Bürgermeister „zur Beschäftigung mit der Stadt seiner Kindheit und Gegenwart angeregt"[624] worden sei. „Er hatte sein geistiges Streben und Dichten in den Dienst von Athen und Paris, zum Schluß in den Dienst von Berlin gestellt, dessen heimlichen Reiz er entdeckte. In seinen Büchern, in einem Volksstück und, wie es seine Art war, im Spazierengehn lehrte er uns die Mythologie Berlins zu erkennen"[625] schreibt Wilhelm Speyer.

Im November 1929 stellt Franz Hessel dem Fontane-Abend, einer bibliophilen Vereinigung in Berlin, die von 1927 bis 1933 bestanden hat, zwei kurze Skizzen unter dem Titel *Spazieren in Berlin – Zwei Berliner Stätten* (*Das rheinische Mädchen aus Wendisch-Rietz* und *Filmbörse*) zur Verfügung, beide Erzählungen sind in seinem berühmten Flanierbuch nicht versammelt. Später kommen noch zwei weitere *Berliner Skizzen* (*Persönliches über Sphinxe* und *Wird er kommen?*) hinzu. Im August 1933 widmet der Fontane-Abend ihm eine Veranstaltung unter dem Motto *Spazieren in Berlin*. Zu diesem Anlass erscheint eine bibliophile Ausgabe seiner *Skizzen* in einer Auflagenhöhe von 70 Exemplaren. Es wird die letzte Publikation der Fontane-Gesellschaft und gleichzeitig Hessels letzte Buchveröffentlichung zu Lebzeiten sein.[626]

Ende der zwanziger Jahre hat Franz Hessel eine Beziehung zu Doris von Schönthan. Zwar „gehört" auch sie ihm nicht vollkommen, denn gleichzeitig hat sie ein Verhältnis mit Thankmar von Münchhausen[627] – das Liebesschema vom Winter 1917/1918 scheint sich zu wiederholen. Zwar verarbeitet Hessel diese Konstellation nicht zu einem Roman wie den „ménage à trois" Franz Hessel – Helen Grund – Thankmar von

---

[624] Plath, Jörg: *Liebhaber der Großstadt.* – S. 92.
[625] Speyer, Wilhelm: *„Komm, iss von meiner Suppe."* – S. 98.
[626] Vgl. Sommer, Lothar: *Nachbemerkung.* – In: Franz Hessel: *Persönliches über Sphinxe. Vier Berliner Skizzen.* Mit einer Nachbemerkung von Lothar Sommer. – Berlin: Silver & Goldstein, 1990. – S. 43f.
[627] „Als Doris mir Probleme der neuen Spannung mit Thankmar beichtet, resümier ich: Lieben tut man diejenigen, deren schlechte Eigenschaften man gern hat, selbst wenn man sie durchschaut. Spät bei Thankmar ebenso down wie Doris. Sie haben wieder einmal endgültig gebrochen, und wir müssen warten, bis sie wieder zusammen kommen." – Hessel, Franz: *Tagebuchnotizen (1928–1932).* – S. 40.

Münchhausen zu *Heimliches Berlin*, aber auch diese Beziehung regt seine Kreativität an. Denn mit Doris von Schönthan zieht er durch Berlin. Während sie fotografiert, begleitet er sie und beobachtet die Menschen, wie er in seinen Tagebuchnotizen verlautbart.[628] Doris ist also sozusagen seine Muse für *Spazieren in Berlin*:[629] „Mit Doris zum Schöneberger Rummelplatz, der natürlich noch zu. So gehn wir in den Kleistpark und um Altmänner zu photon, machen wir's so, daß ich mich davor stelle, als gälte es mir, und im entscheidenden Moment dreht sie den Apparat und visiert die Alten erst, die Weiberbank, dann die der Männer. Vorher Kinderspielplatz: Sandhaufen mit raufenden und ganz kleinen Grabenden und Ballverfolgern. Zuletzt die nuttige Venus der Kolonnaden.[630] […] Früh-Herbst 29. Begleite mitunter Doris beim Photographieren. Im Kleistpark glücken Alt-Männer- und Weibergruppen dadurch, daß ich mich halb davorstelle und offiziell ich photographiert werde. – Schön ist es auch, wenn es gar nicht zum Photon kommt. Wie zum Beispiel neulich vor dem KdW. Wir wollten Sortie des Warenhauses erfassen, aber es gab weder Standplatz noch Licht. Dafür aber viel zu sehn. Manche von den herauskommenden Mädchen haben ‚verabredete Gesichter‘. Reizvoll zu erraten, zu welcher Abteilung jede gehört. Die mit dem Kneifer hält Doris für Umtauschkasse. Die Ältliche für Lebensmittelabteilung. Am Aushang steht blauer Portier mit Schäferhund. Alle müssen Pakete vorzeigen. Und dann gehen sie einzeln und in Gruppe. Die pommersche Schnauze. Die Süße, die ins Leben zögert. Die schwere, alte Toilettenfrau. – (Zum Photon, wie gesagt, sind wir nicht gekommen. Ich liebe alles, was mir mit Doris mißlingt. Ich liebe alles was sie selbst schlecht macht. Lieben, das ist: die schlechten Eigenschaften eines andern gern haben).“[631]

Dass man Loblieder auf die schönen, alten Metropolen der Welt verfasst, ist nicht neu. Hessel wählt sich aber ausgerechnet den „Moloch" Berlin[632] für seine Lobeshymne aus. Selbst diese geschichtslose

---

[628] Hessel, Franz: *Tagebuchnotizen (1928–1932)*. – S. 40.
[629] „Eigentlich habe ich gar keine Zeit, spazieren zu gehn, da telephoniert Doris, die gerade nichts Besseres vor hat." – Hessel, Franz: *Doris im Regen*. – In: Franz Hessel: *Nachfeier*. – In: Franz Hessel: *Werke 2: Prosasammlungen*. – S. 278.
[630] Ebd.
[631] Ebd., S. 45.
[632] „Den Zauber des seit dem späten 19. Jahrhunderts in rapiden Urbanisierungsschüben aus dem märkischen Sand geschossenen modernen Berlin, der im Vergleich mit den

Stadt verwandle „sich unter seinen Händen in einen verzauberten Ort voller verborgener Genüsse",[633] stellt Ernst von Salomon,[634] ein Kollege im Rowohlt-Verlag, anerkennend fest: „Franz Hessel [...], ein stiller und freundlicher alter Mann, besang in einer leisen, anmutigen und behutsamen Prosa die beiden schönsten Städte der Welt, Paris und Berlin".[635] Einzig und allein die apolitische Haltung des Autors scheint aus heutiger Sicht einige Kritiker zu stören.[636] Aber gerade die neue, alte deutsche Hauptstadt sollte sich ihres Sohnes entsinnen, statt ihn zu vergessen: „Wie Berlin zu lieben sei, wird in den letzten Jahren häufig gefragt, ohne daß man eine befriedigende Antwort fände. Vielleicht liegt es ja daran, daß die Berliner immer noch nicht verstehen, ihre Stadt auch recht zu bewohnen, wie schon Franz Hessel meinte, an den hier noch immer kein Straßenname erinnert."[637]

---

alteuropäischen Metropolen immer wieder ob ihrer Traditions-, Form- und Geschichtslosigkeit gescholtenen ‚amerikanischen' Stadt, entdeckt Hessels Spaziergänger keineswegs nur in den Nischen der Modernisierung, in vergessenen oder übersehenen Schwellenzonen zwischen Einst und Jetzt oder im zeitlos Abseitigen und Ephemeren. Der Grundtenor des Buches ist das Einverständnis mit der technisch-zivilisatorischen Modernität des nach-wilhelminischen, republikanischen Berlin. Es steht damit in unmittelbarer Nachbarschaft zur Literatur der Neuen Sachlichkeit." – Müller, Lothar: *Peripatetische Stadtlektüre.* – S. 83.

[633] Salomon, Ernst von: *Der Fragebogen.* – S. 317f.
[634] Ernst von Salomon (1902–1972). Deutscher Schriftsteller und Lektor. Nach einer gescheiterten militärischen Laufbahn schließt er sich scheinlegalen politischen Verbänden an und ist am Mord Walter Rathenaus mitbeteiligt. Daraufhin ist er jahrelang im Gefängnis. Seine Romane *Die Geächteten* (1930) und *Die Kadetten* (1933) – ein Gegenstück zu Robert Musils *Die Verwirrungen des Zöglings Törleß* – sind durchsetzt von kriegstreibender Auffassung. Wegen seiner politischen Vergangenheit wird er 1945/46 in einem amerikanischen Lager interniert. Sein bekanntestes Werk ist der autobiographische Roman *Der Fragebogen* (1951), in dem von Salomon anhand des US-amerikanischen Entnazifizierungsfragebogens seine Entwicklung zum Freikorpskämpfer, Rathenau-Attentäter und schließlich Nazigegner nachzeichnet.
[635] Salomon, Ernst von: *Der Fragebogen.* – S. 317f.
[636] „Das Buch, das zeitgeschichtlich die Auflösung der Weimarer Republik begleitet, scheint im toten Winkel des politischen Geschehens verfasst." – mey.: *Bewegte Stadt. Franz Hessel: Ein Flaneur in Berlin.* – In: *Neue Zürcher Zeitung* (Zürich) vom 23. Mai 1985. – S. 39.
[637] http://www.BerlinOnline.de/wissen/berlin.html vom 11. September 1996, Manfred Flügge: *Paris war ihm die mütterliche Geliebte. Wanderer zwischen den Welten (4): Erinnerung an den Schriftsteller Franz Hessel.*

Berlin (1925–1938)

„Das ist ein Lebenswerk"[638]
Das Übersetzerduo Franz Hessel und Walter Benjamin

Denn Paris war in der Tat seine Bleibe, sein Zuhause, nur nicht sein
Vaterland. Sein Vaterland war die Dichtkunst.[639]

Meist kennt man Franz Hessel nur als Flaneur „par excellence". Dass er aber zwischen 1921 und 1939 insgesamt neunzehn Aufsätze, Gedichte und Romane übersetzt hat, ist bisher weitgehend unbeachtet geblieben.[640] Zu den von ihm übertragenen Werken gehören Stendhals[641] Essay *Über die Liebe* (1921), Honoré de Balzacs[642] Roman *Junggesellenwirtschaft* (1924), Yvette Guilberts[643] Autobiographie *Lied meines Lebens* (1928), die Romane *Don Juan und die Kathedrale* (1928) von Henri Pierre Roché, *Heilige Ordnung* (1932) von Marcel Arland[644], *Der Geisterseher* (1934) Julien Greens[645] und Jules Romains' Romanzyklus *Die guten Willens sind* (1935–38).[646] Als Mitübersetzer überträgt er Balzacs *Buch der Mystik* (1924), Giacomo Casanovas[647] *Erinnerungen* (1925), Georges Clémenceaus[648] biographischen Essay *Clémenceau*

---

[638]   Hessel, Helen: *C'était un brave.* – S. 93.

[639]   Hessel, Stéphane: *Tanz mit dem Jahrhundert.* – S. 71.

[640]   Nur die Studie von Nathalie Mälzer befasst sich bisher mit dem Proust-Übersetzen in Deutschland. Darin ist auch von der Übertragung durch Walter Benjamin und Franz Hessel die Rede. – Mälzer, Nathalie: *Proust oder ähnlich. Proustübersetzen in Deutschland. Eine Studie.* – Berlin: Das Arsenal, 1996.

[641]   Stendhal (eigentlich Henri Beyle; 1783–1842). Französischer Schriftsteller des Realismus.

[642]   Honoré de Balzac (1799–1850). Französischer Schriftsteller des Realismus.

[643]   Yvette Guilbert (1865–1944). Französische Sängerin des 19. Jahrhunderts und Schauspielerin.

[644]   Marcel Arland (1899–1986). Französischer Schriftsteller, Literaturkritiker und Mitherausgeber der Zeitschrift *Nouvelle Revue Française.*

[645]   Julien Green (1900–1998). Französischer Schriftsteller amerikanischer Herkunft.

[646]   Eine detaillierte Bibliographie zu Hessels Übersetzungen findet man im Anhang des fünften Bandes der Gesammelten Werke. – Vollmer, Hartmut: *Anhang.* – In: Franz Hessel: *Werke 5: Verstreute Prosa, Kritiken.* – S. 355f.

[647]   Giacomo Casanova (1725–1798). Venezianischer Schriftsteller und Abenteurer des 18. Jahrhunderts, bekannt durch die Schilderungen zahlreicher Liebschaften.

[648]   Georges Clemenceau (1841–1929). Französischer Journalist, Politiker und Staatsmann. Er trat als Fürsprecher einer Wiederaufnahme des Verfahrens gegen Alfred

spricht. Unterhaltungen mit seinem Sekretär Jean Martet (1930) und *Solal* (1932), den ersten Teil von Albert Cohens[649] Romantetralogie.[650] „Seine Uebertragungen [...] ins Deutsche sind meisterliche Proben der Kunst, eine Sprachschöpfung ‚mit allen Wurzeln' auszugraben aus dem Boden, auf dem sie wuchs, und so in fremden einzupflanzen, daß sie dort lebt und atmet wie auf heimischer Erde",[651] urteilt Alfred Polgar über seinen Kollegen.

Was bisher in der Forschung noch gar keinen Niederschlag gefunden hat, sind Hessels Libretti-Übersetzungen. So hat er zusammen mit Ludwig Landshoff[652] Joseph Haydns *Nelson-Arie. Gesang von der Schlacht am Nil. Lines from the Battle of the Nile* übertragen, die 1931 erstmals auf deutsch erschienen ist. Die englischen Verse des Librettos sind von einer gewissen Mrs. Knight geschrieben worden. Darin wird ein Loblied auf den Seesieg Nelsons über die Napoleonische Flotte bei Abukir am Nildelta im Jahre 1798 gesungen. Der Triumph hat Haydn zu seiner Messe in d-Moll inspiriert, der sogenannten Nelson-Messe, die in England besser als „Imperial-Mass" bekannt ist.[653]

Es stellt sich natürlich die Frage, ob es sich bei diesem Übersetzer wirklich um *den* Franz Hessel handelt, zumal an keiner anderen Stelle davon die Rede ist, dass er sich mit musikwissenschaftlichen Themen beschäftigt hat. Doch eine weitere Haydn-Neuausgabe, ebenfalls aus dem Jahre 1931, bringt Licht ins Dunkel. Dabei handelt es sich um Haydns *Kanzonetten und Lieder*.[654] Der Untertitel verrät neben Franz

---

Dreyfus sowie als Befürworter einer harten Politik gegenüber Deutschland nach dem Ersten Weltkrieg hervor.

[649] Albert Cohen (1895–1981). Schweizer Schriftsteller französischer Sprache.

[650] Vgl. Wilpert, Gero von/Adolf Gühring: *Erstausgaben deutscher Dichtung. Eine Bibliographie deutscher Literatur 1600–1990.* 2., vollständig überarbeitete Auflage. – Stuttgart: Kröner, 1992. – S. 694f.

[651] Polgar, Alfred: *In Memoriam Franz Hessel.* – In: *Aufbau* (New York) vom 21. Februar 1941. – S. 9.

[652] Ludwig Landshoff (1874–1941). Deutscher Musikwissenschaftler und Kapellmeister.

[653] Vgl. Landshoff, Ludwig: *Joseph Haydn: Nelson-Arie. Gesang von der Schlacht am Nil. Lines from the Battle of the Nile. Klavierausgabe.* Englischer Text von Mrs. Knight. Deutsch von Franz Hessel und Ludwig Landshoff. Herausgegeben und instrumentiert von Ludwig Landshoff. – Berlin: Adler, 1931. – S. 2.

[654] „Die Übertragung der Kanzonetten Nr. 7–12 und der beiden englischen Gesänge ‚The Spirit's Song', Nr. 13, und ‚O tuneful Voice', Nr. 14, sowie die Revision des deutschen Textes von dem italienischen Lied ‚Un tetto umil', Nr. 31, besorgte Franz Hessel und paßte sie in gemeinsamer Arbeit mit mir der Musik Haydns an." –

Hessel noch Karl Wolfskehl als Übersetzer. Diese Information über seinen Freund aus Münchner Tagen macht es sehr wahrscheinlich, dass der Übersetzer der Libretti doch jener Franz Hessel sein musss, dessen Leben Gegenstand dieser Arbeit ist. Außerdem ist Landshoff sowohl Hessels Cousin als auch der Schwager des Verlegers Samuel Fischer, in dessen Haus die ersten beiden Bücher Hessels, *Verlorene Gespielen* und *Laura Wunderl*, erschienen sind.

Doch trotz all der anderen Übertragungen aus den zwanziger und dreißiger Jahren ist er vor allem wegen seiner Zusammenarbeit mit Walter Benjamin bekannt. Mit ihm übersetzt er zwischen 1925 und 1930 zwei Bücher von Prousts Monumentalroman *Auf der Suche nach der verlorenen Zeit: Im Schatten der jungen Mädchen* (1926) und *Die Herzogin von Guermantes* (1930).

„Das Leben ist zu kurz und Proust zu lang", schreibt der Autor Anatole France[655] über das monumentale Werk *A la recherche du temps perdu* von Marcel Proust.[656] Der siebenteilige Romanzyklus – *Du côté de chez Swann* (1913), *A l'ombre des jeunes filles en fleurs* (1919), *Le côté de Guermantes* (1920/21), *Sodome et Gomorrhe* (1921–23), *La prisonnière* (1924), *Albertine disparue* (1925) und *Le temps retrouvé* (1927) – erscheint in insgesamt fünfzehn Bänden. So komplex wie das Werk an sich ist auch die Geschichte der Übersetzung ins Deutsche.

Erst als dem Autor im Jahre 1919 der *Prix Goncourt* für *A l'ombre des jeunes filles en fleurs* verliehen wird, interessieren sich die deutschen akademischen Kreise für Proust. Der Verlag *Die Schmiede* kauft kurz nach seiner Gründung die Proust-Rechte und leitet das Übersetzungsprojekt in die Wege. Mit der Übertragung des ersten Bandes ins Deutsche betraut man den jungen Altphilologen Rudolf Schottlaender, Walter Benjamin soll sich *Sodome et Gomorrhe* annehmen. Nathalie Mälzer arbeitet in ihrer Studie *Proust oder ähnlich. Proustübersetzen in Deutschland* zwei grundsätzliche Fehler heraus, die dem Verlag unter-

---

Landshoff, Ludwig (Hg.): *Joseph Haydn: Kanzonetten und Lieder. Für eine Singstimme mit Klavier. 12 englische Kanzonetten und 2 Lieder mit deutscher Übersetzung von Karl Wolfskehl und Franz Hessel. 21 deutsche Lieder.* Neue Ausgabe für den praktischen Gebrauch von Ludwig Landshoff. – Frankfurt am Main: Peters, 1931.

[655] Anatole France (1844–1924). Französischer Schriftsteller und Literaturnobelpreisträger von 1921.

[656] Marcel Proust (1871–1922). Französischer Schriftsteller.

laufen sind: Zum einen ist er sich nicht der Geschlossenheit des Stils und der Thematik bewusst, zum anderen ist es unklug gewesen, dem ungeübten Übersetzer Schottlaender, der sich nie in Paris aufgehalten hat, keinen Supervisor zur Seite zu stellen.[657]

Schottlaenders Übertragung findet – außer bei Hermann Hesse[658] und Thomas Mann[659] – wenig Anklang, eine von Willy Haas veranlasste Umfrage in der *Literarischen Welt*, seit 1925 Nachfolgerin der Zeitschrift *Vers und Prosa* bei Rowohlt, fällt wenig schmeichelhaft für den Übersetzer aus,[660] Benjamin nennt sie in einem Brief an Max Rychner aus dem Jahre 1929 ein „lächerliches Debut".[661] Am schärfsten kritisiert der bekannte Romanist Ernst Robert Curtius Schottlaender. Er bemängelt die mangelnden Französischkenntnisse des Übersetzers, seine stilistischen Marotten und schließt mit dem vernichtenden Kommentar: „*Du Côté de chez Swann* ist – das dürfte deutlich geworden sein – vom Verdeutscher übel zugerichtet worden. Es ist ungefähr so, wie wenn Debussy für die Mundharmonika arrangiert würde."[662] Als Schottlaender einen Leserbrief schreibt, antwortet ihm Curtius: „Eine Gesamtwürdigung verlangt Herr Schottlaender? Hier ist sie: eine liederliche Pfuscherei ist sein Machwerk."[663]

Von der heftigen Kritik an der Übersetzung erholt sich *Die Schmiede* nicht mehr, trotzdem hält sie weiter an dem Projekt fest: Am 27. Februar 1926 erhält Franz Hessel die Bestätigung für den Übersetzungsauftrag von *A l'ombre des jeunes filles en fleurs*, wovon der erste Teil bis zum ersten Juni, der zweite bis zum ersten Juli 1926 fertig sein soll. Des Weiteren wird ihm mitgeteilt, dass bei Erscheinen und Erwerb der beiden letzten Bände der Auftrag an Walter Benjamin, Petry oder

---

[657] Vgl. Mälzer, Nathalie: *Proust oder ähnlich. Proustübersetzen in Deutschland.* – S. 12f.
[658] Hesse, Hermann: *Im Schatten der jungen Mädchen.* – In: Hermann Hesse: *Gesammelte Werke. Zwölfter Band. Schriften zur Literatur. Eine Literaturgeschichte in Rezensionen und Aufsätzen.* Herausgegeben von Volker Michels. – Frankfurt am Main: Suhrkamp, 1970. – S. 426f.
[659] Vgl. Mälzer, Nathalie: *Proust oder ähnlich. Proustübersetzen in Deutschland.* – S. 26.
[660] Vgl. Benjamin, Walter: *Briefe 1.* – S. 413, Anmerkung 2.
[661] Benjamin, Walter: *Briefe 2.* – S. 485.
[662] Mälzer, Nathalie: *Proust oder ähnlich. Proustübersetzen in Deutschland.* – S. 22.
[663] Ebd., S. 23.

ihn gehe.[664] Am 24. September 1926 wird Walter Benjamin und Franz Hessel bestätigt, dass sie mit der Übertragung von *Le Côté de Guermantes* beauftragt würden.[665] Helen Hessel erinnert sich an die Reaktion der beiden: „ ,Das ist ein Lebenswerk!' sagte Hessel. ,Das ist eine verfluchte Schinderei!' sagte Benjamin. Und dann machten sie doch den Kopfsprung in Prousts unendlich verschlungenen, unsagbar subtilen Stil, mit dem der erste Übersetzer so gar nicht fertig geworden war."[666]

Walter Benjamin übersetzt seit 1925 Marcel Proust, abwechselnd in Paris und Berlin: Zunächst allein *Sodome et Gomorrhe*, die Übertragung von *Albertine disparue* oder *Le Temps retrouvé* wird ihm zu einem späteren Zeitpunkt in Aussicht gestellt.[667] Dann arbeitet er gemeinsam mit „seinem Freund"[668] Franz Hessel, dessen Gegenwart ihm angenehm sei[669] – „vom Menschen [hält er] noch mehr als vom Schriftsteller"[670] – an *A l' ombre des jeunes filles en fleurs* und *Le côté de Guermantes"*.[671] Aus einem Brief an Gershom Scholem geht hervor, dass die Wahl des Verlags auf das Übersetzer-Duo Benjamin-Hessel gefallen ist: „Hessel [...], mit dem ich zur Zeit durch die Proust-Übersetzung, seine Kenntnis der Stadt und vielfältig konformen Reaktionen etwas näher verbunden bin, [ist auch in Paris]."[672]

Während der Übersetzung bringt Franz Hessel seinen Freund Walter Benjamin auf den Geschmack des Flanierens. Er ist sein „Hüter des Irrstollens",[673] wie es in der *Berliner Chronik* heißt. In einem Brief aus Paris aus dem Jahre 1926 an Siegfried Kracauer schreibt Benjamin: „In

---

[664] Vgl. Brief des Verlags *Die Schmiede* an Franz Hessel vom 27. Februar 1926. – Piperverlagsarchiv im Deutschen Literaturarchiv in Marbach am Neckar.

[665] Vgl. Brief des Verlags *Die Schmiede* an Franz Hessel vom 24. September 1926. – Piperverlagsarchiv im Deutschen Literaturarchiv in Marbach am Neckar.

[666] Hessel, Helen: *C'était un brave.* – S. 93.

[667] Vgl. Brief des Verlags *Die Schmiede* an Walter Benjamin vom 20. Juli 1925. – Piperverlagsarchiv im Deutschen Literaturarchiv in Marbach am Neckar.

[668] Benjamin, Walter: *Briefe 1.* – S. 400.

[669] Vgl. ebd., S. 424.

[670] Scholem, Gershom: *Walter Benjamin – die Geschichte einer Freundschaft.* – Frankfurt am Main: Suhrkamp, 1975. – S. 159f.

[671] Vgl. Brief des Verlags *Die Schmiede* an Franz Hessel/Walter Benjamin vom 19. Oktober 1926. – Piperverlagsarchiv im Deutschen Literaturarchiv in Marbach am Neckar.

[672] Benjamin, Walter: *Briefe 1.* – S. 429.

[673] Benjamin, Walter: *Berliner Chronik.* Herausgegeben von Gershom Scholem. – Frankfurt am Main: Suhrkamp, 1974. – S. 21.

den Mußestunden, die das Flanieren mir lässt (freilich und vor allem bleibe ich hier mit Übersetzen beschäftigt) gebe ich mich dem Studium der ‚foire'[674] hin".[675] Hessel macht Benjamin mit Louis Aragons *Le Paysan de Paris* (1926), einer surrealistischen Schrift über das Flanieren, bekannt. Benjamin zeigt sich derart davon ergriffen, dass er nicht mehr als eine Seite dieses Werks pro Tag lesen kann. Aufgrund dieser Entdeckung, die er seinem „Flanier-Lehrer"[676] verdankt, wird er Hessel später in seinen Jugenderinnerungen *Berliner Kindheit* als *Bauer von Paris* bezeichnen:[677] „Als darum dreißig Jahre danach ein Landeskundiger, ein Bauer von Paris, sich meiner annahm, um nach langer gemeinsamer Entfernung aus der Stadt mit mir zurückzukehren, durchfurchten seine Pfade diesen Garten, in welchen er die Saat des Schweigens säte."[678]

Das ungleiche Gespann Benjamin-Hessel sticht einem ins Auge und so notiert Benjamins guter Freund Gershom Scholem: „Unvergeßlich ist mir der Abend, den ich […] im Café Dôme mit Benjamin und Franz Hessel verbrachte, die offenkundig auf sehr freundschaftlichem Fuß standen. Hessel hatte etwas Weltmännisch-Gelassenes. Der Kontrast zwischen den beiden Physiognomien war sehr ausgeprägt und wurde durch Benjamins dichten Haarwuchs und Hessels völlig kahlen Schädel noch unterstrichen. Erst aus der leidenschaftlichen Teilnahme, die beide meinen Reden über Cardoso[679] und Berdyczewski[680] entgegenbrachten, ging mir auf, daß auch Hessel Jude sei, woran ich überhaupt nicht gedacht hatte."[681]

---

674 Frz.: 1. Jahrmarkt; 2. Ausstellung, Messe; 3. Volksfest, Rummel.
675 Benjamin, Walter: *Briefe an Siegfried Kracauer. Mit vier Briefen von Siegfried Kracauer.* Herausgegeben von Theodor W. Adorno Archiv. – Marbach am Neckar: Deutsche Schillergesellschaft, 1987. – S. 15.
676 Severin, Rüdiger: *Zwischen Identitätssuche und Weltgericht: Flanerie bei Hessel und Benjamin.* – S. 196.
677 Vgl. Borie, Françoise: *Franz Hessel – un flâneur de deux rives.* – S. 178.
678 Benjamin, Walter: *Berliner Kindheit um neunzehnhundert.* – S. 13.
679 Miguel Abraham Cardoso (1626–1706). Spanisch-jüdischer Religionsphilosoph, Mystiker und Sabbatianer.
680 Micha Josef Berdyczewski (1865–1921; später Micha Josef Ben-Gorion). Hebräischer Schriftsteller.
681 Scholem, Gershom: *Walter Benjamin – die Geschichte einer Freundschaft.* – S. 171.

Walter Benjamin, der schon eine theoretische Schrift mit dem Titel *En traduisant Marcel Proust*[682] plant, nimmt an, dass auch die übrigen Bände von ihm und Franz Hessel übertragen würden, wie er in einem Brief an Gershom Scholem aus seinem Urlaub im September 1926 in Agay (Var) schreibt: „Daß aber, auch für das nächste Jahr die elliptische Lebensweise Berlin–Paris bestehen bleibt, ist dadurch sehr wahrscheinlich gemacht, daß allem Vermuten nach die Dinge sich so gestalten: daß der gesamte deutsche Proust von Hessel (Franz Hessel, der Dir aus Büchern von sich oder Briefen von mir vielleicht halbwegs ein Begriff und mir ein lieber, angenehmer, befreundeter Mitarbeiter ist) und mir gemacht wird."[683]

Von den deutschen Literaturkritikern wird diese „Verdeutschung"[684] positiv aufgenommen. Im März 1927 richtet Walter Benjamin aus Berlin an Siegfried Kracauer die Bitte, „wohlwollend in Erwägung zu ziehen die Anzeige des von Hessel und mir übersetzten Proust-Romans: *Im Schatten der jungen Mädchen*. Und ob etwa die *Frankfurter Zeitung* im Feuilletonteil davon Notiz nehmen könnte."[685] Einen Monat später bedankt sich Benjamin aus Paris bei Kracauer; über die Proust-Besprechung habe er sich sehr gefreut, vor allem für die Sperrung,[686] denn in der Rezension heißt es: „Das verdienstliche und opfervolle Unternehmen der ‚Schmiede', das gesamte Proustsche Werk dem deutschen Leser zu vermitteln, hat für diesen zweiten Roman in Benjamin und Hessel zwei a u s g e z e i c h n e t e, den Schwierigkeiten der Aufgabe durchaus gewachsene Übersetzer gefunden, die über das, was hier zu leisten war, sich in jedem Augenblick klar waren und mit einer seltenen, wenn auch eigensinnigen Sprachkunst, die dem Original bis in seine mikroskopischen Nuancierungen zu folgen vermag, die Schwierigkeiten bewältigten."[687]

---

[682] Vgl. Benjamin, Walter: *Briefe 1.* – S. 432.
[683] Ebd., S. 431.
[684] „Jetzt ist der zweite Abschnitt der ‚gesuchten verlorenen Zeit' in einer Verdeutschung (durch Walter Benjamin und Franz Hessel) herausgekommen, deren Form die französische Urform offenbar getreu abspiegelt. Ob einige papierdeutsche Wendungen darin papierfranzösischen entsprechen?" – Loerke, Oskar: *Vorläufiges zum Thema Marcel Proust.* – In: Oskar Loerke: *Der Bücherkarren.* – S. 377.
[685] Benjamin, Walter: *Briefe an Siegfried Kracauer.* – S. 40.
[686] Vgl. ebd., S. 42.
[687] Ebd.

Doch die Übersetzung des riesigen Werkes leidet unter ständigen Problemen. Der sonst so besonnene Hessel äußerst in einem Brief an seinen Verleger Piper deutlich seinen Unmut und listet die Fehler, die bisher bei der Planung der Übersetzung vorgefallen sind, auf. Hessel merkt dabei interessanterweise als erster an, dass *Auf der Suche nach der verlorenen Zeit* nur als Gesamtwerk zu übersetzen sei, was auch von Walter Benjamin[688] bestätigt wird: „Proust's Schicksale in Deutschland leiden an chronischen Komplikationen! Über Umfang und Honorierung der Übersetzung von *La Prisonnière* sind Sie ungenau unterrichtet worden. Die Arbeit daran ist erst angefangen gewesen und verzweifelt liegen gelassen worden, als das ganze Unternehmen wieder einmal stockte. Von dem dafür ausgesetzten Honorar hat man Herrn Dr. Benjamin und mir im Juli bis Oktober vergangenen Jahres in kleinen Bröckelraten nur 900M. angezahlt. Die Übersetzung von *Sodome et Gomorrhe* liegt beinah vier Jahre zurück. Weit über ein Jahr ließ man uns in dauernder Ungewißheit. Der Satz des zweiten Bandes wurde erst verzögert und dann überhetzt. Über die Verhandlungen mit Ihnen bekamen wir erst eine beiläufige Andeutung und dann lange nichts mehr zu hören, so daß wir schon annehmen mußten: es wird wieder nichts. Als sich nun immer weniger übersehen ließ, ob es auch lohne, für die späteren Bände des Gesamtwerks die Übersetzung vorzubereiten, sind wir der Arbeit, wie Sie begreifen werden, schließlich entfremdet worden. – Wenn nunmehr der ganze Komplex Proust die Gestalt eines unabsehbaren Revisions- und Korrekturwesens annehmen sollte, so wäre es um den letzten Rest unserer Initiative geschehn. Proust kann für uns nicht länger eine Angelegenheit von einzelnen Bänden sein. Wenn wir jetzt wieder an die Arbeit gehn sollen, muß dies Übersetzungswerk, das auch unsererseits Opfer und Entsagung genug gekostet hat, uns nunmehr als Totalität vor Augen treten."[689]

Am zehnten Oktober 1928 unterbreitet Hessel in seinem und Benjamins Namen dem Piper-Verlag ein letztes Angebot: „Wir verpflichten uns das ganze Übersetzungswerk im Laufe von 24 Monaten fertig zu stellen und fordern dafür – mit Einschluß unserer Forderung die

---

[688] „Proust [kann] nur als Oeuvre, nicht in einzelnen Bänden in Deutschland durchgesetzt werden". – Benjamin, Walter: *Briefe 2.* – S. 485.

[689] Brief von Franz Hessel an Piper vom 16. Juli 1928. – Piperverlagsarchiv im Deutschen Literaturarchiv in Marbach am Neckar.

Schmiede – die Summe von 8500 (achttausendfünfhundert) Mark [...]."[690] Franz Hessel und Walter Benjamin lassen durch ihren Anwalt dem Piper-Verlag ihre Bedenken wissen. Doch Siegfried Adler antwortet im Namen des Verlagshauses: „Wenn Ihre Parteien sich weigern, die Korrekturen zu lesen und das haben sie sich, so wird der Verlag R. Piper & Co. die Uebersetzungen so herausbringen, wie sie vorliegen. Ihre Parteien scheinen der Auffassung zu sein, daß sie dadurch, daß sie sich zur Korrekturlesung weigern, die Herausbringung des Werkes verhindern können. Hier werden sich Ihre Parteien irren. – Ebensowenig steht Ihren Parteien irgend eine Einflußnahme darauf zu, in welcher Form das Werk herauszubringen ist und ob das Gesamtwerk von P r o u s t von R. Piper & Co. herausgebracht wird oder nicht."[691]

Franz Hessel schreibt am 12. Dezember 1928 wiederholt an Piper, „daß nur ein das ganze Werk umfassender Übersetzungsauftrag der Sache und unserer Mühe würdig ist":[692] „Wobei wir Sie nochmals darauf hinweisen, daß der Autor, den Sie zu verlegen im Begriff sind, Marcel Proust ist, d. h. unter den modernen Franzosen der, welcher bis in die letzte stilistische und syntaktische Nuance seinem Übersetzer die größten Schwierigkeiten bereitet, und, wie er selbst immer wieder verbessert hat, auch in der Übersetzung immer wieder verbessert werden muß. – Die Durchsicht des Manuskriptes bis zum 15. Januar fertigzustellen ist eine phantastische Zumutung an unsere Kräfte und unsere Zeit. Gerade weil wir, wie Sie mit Recht bemerken, die literarische Verantwortung für die Übersetzung tragen, können wir uns nicht einfach bei dem beruhigen, was wir vor zwei Jahren gemacht haben, sondern müssen die Arbeit auf den Stand unserer gegenwärtigen Einsicht und unseres gegenwärtigen Könnens bringen."[693]

---

[690] Brief von Franz Hessel an Dr. Freund vom zehnten Oktober 1928. – Piperverlagsarchiv im Deutschen Literaturarchiv in Marbach am Neckar.

[691] Brief von Siegfried Adler an Ludwig Elias vom zehnten November 1928. – Piperverlagsarchiv im Deutschen Literaturarchiv in Marbach am Neckar.

[692] Brief von Franz Hessel an R. Piper vom zwölften Dezember 1928. – Piperverlagsarchiv im Deutschen Literaturarchiv in Marbach am Neckar.

[693] Brief von Franz Hessel an den Piperverlag vom 16. Dezember 1928. – Piperverlagsarchiv im Deutschen Literaturarchiv in Marbach am Neckar.

Nach wiederholten Zugeständnissen[694] von Franz Hessel und Walter Benjamin, wobei man den Unwillen deutlich zwischen den Zeilen lesen kann, Unstimmigkeiten seitens des Verlages[695] – man bemerke den telegrammartigen Briefstil der beiden Übersetzer gegenüber ihrem Arbeitgeber – und vielfachen Pannen,[696] erfolgt am 20. November 1930 in einem Brief von Walter Benjamin die endgültige Absage an das Projekt: „Auf Ihr Schreiben vom 12. November möchte ich Ihnen nochmals meine Zuschrift vom 11. März d. J. in Erinnerung bringen, in der ich Sie von meinem Entschluß verständigte, über die Arbeit am Bande *Guermantes* hinaus jede weitere Befassung mit der Proust-Uebersetzung einzustellen."[697]

Die Übersetzung durch das Gespann Benjamin–Hessel wird schließlich auf Eis gelegt. 1927 ist im Piper-Verlag *Im Schatten der jungen Mädchen* als Co-Produktion von Walter Benjamin und Franz Hessel erschienen. 1930 folgt ihre Zusammenarbeit *Die Herzogin von Guermantes*, allerdings ohne Fahnenkorrektur der Übersetzer. Die angefangene Übertragung von *La Prisonnière* ist nicht beendet worden. Walter Benjamins Manuskript von *Sodome et Gomorrhe*, das von der *Schmiede* zu Piper gewandert ist, ist verschollen. Erst in den fünfziger Jahren ist *A*

---

[694] „Sollen wir nun Zeit und Kraft für eine nicht in unserm Sinn weitergeführte Sache opfern, so müssen wir darauf hinweisen, dass eine Revision, die wir zwei Jahre nach Fertigstellung des Manuskripts vornehmen müssen, uns das 5- bis 6fache der Zeit kostet, die wir unter normalen Umständen (nämlich im Anschluss an unsere Arbeit) darauf verwandt hätten." – Brief von Franz Hessel an R. Piper vom 24. Dezember 1928. – Piperverlagsarchiv im Deutschen Literaturarchiv in Marbach am Neckar.

[695] „Von einer Vereinbarung ist uns nichts bekannt. Wir sind bereit die Korrekturen von *Guermantes* und *Sodom* zu lesen. Unsere Bedingungen sind: […]". – Brief von Walter Benjamin und Franz Hessel vom 28. August 1929 an den Piper Verlag. – Piperverlagsarchiv im Deutschen Literaturarchiv in Marbach am Neckar.

[696] „Das Manuskript *Sodom und Gomorrha* von Proust ist nicht in meinem Besitz, sondern muss in Ihrem sein. Ich bin sehr erstaunt, Ihrem Schreiben zu entnehmen, dass der von Ihnen *Die Herzogin von Guermantes* genannte Roman *Le Côté de Guermantes* (wir nannten das Buch einfach *Guermantes*) in den nächsten Wochen erscheinen soll. Von dem zweiten Teil dieses Romans haben weder ich noch, meines Wissens, Dr. Benjamin die Korrekturfahnen zu Gesicht bekommen, somit auch nicht die Imprimatur erteilen können." – Brief von Franz Hessel an R. Piper vom 25. September 1930. – Piperverlagsarchiv im Deutschen Literaturarchiv in Marbach am Neckar.

[697] Brief von Walter Benjamin an den Piperverlag vom 20. November 1930. – Piperverlagsarchiv im Deutschen Literaturarchiv in Marbach am Neckar.

la recherche du temps perdu in seiner Gesamtheit von Eva Rechel-Mertens übersetzt worden und im Suhrkamp-Verlag erschienen.[698]

Abb. 5: *Rudolf Schlichter: Portraitzeichnung von Franz Hessel (um 1932)*

„ Wie ein Mäuschen im Gebälk "[699]
Franz Hessel als Lektor im Rowohlt-Verlag

Ein Schriftsteller, hatte er zu mir gesagt, sollte, was immer auch geschehen mag, täglich mindestens eine Seite schreiben.[700]

Mit den zwanziger Jahren beginnt die kreativste Zeit Hessels, vor allem was die kleine Prosa anbelangt. Durch die Inflation sieht er es ab 1923 als seine Pflicht an, für sich und seine Familie den Lebensunterhalt zu verdienen.[701] Der Verlust des Reichtums scheint ihm nichts auszu-

---

[698] Proust, Marcel: *Auf der Suche nach der verlorenen Zeit. Band 1: In Swanns Welt. Band 2: Im Schatten junger Mädchenblüte. Band 3: Die Welt der Guermantes. Band 4: Sodom und Gomorra. Band 5: Die Gefangene. Band 6: Die Entflohene. Band 7: Die wiedergefundene Zeit.* Aus dem Französischen von Eva Rechel-Martens. – Frankfurt am Main: Suhrkamp, 1957. – Seit 2013 erscheint eine Neuübersetzung von Bernd-Jürgen Fischer im Reclam-Verlag.
[699] Benjamin, Walter: *Briefe 2.* – S. 781f.
[700] Hessel, Stéphane: *Tanz mit dem Jahrhundert.* – S. 71.
[701] Vgl. Honold, Alexander: *Geld und Liebe, oder was dazwischen liegt.* – S. 28, Anmerkung 13.

machen, im Gegenteil, er genießt sogar die Bescheidenheit.[702] Daß sich seine zu Beginn der Geldentwertung ausgesprochene Prophezeiung „Es wird noch dahin kommen, dass ein Brötchen eine Milliarde kostet"[703] bewahrheiten würde, hat zunächst niemand geglaubt.

Anfang der zwanziger Jahre beginnt er, als Lektor für den Rowohlt-Verlag zu arbeiten, ebenso wie Paul Mayer: „Hessel behauptete, Ernst Rowohlt sei ein freiwilliger Analphabet; er brauche nicht zu lesen, er orientiere sich aus anderen Quellen über Wert und Unwert eingereichter Manuskripte, aus okkulten Quellen. [...] Unbestreitbar richtig ist, daß der junge Verleger Ernst Rowohlt, obgleich er sicher voraussah, daß er mit dem Autor Franz Hessel kein *Geschäft* machen würde, doch sofort seine besondere Begabung erkannt hat und ihm Aufgaben stellte, die niemand anderes so gut lösen könnte. Ich meine Hessels Begabung, *Mittler* zu sein."[704]

Ernst Rowohlt,[705] der seit 1913 Geschäftsführer bei S. Fischer gewesen ist, hat am 1. Februar 1919 seinen zweiten Verlag in der Potsdamer Straße Nr. 123 B eröffnet. Später zieht die Redaktion wegen wirtschaftlicher Schwierigkeiten in kleinere Räumlichkeiten in die Passauer Straße 8–9. Franz Hessel schildert den Blick aus den Verlagsräumen „auf das Pfefferkuchenpflaster des Karlsbades, dieser alten Seitengasse, die mit verwilderten Vorgärten und brüchigen Balkonen vergangener Vornehmheit nachhängt".[706] Dann erfolgt der Umzug in die Eislebener

---

[702] „Es kommt mir heute so vor, als sei Franz Hessel in diesen Jahren besonders lebendig gewesen, und ich glaube, es lag wohl auch daran, dass wir im Nachkrieg sehr schnell verarmten. So unwahrscheinlich das klingen mag, Hessel liebte Armut. Jedenfalls hatte er keine Freude am Besitz. Alles, was man Luxus nennen könnte, was den meisten ein Gefühl von Überlegenheit und Freiheit gibt, beengte und bedrückte ihn. [...] Beim frühen Tode seines Vaters erbte er ein nicht unbeträchtliches Vermögen, von dessen Zinsen er ziemlich großen Fuße hätte leben können. Er hat von dieser Möglichkeit keinen Gebrauch gemacht. [...] Hessel lag nichts an Geld. Er war immer bereit, für die Wünsche und Bedürfnisse anderer auszugeben, was er besaß. Nur für sich selbst zog er das Bescheidene vor. Mieteten wir eine große Wohnung oder ein geräumiges Landhaus, so ging Hessel mit schlafwandlerischer Sicherheit auf das kleinste, entlegenste Zimmer zu und sagte freudestrahlend: ‚Hier ist es schön, hier möchte ich hausen.‘ Und dann wurde es in seinem Schlupfwinkel immer sehr behaglich." – Hessel, Helen: *C'était un brave.* – S. 82f.
[703] Mayer, Paul: *Franz Hessel.* – S. 57.
[704] Ebd., S. 91.
[705] Ernst Rowohlt (1887–1960). Deutscher Verleger. 1908 gründet er den Rowohlt-Verlag.
[706] Oberhauser, Fred/Nicole Henneberg (Hgg.): *Literarischer Führer Berlin.* – S. 301.

Straße Nr. 7: „Überall gab es einen Balkon, den Rowohlt, in der einen
Hand eine Flasche Mosel, in der anderen einen Band Knut Hamsun,
durch seine Körperlichkeit fast ganz besetzt hielt",[707] berichtet Stefan
Großmann.

Der „kenntnisreiche und immer kameradschaftliche"[708] Franz Hessel, „Rowohlts Lieblingsautor und auch sein Lektor"[709] hat im Verlag
den „besten Überblick über die französische Literatur".[710] „Wer ihn
kannte, liebte ihn. Es war nichts Falsches an ihm",[711] schreibt Max Krell
über ihn. Paul Mayer urteilt über seinen Kollegen, dass selbst ein
Griesgram sich in seiner Umgebung nie gelangweilt haben könne: „Er
steckte voller Schnurren, Geschichten, Rätseln und Reimen. Selbster-
fundenes mischte sich mit Angelesenem zu kindlich-ernstem Spiel.
Jeder von den sieben Zwergen aus Schneewittchen bekam sein indivi-
duelles Leben; die durch einen Vokal getrennten Malerfürsten Manet
und Monet begegneten einander, und Hessel ließ sie einen drolligen
Dialog führen. Schüttelreime wurden improvisiert und Sprichwörter auf
den Kopf gestellt, Klassiker parodiert und Bühnengrößen imitiert. [...]
Er liebte es, sich die Menschen seiner Umwelt als Zeitgenossen vergangener Epochen vorzustellen und sich deren Schicksale in anderen Jahrhunderten auszumalen. Zu mir sagte er: ‚In der Zeit der römischen
Kaiser bist du Statthalter in einer asiatischen Provinz gewesen. Da du es
allzu sehr mit der Gerechtigkeit hattest und so töricht warst, die Korrup-
tion zu bekämpfen, hast du dir Feinde gemacht und wurdest abberufen.
Die Hauptstadt vermeidend, hast du dich grollend auf eines deiner
Landgüter zurückgezogen und sentenzenreiche Memoiren geschrieben,
die leider oder glücklicherweise nicht auf uns gekommen sind'."[712]

Hessel ist es auch, der Ernst Rowohlt 1923 „zu der großen Balzac-
Ausgabe [...], den weithin verbreiteten handlichen Bändchen in rotem
und blauem Leder und Leinen, durch die Rowohlt einer Heerschar von

---

[707] Oberhauser, Fred/Nicole Henneberg (Hgg.): *Literarischer Führer Berlin.* – 353.

[708] Mayer, Paul (Hg.): *Ernst Rowohlt. Mit Selbstzeugnissen und Bilddokumenten.* –
       Reinbek bei Hamburg: Rowohlt, 1995. – S. 76.

[709] Sahl, Hans: *Memoiren eines Moralisten.* – Darmstadt und Neuwied: Luchterhand,
       1983. – S. 165.

[710] Salomon, Ernst von: *Der Fragebogen.* – S. 330.

[711] Krell, Max: *Der letzte Romantiker.* – S. 193.

[712] Mayer, Paul: *Franz Hessel.* – S. 55f.

notleidenden Übersetzern lange Zeit Nahrung"[713] bietet, geraten hat. Die Bücher kosten zwei Mark fünfzig – nach dem Zahlenwahn der Inflation erscheint dieser Preis den Käufern wie ein Geschenk. Hessel ist bei der Balzac-Ausgabe voll in seinem Element und legt eine „wahre Bienenemsigkeit"[714] an den Tag. Alle Korrekturfahnen gehen durch seine Hand und, wie bei seiner Gelehrtenrunde aus der *Vorschule des Journalismus*, wird der französische Autor mit der Zeit Teil der Familie.[715] Manchmal beginnt aber diese anspruchsvolle Tätigkeit trotzdem an seinen Nerven zu zehren, wie Helen Hessel berichtet: „Dieser Balzac ist ein verrückter Bursche. Wenn er mit seinen Häufungen kommt, möchte man ihm am liebsten hineinkorrigieren, und es hält sehr auf zu überlegen, wo man streichen müßte. Besonders da ich es ja doch nicht tue."[716]

Insgesamt 44 Bände werden veröffentlicht. Rowohlt, der sich selbst als „Wahlverwandten Balzacs"[717] sieht, soll beim Namen des französischen Schriftstellers – trotz anfänglicher Bedenken[718] – frohlockt haben:

---

[713] Salomon, Ernst von: *Der Fragebogen.* – S. 330.

[714] Hessel, Helen: *C'était un brave.* – S. 92.

[715] „Dann fand ich mich vor einem mit Heften und Büchern beladenen Schreibtisch und mit dem Rücken gegen ein hohes Regal gut untergebracht zwischen vier, fünf älteren Herren, die ein großes Balzacgespräch führten, in das ich von Zeit zu Zeit hineinfragen durfte. Da wurde nicht geurteilt oder verglichen. Sie sprachen wie Angehörige von einem geliebten, etwas wunderlichen Familienmitglied, mit dem man seine Not und Freude hat. Man nannte die Gasthäuser, in denen er abgestiegen war, wusste, wen er vorher gesehn, wem er nachher geschrieben hatte, welches Haus in der Provinz ihm zu dieser Geschichte die Stätte, welche Straße im alten Paris zu jener Beschreibung ihm den Anlass gab, und was er verwechselt oder verändert hatte, der Eigensinnige. Der bewegliche Weißhaarige auf dem Sofa war vor kurzem in der Bretagne gewesen bei den Nachkommen des Barons und Generals, in dessen Haus der junge Dichter seine ‚Chouans' geschrieben hatte. Der steif Aufrechte im Lehnstuhl, den die andern im Scherz Präsident nannten, berichtete Familien- und Straßennamen aus der nordischen Stadt des Alchimisten, der nach dem Absoluten forschte. Gedrucktes wurde herumgereicht wie eben eingetroffne Briefe, und über die Gattentreue der Frau von Hanska wurde gesprochen wie unter Verwandten, die sich gegen das verteidigen, was die Welt sagt." – Hessel, Franz: *Vorschule des Journalismus.* – In: Franz Hessel: *Vorschule des Journalismus.* – In: Franz Hessel: *Werke 2: Prosasammlungen.* – S. 300.

[716] Hessel, Helen: *C'était un brave.* – S. 92.

[717] Mayer, Paul: *Ernst Rowohlt.* – S. 76.

[718] „Etwas später ließ Rowohlt sich von Hessel dazu bewegen, das Gesamtwerk von Balzac herauszugeben. Das war ein tolles Risiko. Würde ein deutsches Publikum, das noch unter den Folgen des verlorenen Krieges litt, mit diesen zwar großartigen, aber

„Balzac zahlt alles".[719] Die Freundschaft zwischen Ernst Rowohlt und Franz Hessel wächst und letzterer widmet sich voll und ganz seinem Chef: „Wenn die Freunde und ich auf Rowohlt schimpften, der ihn so sehr hetze und überlaste – und so schlecht bezahle –, wurde er richtig böse. Er ließ nichts auf seinen Rowohlt kommen. Er hätte auch gratis für ihn gearbeitet. Ich weiß nicht, welchen Abglanz antiker Gottheiten er in Rowohlts Kopf entdeckt hatte, aber er liebte diesen Draufgänger sehr."[720]

Neben seiner Lektorentätigkeit – „so klug, so genau, so wohlwollend, so uneigennützig wie er haben nur wenige Lektoren eines Verlages gelesen"[721] – schreibt Franz Hessel unter anderem für die *Prager Presse*, die *Deutsche Zeitung Bohemia*, das *Prager Tagblatt*, das *Berliner Tageblatt*, das *8-Uhr-Abendblatt*, das von Stefan Großmann und Leopold Schwarzschild herausgegebene *Tage-Buch* und den *Neuen Merkur*[722] und macht sich als „Meister der kleinen Form"[723] einen Namen. 1923 beauftragt Rowohlt Hessel zudem mit der Redaktion und Herausgabe der neu gegründeten literarischen Monatsschrift *Vers und Prosa*, die nach dem gleichnamigen literarischen Vorbild des französischen Dichters Paul Fort[724] im Januar 1924 das erste Mal erscheint[725] – „Heftchen [...] voller Leben, kleine Kramläden der Geistigkeit".[726] Walther Kiaulehn[727] schreibt in seiner Biographie über Ernst Rowohlt, daß der Verleger diese Literaturzeitschrift eigens für seinen Freund

---

auch weitläufigen Romanen etwas anzufangen wissen, die sich in einem französischen Milieu abspielten? – Hessel war fest davon überzeugt. Genauso wie er vor der Statue auf der Place de la Concorde bekannt hatte, das deutsche Triumphgefühl nicht teilen zu können – genauso wollte ihm nicht einleuchten, dass die Niederlage die Verständigung zwischen deutschen und französischen Menschen hindern könne. – Hessel, Helen: *C'était un brave*. – S. 91.

[719] Mayer, Paul: *Ernst Rowohlt*. – S. 76.
[720] Hessel, Helen: *C'était un brave*. – S. 92.
[721] Speyer, Wilhelm: *„Komm, iss von meiner Suppe."* – S. 100.
[722] Vollmer, Hartmut: *Zeittafel Franz Hessel*. – In: Hessel, Franz: *Werke 5: Verstreute Prosa, Kritiken*. – S. 324.
[723] Sahl, Hans: *Memoiren eines Moralisten*. – S. 166.
[724] Paul Fort (1872–1960). Französischer Dichter und Dramatiker des Symbolismus. Gründer der literarischen Zeitschrift *Vers et Prose* (1905–1914). Hessel und Fort kannten sich von den literarischen Versammlungen in der *Closerie des Lilas*.
[725] Vgl. Borie, Françoise: *Franz Hessel – un flâneur de deux rives*. – S. 107f.
[726] Hessel, Helen: *C'était un brave*. – S. 91.
[727] Walther Kiaulehn (1900–1968). Deutscher Journalist und Schriftsteller.

Hessel gegründet habe.[728] Zu den illustren Autoren dieses Magazins gehören unter anderem Walter Benjamin, der darin vier Übersetzungen aus Baudelaires *Fleurs du Mal* veröffentlicht, Hermann Hesse und Robert Walser. *Vers und Prosa* genießt in intellektuellen Kreisen großes Ansehen. So äußert sich unter anderem Hugo von Hofmannsthal begeistert[729] über den Abdruck deutscher Übersetzungen von einigen altchinesischen Gedichten.[730] Aber schon nach einem Jahr wird ihr Erscheinen eingestellt, weil sie so exklusiv ist, dass sie jegliches Inserat zurückweist. „Rowohlt und Hessel ließen sie eingehen, weil sie sich davon überzeugt hatten, daß die Zeit für so hochgestochene Literaturorgane entweder längst vorüber oder noch lange nicht gekommen war",[731] meint Kiaulehn.

In diese produktivste Schaffensperiode Hessels fallen viele seiner Werke, so zum Beispiel der Novellenzyklus *Von den Irrtümern der Liebenden. Eine Nachtwache*, die Prosasammlung *Teigwaren, leicht gefärbt* (1926) und der Roman *Heimliches Berlin*, die Prosasammlung *Nachfeier* (1929) und natürlich die „Krönung seines Wirkens", *Spazieren in Berlin*, die von seinen Schriftstellerkollegen hoch gelobt werden. Kiaulehn schreibt, dass Hessel der erste reine Feuilletonist ist, den Rowohlt als Buchautor verlegt.[732]

So ist Kurt Tucholsky[733] bei einer Besprechung 1928 in der *Weltbühne* voll des Lobes für den Band *Teigwaren, leicht gefärbt*: „Es stehen so bezaubernd leichte Dingelchen in dem Buch, so hingehaucht, wirkliche *soufflés* [...] es ist unfaßbar, wie ein Mann so etwas schreiben

---

[728] Vgl. Kiaulehn, Walther: *Mein Freund der Verleger.* – S. 109.

[729] Vgl. Mertz-Rychner, Claudia/Maya Rauch (Hgg.): *Christiane von Hofmannsthal: Ein nettes kleines Welttheater. Briefe von Thankmar Freiherr von Münchhausen.* – S. 33.

[730] Es handelt sich um die Nachdichtungen chinesischer Gedichte von Po Chü-i (807 Mitglied der Literatenakademie) durch Albert Ehrenstein, nämlich *Reise nach Südost, Das Meer von weit und fern, Das ewige Unrecht, Trunkenheit, Klagen, Das ruhig Erlebte, Aus den Beklagungen in Ch'in, Es tanzen im Garten die Bäume, Aus den Tadelworten und Gleichnissen, Es verweilen die Gedanken* und *Ich lebe einsam am Wei* (7. Heft vom 15. Juli 1924, S. 230ff.) und *Drei chinesische Inschriften* von Wang Fû durch Franz Blei (11. Heft vom 15. November 1924, S. 385).

[731] Kiaulehn, Walther: *Mein Freund, der Verleger.* – S. 116

[732] Ebd.

[733] Kurt Tucholsky (1890–1935; Pseudonym Kaspar Hauser, Peter Panter, Theobald Tiger, Ignaz Wrobel). Schriftsteller und Journalist der Neuen Sachlichkeit. Mitherausgeber der *Weltbühne*.

kann."[734] Tucholskys Gedanken sind nicht unbegründet, hat doch an einigen der Texte Helen Hessel mitgeschrieben.[735] Hans Sahl nennt Hessel den Meister der kleinen Form und reiht ihn in eine Reihe mit Alfred Polgar und Walter Kiaulehn. „Er sprach mit einer klagenden, ein wenig zu hohen Stimme, als wunderte er sich darüber, daß er überhaupt auf der Welt wäre."[736] Oskar Loerke erwähnt das Buch am 26. Mai 1926 in seinem Tagebuch, zwar nennt er es „anmutig", verwechselt aber den Titel und schreibt *Teigwaren, nicht gefärbt.*[737] Für den *Berliner Börsen-Courier* bespricht er diese Sammlung mit den Worten: „Die Erwachsenen, die solche Zimtsterne, Mürbeteiglokomotiven und Pfefferkuchendamen ansehen, haben mehr davon als die Kinder, die gierig sind, sie aufzuessen. Allerdings schmecken sie auch gut, aber man muß den Magen nicht damit überladen. [...] Alle Dinge, Ereignisse, Verwickelungen der Welt haben außer ihrer brutalen, tragischen komischen, materialistischen oder idealen Form noch eine andere, manchmal: eine spielerisch verzauberte, märchenhaft anmutige, hold nachdenkliche, angenehm melancholische."[738]

Auch Walter Benjamin ist voll des Lobes für diese besonderen „Nudeln" und entdeckt darin, wie Loerke, das verspielte, aber dennoch reale Dasein: „Diese in allen Wassern gewaschenen Nudeln müssen 20 Minuten über leichtem inneren Feuer des Lesers aufgesetzt werden. Die Mahlzeit ist nahrhaft wie Märchen."[739] Anhand dieser Prosasammlung meint Walter Benjamin den Charakter Hessels genau beschreiben zu können. Denn er erkennt in dem Freund eine Figur seiner Kindheit – „der freundliche Leser mag sie als einen Beitrag zur Geisterkunde entgegen nehmen"[740] – wieder, die in einer Kolonialwarenhandlung im Berliner Wertheimpalast inmitten von leicht gefärbten Teigwaren ihren

---

[734] Tucholsky, Kurt: *Auf dem Nachttisch.* – In: Kurt Tucholsky: *Gesamtausgabe. Band 10: Texte 1928.* Herausgegeben von Ute Maack. – Reinbek bei Hamburg: Rowohlt, 1996. – S.200.

[735] Vgl. Flügge, Manfred: *Gesprungene Liebe.* – S. 194.

[736] Sahl, Hans: *Memoiren eines Moralisten.* – S. 166.

[737] Loerke, Oskar: *Tagebücher 1903–1939.* Herausgegeben von Hermann Kasack. – Heidelberg/Darmstadt: Lambert Schneider, 1955. – S. 142.

[738] Loerke, Oskar: *Franz Hessel. Teigwaren, leicht gefärbt.* – S. 340.

[739] Benjamin, Walter: *Franz Hessel. Teigwaren, leicht gefärbt.* – In: Walter Benjamin: *Gesammelte Schriften III.* Herausgegeben von Hella Tiedemann-Bartels. – Frankfurt am Main: Suhrkamp, 1972. – S. 46.

[740] Ebd., S. 45.

Platz gehabt hat: „Es stand nämlich unter ihnen, genau in der Mitte, die Herme eines Chinesen. Dieser Chinese nickte tagaus, tagein. [...] Als Knabe konnte ich dies Nicken nicht deuten. Aber ich habe es mir gemerkt. Wie ich dann später Franz Hessel begegnete, erkannte ich sofort den Chinesen von Ehrecke. [...] Es fehlten mir aber vorderhand die Beweisstücke. Endlich halte ich sie in Gestalt seiner *Teigwaren, leicht gefärbt* in den Händen. Nun verstehe ich auch das Nicken. Er nickte nämlich nicht etwa den Leuten zu [...] unter gesenkten Lidern der schräge Blick durch das Schaufenster. Dieser blaue Chinese kennt das Berliner Publikum besser als irgendeiner von den Wertheimschen Verkäufern."[741]

Der dritte Roman Hessels, *Heimliches Berlin*, trägt wieder stark autobiographische Züge. Charlotte Wolff vergleicht ihn mit dem Flanierband „Spazieren in Berlin". Beide Bücher zeugen nicht nur von nostalgischem Charme, sondern sie sind ihrer Meinung nach auch „Dokumente der kulturellen Geschichte der Stadt".[742] Darüber hinaus zeichnen sowohl die Macht und Wortgewalt, als auch „die langsame Sorgfalt"[743] des „stillen Dichters Franz Hessel"[744] den Band *Heimliches Berlin* aus, „erlesene Schönheit, Verzicht, die Geste verfeinerter Homoerotik geben dem Roman etwas Atmosphärisches aus den Gedichten Stefan Georges".[745] Zwar erzähle das Buch zunächst „ein paar Begebenheiten aus einem kleinen, sehr gewählten, geistigen Kreis Berlins"[746], doch erst am Schluss ahne man, „daß hinter oder über dem geschilderten Geschehen eine große, starke, übermenschliche Unerbittlichkeit steht – am Horizont des Buches steht sie, ein Gewitter",[747] stellt Joseph Roth[748] fest. Walter Benjamin weist auf ein ganz besonders amüsantes „Risiko" des Romans hin, das Hessels Freunden „droht": „Wer seine Bücher zu lesen versteht, fühlt, wie sie alle zwischen den

---

[741] Benjamin, Walter: *Franz Hessel. Teigwaren, leicht gefärbt.* – S. 45f.

[742] Wolff, Charlotte: *Augenblicke verändern uns mehr als die Zeit.* – S. 89.

[743] Roth, Joseph: *Die Autoren sind mir persönlich bekannt.* – In: Joseph Roth: *Werke 2. Das journalistische Werk 1924–1928.* Herausgegeben und mit einem Nachwort von Klaus Westermann. – Köln: Kiepenheuer & Witsch, 1990. – S. 767.

[744] Ebd.

[745] Kähler, Hermann: *Berlin – Asphalt und Licht.* – S. 220.

[746] Roth, Joseph: *Die Autoren sind mir persönlich bekannt.* – S. 767.

[747] Ebd.

[748] Joseph Roth (1894–1939). Österreichischer Schriftsteller und Journalist galizischer Herkunft.

Mauern alternder Großstädte, den Ruinen des vorigen Jahrhunderts, die Antike beschwören. Doch wenn er so mit weitgespannten Bogen seine Lebens- und Schaffenskreise durch Griechenland, Paris, Italien schlägt, die Mitte dieses Zirkels hat immer in seiner Stube am Tiergarten aufgeruht, die seine Freunde selten ohne ein Wissen von der Gefahr betreten, in Helden verwandelt zu werden."[749]

In diesem – weitgehend autobiographisch motivierten – Roman stellt die Figur des Clemens dar, was Franz Hessel ist, nämlich ein Flaneur.[750] Der vermeintlich weltfremde, außerordentliche Professor der Philologie zieht mit dem Geliebten seiner Frau Karola, dem begehrten Studenten Wendelin von Domrau, durch die Straßen Berlins und erklärt letzterem seine Lebensphilosophie: „Lerne spielend das Grausen von Inschriften an Hauseingängen: Zimmer für Tage, Monate und Wochen, Institut für funktionelle und seelische Störungen, Suggestion von zehn bis sechs, Haarwuchs, Lebensversicherung, Beinleiden, Frachtverwertung, Höhensonne in Kräuterbädern, Seitenflügel rechts giftfreies Verfahren, Leichentransport an alle Orte der Welt, Preßluft, Briefmarkenexpertise, Müllereibedarf. Ist das nicht Quintessenz? Geh in die Vorstädte, sieh Väter säen neben dünnen Lauben, Kinder auf braunem Sand. Geh mit Bahnsteigbillett zu den Fernzügen: Wieviel Pracht und Elend und Schicksal von Warschau nach Paris, von Stockholm nach Rom. Und die Züge mit Ferienkindern, am Fenster die mageren Girlanden der Ärmchen. Rede berlinerisch mit Trambahnschaffnern über Politik und Gewerkschaften, geh in die Abendversammlungen der Heilsarmee. Das Leben ist überall für dich da, gratis zu jeder Tageszeit, nur laß dich nicht ein, genieße alles, besitze nichts. Besitz beraubt."[751]

Es ist dieses „Genieße froh, was Du nicht hast", was die Quintessenz nicht nur von Kestners, sondern auch von Hessels Lebensanschauung ausmacht. Fasziniert beobachtet Kestner/Hessel das Geschehen in „seiner" Metropole Berlin, doch man gewinnt den Eindruck, dass er bisweilen vor dem Moloch zurückschreckt. Seine Distanz ist es aber,

---

[749] Benjamin, Walter: *Franz Hessel. Heimliches Berlin.* – S. 84.

[750] Vgl. Schütz, Erhard: *Romane der Weimarer Republik.* – München: Fink, 1986. – S. 283.

[751] Hessel, Franz: *Heimliches Berlin.* – In: Franz Hessel: *Werke 1: Romane.* – S. 318.

die es ihm ermöglicht, alles auf sich wirken zu lassen und zu genießen, aber gleichzeitig nichts besitzen zu wollen.

Seine Beobachtungsgabe macht sich nicht nur in der Prosa bemerkbar. Während seiner Arbeit für den Rowohlt-Verlag macht Franz Hessel die Bekanntschaft mit Stefan Großmann. Heute bringt man Franz Hessel nur mit seinem Flanierbuch *Spazieren in Berlin* oder seiner Romantetralogie in Verbindung, selten assoziiert man mit seinem Namen Lyrik. Völlig in Vergessenheit geraten ist allerdings, dass er außer dem *Schwabinger Beobachter* noch mehr Dramatisches produziert hat. Sein bedeutendstes Werk auf diesem Gebiet ist das Berliner Volksstück *Sturm auf Apollo*, welches am neunten Januar 1930 an der Berliner Volksbühne unter dem Titel *Apollo, Brunnenstraße* aufgeführt worden ist, und das er zusammen mit dem Herausgeber des *Tage-Buchs* verfasst hat. Zur Premiere porträtieren sich der „Wiener Sozialist"[752] und der „Berliner Europäer"[753] gegenseitig unter dem Titel *Wir über einander* in der Berliner Zeitung *Tempo*. Hessel schätzt ihre kreative Zusammenarbeit: „Es ist herrlich, mit Großmann zusammen und um die Wette zu dichten. Nie hätte ich mich an ein richtiges Theaterstück und gar ein Volksstück und Zeitstück gewagt, wenn ich nicht Großmann an seinem gegenüber gesessen, nicht mit ihm durch den Garten seiner Launen und Ideen gegangen wäre."[754]

„Für unser Volksstück [...] war er unentbehrlich, denn ihm gelingt im Schlafe, wonach ich alle Schreibmaschinentasten verzweifelt abklappere, das einfache Lied, der Song, das deutsche Chanson"[755] schreibt Großmann anerkennend über seinen Kollegen.

1933 wird der Schutzverband der deutschen Schriftsteller gleichgeschaltet. Ernst Rowohlt darf nur noch Autoren verlegen, die Mitglied des Schutzverbandes sind, nichtarische Mitglieder müssen zwei Bürgen stellen. Der Verlag stürzt in finanzielle Schwierigkeiten, da von den rund 140 Buchtiteln 70 verboten werden. Ein Zufall führt 1933 Ernst

---

[752] Thomasberger, Andreas: *Von Pan und Apollo (GmbH).* – In: Franz Hessel: *Werke 4: Lyrik und Dramatik.* – S. 333.

[753] Ebd.

[754] Hessel, Franz: *Stefan Großmann.* – In: Franz Hessel: *Werke 5: Verstreute Prosa, Kritiken.* – S. 200.

[755] Großmann, Stefan: *Franz Hessel.* – S. 14.

Rowohlt mit seinem früheren militärischen Vorgesetzten, General Kratzert, zusammen. Letzterer gibt dem Verleger die Anregung, Bücher militärwissenschaftlicher Art herauszubringen. Gegen diese kann das Propagandaministerium nichts einwenden, Rowohlt steht gut da und kann heimlich weiter an seinen jüdischen Autoren festhalten:[756] „Franz Hessel und ich [Paul Mayer] wußten mit solchen Themen wenig anzufangen, schon die Titel stießen uns ab: *Das Bombenflugwesen* oder wie die Schilderungen künftiger Kriegsgreuel sonst heißen mochten. Vom geschäftlichen Standpunkt aus bedeuteten diese Bücher wenig, aber Rowohlt glaubte durch ihre Veröffentlichung sich vor neuen Angriffen der Nazis gesichert."[757]

Um an seinen jüdischen, inoffiziellen Mitarbeitern festhalten zu können, engagiert Ernst Rowohlt auch systemtreue, offizielle Mitarbeiter. Einer dieser neuen Angestellten ist der mittelmäßige Schriftsteller und am Rathenau-Mord beteiligte Ernst von Salomon, der zu den Wegbereitern des Nationalsozialismus gehört.[758] Im Jahre 1951 schreibt Ernst von Salomon den umstrittenen, ironischen, autobiographisch gefärbten Roman *Der Fragebogen*, in dem der Autor den Fragebogen der amerikanischen Militärregierung in Deutschland zu einem „peinlich-sarkastischen Bericht über sein Leben benützt".[759] Im *Fragebogen* zeichnet Ernst von Salomon das Bild des Rowohlt-Verlags in den dreißiger Jahren: „Das literarische Gesicht des Verlags wurde zweifellos durch Ernst Rowohlt bestimmt, es war nicht ein Gesicht, sondern hundert verschiedene gleichzeitig; das literarische Niveau aber durch Paul Mayer und Franz Hessel, die beiden Lektoren. Das hieß nichts anderes, als daß diese beiden ungemein belesenen und gebildeten Mitarbeiter im literarischen Weinberg des Verlages wie das Sieb in der Kelter wirkten. Beide waren selber Autoren. [...] Es war nicht so, daß der Verlag von diesen beiden Lektoren große Antriebe bezog, aber sie konnten vieles am Start verhindern, was Rowohlt in augenblicklichen Überschwängen

---

[756] „Berühmt geworden ist Rowohlts unbekümmerte Ansprache [anlässlich seines fünfzigsten Geburtstages]: ‚An meine lieben Juden, denen ich heute hier herzlich danken will für die treue Hilfe und Freundschaft seit Bestehen meines Verlages', die glücklicherweise ohne Folgen blieb." – Mayer, Paul: *Ernst Rowohlt*. – S. 132.

[757] Ebd., S. 126.

[758] Salzer, Anselm/Eduard von Tunk (Hgg.): *Illustrierte Geschichte der deutschen Literatur in sechs Bänden. Band 5*. – S. 326.

[759] Ebd.

ins Rennen schicken wollte, – sie wußten besser als Rowohlt zwischen edlen Vollblütern und aufgezäumten Karussellgäulen zu unterscheiden, wenn auch die großen Derbysieger nicht durch sie, sondern durch den Meister in den Stall kamen."[760]

So weisen sowohl Mayer als auch Hessel ein Manuskript Salomons ab, weil es keine Literatur sei.[761] Für das etwas eigenartige Arbeitsklima bei Rowohlt weiß Hessel einen Vergleich, der von der gesamten Redaktion übernommen wird: Das Büro nennt er „Schule"[762], den Chef „den Lehrer"[763] oder „Schulmeister"[764] und den Text der Umschlagseiten die „Schmonzette".[765] Der „Lehrer", dem der Umgang mit den Autoren genauso wichtig ist wie der Umgang mit Büchern, rühmt selbst seinen siebten Sinn für gute Bücher: „Ich lese keine Bücher […] Ich rieche sie nur, ich verlasse mich auf mein Näschen."[766] Hans Sahl[767] beschreibt in seinen Erinnerungen *Memoiren eines Moralisten* das Talent Rowohlts, die Einheit hinter den Gegensätzen[768] in seinem Verlag zu vereinigen: „Er hatte den Geruch für das Abseitige, Ungewöhnliche, Neue, für frische Fährten und den Wildgeschmack des Originellen. Er verlegte die Leisen und die Lauten, die Eigenbrötler und die Revolutionäre, den stillen Franz Hessel und den frechen Tucholsky, den profunden Robert Musil und lyrische Ekstatiker wie Franz Werfel und die Dichter der *Menschheitsdämmerung*, die er herausgebracht hatte."[769]

1933 ist auch das Jahr, in welchem im Rowohlt-Verlag Hessels letzte Buchpublikation zu Lebzeiten erscheint, der Prosaband *Ermunterungen zum Genuß*. Der Autor hat ihn selbst als ein *Traktat über das*

---

[760] Salomon, Ernst von: *Der Fragebogen.* – S. 317f.

[761] Vgl. ebd., S. 318.

[762] Ebd.

[763] Ebd.

[764] Ebd., S. 328.

[765] Mayer, Paul: *Franz Hessel.* – S. 55.

[766] Sahl, Hans: *Memoiren eines Moralisten.* – S. 146.

[767] Hans Sahl (1902–1993; eigentlich Hans Salomon). Deutscher Schriftsteller, Kritiker und Essayist.

[768] „Am 23. Juni 1937 wurde ‚Väterchen' [Ernst Rowohlt] fünfzig Jahre alt. Aus meinem Geburtstagspoem seien nur die beiden Schlusszeilen zitiert: ‚Andere tun sich griechisch, gotisch. / Er allein ist pan-chaotisch.'" – Mayer, Paul: *Ernst Rowohlt.* – S. 130.

[769] Sahl, Hans: *Memoiren eines Moralisten.* – S. 146.

Glück[770] bezeichnet. Als das Buch 1987 beim Berliner Verlag *Das Arsenal* wieder aufgelegt wird, rezensiert Gert Ueding begeistert „diese Perlenkette kleiner Prosastücke, die man nur schwer kennzeichnen kann, weil sich in der Literaturgeschichte keine eigene Bezeichnung für sie ausgebildet hat":[771] „Lauter Geschichten, die man nicht aufhören möchte zu lesen und zu erzählen und wieder zu lesen und weiterzuerzählen, weil man von jeder meint, es sei die eigene und man könnte davon erfahren, wie es ausgeht mit uns und der Welt und den Menschen, die wir lieben."[772]

Wie kann ausgerechnet in dem Jahr, als Hitler an die Macht gekommen ist, jemand ein Buch mit dem Titel *Ermunterungen zum Genuß* auf den Markt bringen? Entgeht Franz Hessel völlig, was um ihn herum geschieht? Oder ist es ihm egal, was mit ihm und den Seinen passiert? Lebt er mit Scheuklappen auf den Augen in den Tag hinein? Natürlich liegt es bei diesem Titel nahe, solche Mutmaßungen zu formulieren. Doch er ist kein zerstreuter Weiser, der auf einem anderen Stern lebt. Denn in dem Kapitel *Von der schwierigen Kunst spazieren zu gehen* formuliert er – zwar auf das Flanieren bezogen – die Maxime, nicht planlos durchs Leben zu gehen: „Noch einen Rat: es empfiehlt sich, nicht ganz ziellos zu gehen. Du wunderst dich nach dem, was ich bisher gesagt habe, über diese Äußerung? Aber auch in dem ‚Aufs Geratewohl' gibt es einen Dilettantismus, der ungünstig ist. Beabsichtige, irgendwohin zu gelangen. Vielleicht kommst du in angenehmer Weise vom Weg ab. Aber der Abweg setzt immer einen Weg voraus."[773]

1931 ist Ulrich Hessel beim „baccalauréat" durchgefallen und hat auf das Internat in Salem gewechselt, wo er 1933 sein Abitur macht. Im April zieht er zu seinem Vater in die Lindauer Str. 8 und beginnt eine Lehre beim Rowohlt-Verlag. Ulrich Hessel muss Deutschland 1935 verlassen, weil er seine Lehre als Halbjude nicht fertig machen kann,

---

[770] Ueding, Gert: *Liebes-Schule. Franz Hessels „Ermunterungen zum Genuß".* – In: *Frankfurter Allgemeine Zeitung* (Frankfurt am Main) vom 27. Februar 1988. – S. 35.
[771] Ebd.
[772] Ebd.
[773] Hessel, Franz: *Von der schwierigen Kunst spazieren zu gehen.* – In: Franz Hessel: *Verstreute Prosa.* – In: Franz Hessel: *Werke 5: Verstreute Prosa, Kritiken.* – S. 438.

und geht zu seiner Mutter nach Paris zurück. Selbst nach den Nürnberger Gesetzen von 1935 beschäftigt Ernst Rowohlt weiterhin Franz Hessel als Übersetzer.[774] Paul Mayer und Franz Hessel arbeiten immer öfter zusammen in dessen Wohnung: „Wenn Texte für die Umschlagseiten zu schreiben waren, pflegte er [Franz Hessel] zu sagen: ‚Die Schmonzetten können wir in der Schule nicht in Ruhe dichten. Komm heute Nachmittag zu mir.' In seiner Wohnung setzten wir uns an einen Tisch und jeder entwarf seine Schmonzette. Stets fand er meine besser als seine und ich seine wirkungsvoller als meine. Mit dieser Arbeit verbrachten wir Stunden, manchmal bis zur angenehmen Erschöpfung um ein Wort kämpfend, manchmal auch um ein Komma. Wirklich, wir waren getreue Arbeiter im nicht immer fröhlichen Weinberg der deutschen Literatur."[775]

Der französische Autor Jules Romains beginnt 1932 sein insgesamt 27 Bände umfassendes Werk *Les Hommes de Bonne Volonté*, das er 1946 fertigstellen wird. Der Begründer der unanimistischen Literatur – ihr Anliegen ist nicht die Darstellung der Einzelpersönlichkeit mit ihren individuellen Erlebnissen, sondern die Schilderung von Menschengruppen, deren einzelne Mitglieder für den Autor nur als charakteristische Vertreter eines bestimmten Gefüges interessant sind[776] – wünscht sich Franz Hessel als Übersetzer für sein Werk in die deutsche Sprache. Unter dem Titel *Die guten Willens sind* überträgt Hessel die ersten sieben Bände ins Deutsche. Da Romains „Präsident einer Vereinigung, die für die deutsch-französische Verständigung wirbt"[777] ist, hofft Ernst Rowohlt, dass Franz Hessel und somit auch sein Verlag von den Nationalsozialisten in Ruhe gelassen wird. In einem Gespräch mit Ernst von Salomon äußert er sich folgendermaßen: „Irgendeiner hat dem Jules Romains gesteckt, daß niemand anderes als Franz Hessel sein Roman-

---

[774] „1935 mit den Nürnberger Gesetzen trat aber eine deutsche Verschärfung der Lage ein. Juden durften im Verlagswesen eigentlich nicht mehr beschäftigt werden, und Ernst Rowohlt bewirkte eine Sondererlaubnis für Paul Mayer und für meinen Vater. Mir selbst wurde 1935 davon abgeraten, mich zur Prüfung als Verlagsgehilfe zu melden, mein Status als Halbjude könne mir dabei schaden." – Hessel, Ulrich: *Die Autobiographie von Ulrich Hessel (Teil 2).* – S. 224.

[775] Mayer, Paul: *Franz Hessel.* – S. 57.

[776] Vgl. Rössig, Wolfgang (Hg.): *Hauptwerke der französischen Literatur. Einzeldarstellungen und Interpretationen. Band 2. Das 20. Jahrhundert. Die Literaturen außerhalb Frankreichs.* – S. 187.

[777] Salomon, Ernst von: *Der Fragebogen.* – S. 331.

werk richtig übersetzen kann. Und jetzt besteht er auf Franz Hessel als seinen Übersetzer. Ich möchte doch mal sehen, ob die Schrifttumskammer einen Übersetzer verbietet, der vom Auswärtigen Amt empfohlen wird."[778]

Trotzdem muss 1939 auch Ernst Rowohlt emigrieren, wo er im Februar Walter Benjamin in Paris aufsucht, bevor er weiter nach Brasilien fährt. Benjamin berichtet in einem Brief an seinen Freund Gershom Scholem folgendes: „Von den Bewegungen im Verlagswesen nehme ich mit Interesse Kenntnis. Ungefähr gleichzeitig mit deiner Nachricht von der Schließung des Schocken-Verlages, fand sich Rowohlt in meinem Zimmer ein. Er mußte Deutschland einigermaßen schleunig den Rücken kehren. Nicht deshalb, sondern weil er Hessel (der vor einem Vierteljahr herkam) in Berlin lange Zeit das Leben erleichtert hat, auch lange an jüdischem Personal festhielt, hat er bei mir einen Stein im Brett."[779]

„Er liebte die Menschen, ohne Ansehen der Person"[780]
Franz Hessel als Förderer junger Talente

Hessel, mittelgroß, stämmig, mit einem großen, charakteristischen jüdischen Kopf, war faszinierend. Außerordentlich gescheit und dabei eminent witzig, hilfsbereit, aufgeschlossen und sehr selbstverständlich in allem, was er tat und sagte. [...] Bei Hessel gab es keinen Alkohol, man trank Tee und höchstens zum Abendessen einen Schluck Bier. Aber man rauchte. Man rauchte endlos Zigaretten. Wir brauchten auch keinen Alkohol: der Rausch, der von den Worten ausging, war stärker.[781]

Viele junge Autoren werden von Franz Hessel ermuntert zu schreiben. Ohne Ansehen der Person habe Franz Hessel die Menschen geliebt, sagt Helen Hessel über ihren Mann. „Nicht nur interessante und bedeutende,

---

[778]   Salomon, Ernst von: *Der Fragebogen.* – S. 331.
[779]   Scholem, Gershom: *Walter Benjamin / Gershom Scholem. Briefwechsel 1933–1940.* Herausgegeben von Gershom Scholem. – Frankfurt am Main: Suhrkamp, 1980. – S. 292
[780]   Hessel, Helen: *C'était un brave.* – S. 72.
[781]   Guenther, Johannes von: *Ein Leben im Ostwind.* – S. 81.

sondern auch solche, die nichts weiter zu bieten hatten als eine kuriose Manier, belanglos zu sein",[782] gehörten zu seinem Bekanntenkreis: „Hessel nahm alle mit der gleichen unbefangenen Freundlichkeit an, denn, genau wie er sich nie um eine Begegnung oder Bekanntschaft mit Berühmtheiten bemühte, lehnte er auch niemanden ab. Was das Leben ihm zutrug, war ihm willkommen."[783]

Hessels Begabung, aus dem Unbegabtesten einen Dichter zu machen, sei einmalig gewesen, erklärt Werner Leibbrand[784], den Hessel zur Veröffentlichung seines Erstlings *Romantische Medizin* überredet hat.[785] Allmählich habe sie sich daran gewöhnt, auf das Schlimmste gefasst zu sein, erzählt Helen Hessel in der Rede zum zehnten Todestag ihres Mannes im Jahre 1951. Sie hätten solche Menschen nicht unterhalten können – nicht einmal Schönheit müsse die Mädchen auszeichnen, die zu ihm kämen[786] –, vielmehr macht sie sich darüber Gedanken, daß er als Lektor und Kritiker zu kritiklos mit den Menschen umgehe. Aber Hessel habe man auch „nicht mit den üblichen Maßen messen"[787] können, denn er sei eine Art Seher gewesen: „Er ließ das Menschenwesen in all seinen Formen gelten, und was ihm mißfiel, das ließ er aus. Es kam nicht einmal zur Entrüstung. Er war kein Weltverbesserer, kein Revolutionär. Und doch hat er auf viele gewirkt, die mit ihm in Berührung kamen. Es kommt mir heute so vor, als habe er die Wandlung im Verkehr der Menschen untereinander vorausgeahnt und sogar vorausge-

---

[782]   Hessel, Helen: *C'était un brave.* – S. 73.
[783]   Ebd., S. 72f.
[784]   Werner Leibbrand (1896–1974). Deutscher Psychiater und Medizinhistoriker.
[785]   Vgl. Leibbrand, Werner: *Gedenkblatt für Franz Hessel.* – In: Gregor Ackermann/Hartmut Vollmer (Hgg.): *Über Franz Hessel.* – S. 51. [Zuerst in: *Süddeutsche Zeitung* (München) vom 22. November 1958. – S. 23]
[786]   „Da saß dann irgendein komischer Herr mit Bauch und Uhrkette bei uns am Tisch, ungewöhnlich höflich trotz überraschender Tischmanieren und nicht sehr sauberen Fingernägeln und blieb bis Mitternacht. ,Wo hast du den bloß aufgetrieben?' fragte ich. – ,Ach', sagte er, ,du bist immer so streng mit den armen Menschen. Er hat mir ein Manuskript angebracht, damit kann Rowohlt bestimmt nichts anfangen. Aber als er nachher von ungarischen Volksmärchen sprach, wurde er ganz interessant.'
Oder er brachte mir eine junge Literaturstudentin zum Tee, die noch nicht einmal hübsch war. – ,Was hast du denn an der gefunden?' – ,Ja', sagte er, ,die hat so nebenher von *Bodmer und Breitinger* gesprochen, als ob das eine Firma wäre, die Tapeten verkauft. Ich dachte, das würde dich amüsieren.'
Nein, ich fand das nicht so schrecklich amüsant." – Hessel, Helen: *C'était un brave.* – S. 73.
[787]   Ebd.

lebt. Sind wir nicht, seit dieser grauenvolle Krieg über uns alle gekommen ist, freundlicher geworden miteinander, toleranter, vertrauter und vertrauensvoller? Sind nicht viele Vorurteile und Schranken gefallen, die uns früher hinderten, ohne Ansehen der Person Freude aneinander zu haben? Sooft ich, in Frankreich und in Deutschland, diesen Eindruck habe, denke ich, daß Franz Hessel sein Teil dazu beigetragen hat. […] Ich besinne mich auf ein Gespräch mit Walter Benjamin, in dem wir die nahezu unheimliche Anziehungskraft diskutierten, die von Hessel ausging. ‚Ja, wissen Sie denn nicht, Helen‘, sagte er mir, ‚daß Hessel ein Zauberer ist? Und ein gefährlicher dazu, dem man das Handwerk legen sollte. Er versteht zu verwandeln. Ganz im Gegensatz aber zu den Königssöhnen, die bei der Berührung mit dem Zauberstab zu Stein oder zu scheußlichen Ungeheuern werden, geschieht uns durch sein raffiniertes Treiben viel Schlimmeres. Wir leben *auf* in seiner Gesellschaft, wir kommen zu uns selbst, zu einem Selbst, an dem wir Entdeckerfreuden haben und so viel Interesse und Gefallen finden, wie er an uns. Und dann sitzt man da und ist in seinem Bann!‘"[788]

Wilhelm Speyer[789] sieht in seinem Freund einen Verführer im sokratischen Sinn, denn er habe die jungen Autoren verführt nachzudenken, sich Rat, Trost, Zuversicht und Weisheit bei ihm zu holen, was damit geendet habe, dass sie ihn liebend verehrt hätten:[790] „In der Friedrich-Wilhelm-Straße in Berlin […] konnte man wohl gelegentlich junge Mädchen antreffen, die mit einem eigentümlich ernsten und ergebenen Gesichtsausdruck sagten: ‚Ich gehe zu Hessel‘ – wie man sagt: Ich gehe in den Vatikan oder zur Matthäuspassion, nun: ich gehe dahin, wo eine große moralische und intellektuelle Autorität wohnt". Auch Max Krell erinnert sich an den besonderen Lektor: „Er liebte diese Mädchen mit einer väterlichen Hilfsbereitschaft. Wenn er zu mir kam, war ich sicher, daß er nichts für sich wollte; er glaubte in einem Mädchen ein verstecktes Talent entdeckt zu haben; und es war auch immer etwas vorhanden, was aufhorchen ließ, nur war dieses Etwas durch Hessels korrigierende Feder in den Dilettantismus geraten. Er beobachtete seine Geschöpfe

---

[788]   Hessel, Helen: *C'était un brave.* – S. 73f.
[789]   Wilhelm Speyer (1887–1952). Deutscher Schriftsteller und Lektor.
[790]   Vgl. Speyer, Wilhelm: *„Komm, iß von meiner Suppe."* – S. 98.

genüßlich. ,Welche Blumen, welcher Garten', sagte er, als der Frühling gekommen war und die ersten bunten Kleider auf die Straße."[791]

Unzählige junge Autoren hätten im Berliner rauchverhangenen Hofzimmer in der Friedrich-Wilhelm-Straße 15 – der heutigen Klingenhöferstraße 15, wo er sein letztes Berliner Jahrzehnt verbringt[792] – der Hessels gesessen, um ihrem Mentor erste Verse oder Prosa vorzutragen. Als Hans Fallada[793] 1924 aus der Haft entlassen wird und um Mitarbeit bei einem linksliberalen politischen Magazin ersucht, nimmt ihn Hessel unter seine Fittiche. Mit den Worten „Das ist schön, daß Sie wieder ‚da' sind, gesund, mitteilsam, froh", begrüßt ihn der Lektor. „Schicken Sie mir doch Ihre Aufzeichnungen über die Gefängniswelt. Ich will mich gern ein wenig umtun, sie gut anzubringen beim *Tage-Buch* oder sonst wo."[794] Darauf erscheint im *Tage-Buch* in der ersten Nummer des Jahres 1925 Falladas Haftbericht *Stimme aus den Gefängnissen*. Doch nicht nur deutsche Talente werden von Hessel betreut: Einer der vielversprechenden, aber Mitte der zwanziger Jahre noch unbekannten Schriftsteller, den Franz Hessel zwar nicht in Berlin, aber zusammen mit Paul Mayer in Paris trifft, ist zum Beispiel der junge Amerikaner Ernest Hemingway.[795]

Doch nicht nur die Arbeit, sondern auch das Private, die Probleme des Herzens, habe man mit ihm auf der grünen Decke seines altmodischen Nussbaumbetts besprochen, erinnert sich Helen Hessel: „Dies Zimmer erlangte in unserm Kreise eine gewisse Berühmtheit. Es hieß allgemein: *die grüne Wiese*."[796]

Charlotte Wolff denkt gern an den bescheidenen Lektor, der Gedichte und Baudelaire-Übersetzungen von ihr – unter dem Namen Lotte Wolff –, Walter Benjamin und vielen anderen jungen Talenten in der Zeitschrift „Vers und Prosa" veröffentlicht hat: „Seine tastende und

---

[791] Krell, Max: *Der letzte Romantiker.* – S. 193f.

[792] Vgl. Oberhauser, Fred/Nicole Henneberg (Hgg.): *Literarischer Führer Berlin.* – S. 166.

[793] Hans Fallada (1893–1947; eigentlich Rudolf Wilhelm Friedrich Ditzen). Deutscher Schriftsteller der Neuen Sachlichkeit.

[794] Liersch, Werner: *Hans Fallada. Sein großes kleines Leben.* – Düsseldorf/Köln: Diederichs, 1981. – S. 125.

[795] Vgl. Mayer, Paul: *Ernst Rowohlt.* – S. 101. – Ernest Hemingway (1899–1962). Amerikanischer Schriftsteller und Literaturnobelpreisträger von 1954.

[796] Hessel, Helen: *C'était un brave.* – S. 83.

sanfte Art, Zugang zu mir zu finden, war alles andere als deutsch, und ich wußte sofort, daß hier der geborene Zuhörer und Tröster vor mir saß."[797] Auch ihr sticht seine offensichtliche Bescheidenheit ins Auge. Sie liebt es, ihn in seinem „Dienstmädchen-Zimmer",[798] das er allen Räumen vorzieht,[799] zu besuchen, wo sie ihre „literarische Hoffnung und Begabung am Leben"[800] erhält. Sie wundert sich über diese demonstrativ spartanische Lebensweise. Wolff interpretiert seine „Mönchszelle"[801] – Tisch, Bett und Stuhl – als Protest gegen seine Eltern und gegen soziale Ungerechtigkeit: „Als ich ihn mit dieser Überlegung konfrontierte, leugnete er es. Seine Erklärung war statt dessen, er würde sich liebend gerne immer in die kleinstmögliche Höhle zurückziehen".[802]

Die Hessels schaffen es, jeden Besuch in ihrem Haus „in der Nähe der Brücke über den Landwehrkanal gelegen, der eine Grenze zwischen Tiergarten und dem Westen der Stadt bildet"[803] zu einem Ereignis zu machen. Immer mehr werden Helen und Franz für sie zu einer „Ersatzfamilie": „Ich fühlte mich bei ihnen immer mehr zu Hause, wenn wir um den ovalen weißen Tisch in ihrem Eßzimmer saßen und aßen und tranken, während ihre beiden süßen, kleinen Söhne um uns herum spielten. [...] Er war nicht nur Schriftsteller, sondern auch ein brillanter Plauderer und ein Charmeur. Helen sah, wenn sie zusammen waren, wie eine Dompteuse aus, die keine Löwen bändigte, sondern die Welt um sie herum und Männer wie Frauen in ihren Bann zog."[804]

Franz Hessel kümmert sich bei vielen seiner Schützlinge nicht nur um ihr berufliches Weiterkommen, sondern umsorgt sie, als ob sie zu seiner Familie gehören würden. Charlotte Wolff ist nur mit halbem Herzen bei ihrem Medizinstudium, denn sie sehnt sich „nach der Welt der Phantasie, nach der Gemeinschaft von Künstlern und Schriftstellern".[805] In der Gegenwart von Helen und Franz Hessel findet sie sowohl künstlerischen Austausch als auch Geborgenheit: „Hessel sah aus

---

[797] Wolff, Charlotte: *Innenwelt und Außenwelt.* – S. 240f.
[798] Wolff, Charlotte: *Augenblicke verändern uns mehr als die Zeit.* – S. 110.
[799] Vgl. ebd., S. 88f.
[800] Ebd., S. 110.
[801] Ebd.
[802] Ebd.
[803] Wolff, Charlotte: *Innenwelt und Außenwelt.* – S. 240.
[804] Ebd., S. 241.
[805] Wolff, Charlotte: *Augenblicke verändern uns mehr als die Zeit.* – S. 103.

wie ein Buddha, er lächelte sanft, sein runder Kopf war kahl. In seinem Gesicht, den braunen Augen, den vollen Lippen und seinem heiteren Ausdruck verband sich die Verinnerlichung östlicher Meditation mit dem Wesen eines französischen Gourmets. Als wir uns eine gewisse Zeit kannten, nannte ich ihn ‚Hessel, der Feinschmecker‘, denn er war ein exzellenter Koch. Bei ihm fühlte man sich behaglich und geborgen wie bei einer fürsorglichen Mutter [...].“[806]

Zu den jungen von Franz Hessel entdeckten Talenten gehört auch Mascha Kaléko.[807] Nachdem einige ihrer Gedichte Anfang der dreißiger Jahre in der *Vossischen Zeitung* veröffentlicht worden sind, ist die Schreiberin von „Zeitungsgedichten“[808] über Nacht in Berlin berühmt, denn ihr Stil, vom Alltag für den Alltag zu schreiben, trifft den Nerv der Weimarer Zeit. Zunächst soll ihr erstes Buch im Kiepenheuer-Verlag erscheinen. Doch Franz Hessel schafft es, die Wahl-Berlinerin mit ihren saloppen Großstadtgedichten für den Rowohlt-Verlag zu gewinnen. Trotz seiner „Weltfremdheit“[809] weiß Hessel, dass sich ein solcher Lyrikband gut verkaufen wird. Zusammen mit der Autorin wählt er die Gedichte aus, die 1933 unter dem Titel *Das lyrische Stenogrammheft* bei Rowohlt erscheinen werden.

In einem Vortrag, den sie 1956 in Kassel gehalten hat, erinnert sich Mascha Kaléko daran, wie erstaunt sie gewesen sei, dass im *Romanischen Café* ein Journalist auf sie zugekommen sei und ihr ausgerichtet habe, Franz Hessel wolle noch Unveröffentlichtes von ihr lesen. Geschmeichelt, da sie seine Bücher über Paris und Berlin liebt, und zugleich nervös, weil sie so gut wie nichts Unveröffentlichtes vorweisen kann,[810] stattet sie dem Lektor einen Besuch ab: „Diese erste Begeg-

---

[806] Wolff, Charlotte: *Augenblicke verändern uns mehr als die Zeit.* – S. 88.

[807] Mascha Kaléko (1907–1975). Deutschsprachige Dichterin der Neuen Sachlichkeit.

[808] Zoch-Westphal, Gisela: *Vorwort.* – In: Mascha Kaléko: *In meinen Träumen läutet es Sturm. Gedichte und Epigramme aus dem Nachlass.* Herausgegeben und eingeleitet von Gisela Zoch-Westphal. – München: dtv, 1998. – S. 9.

[809] Kaléko, Mascha: *Der Gott der kleinen Webefehler. Spaziergänge durch New Yorks Lower Eastside und Greenwich Village.* Zusammen mit dem Kasseler Vortrag *Die paar leuchtenden Jahre* herausgegeben und eingeleitet von Gisela Zoch-Westphal. Mit dem Beitrag *Meine Tage mit Mascha Kaléko* von Horst Krüger. Mit 31 Federzeichnungen von Horst Wolniak. – München: dtv, 1985. – S. 83.

[810] „Was ich zum Thema ‚Unveröffentlichte Arbeiten‘ nun sagen muss, wird grotesk klingen. Denn alle Welt weiß, dass jeder junge Autor Schubladen voll von unveröf-

nung mit Franz Hessel ist mir unvergeßlich. Für mich begann damals eine große Freundschaft mit einem wunderbaren Menschen und Dichter, der dazu noch ein Heiliger war – und ich bin sonst sparsam mit diesem Wort. – Wer immer Franz Hessel kannte – ob es nun Prominente waren wie Tucholsky, Ringelnatz[811] oder Emil Ludwig,[812] Romain Rolland,[813] Sinclair Lewis[814] oder Thomas Wolfe[815] – oder nur Grünschnäbel wie ich selber damals – alle liebten diesen seltsamen heiligen Franz, der abgeklärt wie ein Weiser aus dem Fernen Osten durch unser lärmendes Jahrhundert ging."[816]

1935 vertraut Franz Hessel seiner Schülerin einige Zeilen an. Sie zeigen, dass er sich schon früh und mit großer Weitsicht mit seinem Schicksal als assimilierter Jude auseinander setzt: „‚Hier‘, sagte er damals, ‚sind die Anfangszeilen eines Gedichtes, das ich kaum noch zu Ende dichten werde. Merken Sie sich's:

> Wir sind die nicht arischen Christen.
> Sind wir nicht auch ganz nett?
> Als erster auf unseren Listen
> steht Jesus von Nazareth ...[817]

Mascha Kaléko erinnert sich an einen Spaziergang mit ihrem Förderer auf der Berliner Kaiserallee. Deutschland steht zu diesem Zeitpunkt bereits unter Hitlers Diktatur. Aus Lautsprechern tönen Nazi-Parolen.

---

fentlichten Manuskripten liegen hat. Und ist es nicht Dichtung, sondern Wahrheit: In jenen Tagen hatte ich kaum Unveröffentlichtes vorzuweisen.
Was die literarische Produktion betrifft, so lebte ich, wenn man so sagen darf, von der Hand in den Mund. Ich schrieb, und es wurde gedruckt. Meistens. Sagte dieses Blatt nein, so sagte jenes ja. Und so herrschte in meinem selbständigen lyrischen Unternehmen eine erfreuliche Balance zwischen Angebot und Nachfrage." – Kaléko, Mascha: *Der Gott der kleinen Webefehler.* – S. 83.

[811] Joachim Ringelnatz (1883–1934; eigentlich Hans Gustav Bötticher). Deutscher Schriftsteller, Maler und Kabarettist. Franz Hessel zeigt sich von Ringelnatz' Büchern begeistert, lektoriert 1935 den Band *Nachlass.* – Vgl. Ringelnatz, Joachim: *Briefe.* Herausgegeben von Walter Pape. – Berlin: Henssel, 1988. – S. 405, S. 534.

[812] Emil Ludwig (1881–1948; eigentlich Emil Ludwig Cohn). Deutscher Schriftsteller und Biograph.

[813] Romain Rolland (1866–1944). Französischer Schriftsteller, Musikkritiker und Pazifist. Literaturnobelpreisträger von 1915.

[814] Sinclair Lewis (1885–1951). Amerikanischer Schriftsteller sozialkritischer Romane. Literaturnobelpreisträger von 1930.

[815] Thomas Wolfe (1900–1938). Amerikanischer Schriftsteller.

[816] Kaléko, Mascha: Der Gott der kleinen Webefehler. – S. 84.

[817] Ebd., S. 85.

Da sei Franz Hessel stehen geblieben und habe zu ihr gesagt: „Hier ist eine Schlußzeile, zu der mir noch das Gedicht fehlt. Vielleicht fällt es Ihnen ein. Sie lautet:

> Und Heimat ist Geheimnis –
> nicht Geschrei."[818]

Viel hat die junge Autorin mit dem weisen Lektor verbunden. So ist es nicht verwunderlich, daß ihr späteres Arbeitszimmer, ähnlich wie das Hessels, einer „Mönchsklause"[819] ähnelt.

Abb. 6: *Gedenktafel für Franz Hessel in Berlin-Schöneberg, Lindauer Straße 8 (2014)*

1945 schickt sie, um an Gemeinsames aus Berliner Tagen anzuknüpfen, an Alfred Polgar, der wie sie nach New York emigriert ist, ein Foto von Franz Hessel. Dieses hat er ihr bei einem letzten Treffen in seiner Wohnung in der Lindauer Straße unter anderem als ein Abschiedsgeschenk gegeben. Es zeigt einen achtjährigen Franz im Samtanzug mit langen Locken. Darunter hat er Mascha Kaléko die Anfangszeile seines Gedichtes „Als ich noch Haare hatte" geschrieben.[820] Am fünften März antwortet ihr Alfred Polgar: „Schönen Dank auch für das Bildchen. [...] Hessel, der Gute, sieht als Knabe genauso wunderlich brav drein, wie er

---

[818] Flügge, Manfred: Sichtbare Vergangenheit. – In: Manfred Flügge (Hrsg.): Letzte Heimkehr nach Paris. – S. 172.

[819] Zoch-Westphal, Gisela: Vorwort. – In: Mascha Kaléko: In meinen Träumen läutet es Sturm. – S. 15.

[820] Vgl. Flügge, Manfred: Gesprungene Liebe. – S. 216.

als Mann drein gesehen hat und war. Ich liebe ihn sehr. In Paris waren wir noch während des Krieges viel zusammen, bis Frühjahr 1940. Da fuhr er zu seiner Familie nach Sanary, und ich sah ihn nicht wieder. – Als die Nachricht von seinem Tod kam, schrieb ich ein Paar Zeilen über ihn. Ich lege sie hier bei.“[821]

Am letzten Tag des Jahres 1955 schifft sich Mascha Kaléko in New York ein, weil ihr Erstling, „Das lyrische Stenogrammheft“, bei Rowohlt wieder aufgelegt wird. Daß Hessel mit dieser Autorin ein gutes Gespür bewiesen hat, zeigt sich daran, daß der Gedichtband schon nach zwei Wochen unter den Bestsellern zu finden ist.[822] Sie widmet die Neuauflage ihrem früheren Lektor:

Dem „Heiligen Franziskus“
vom Rowohlt Verlag anno dazumal

Dies Versbuch, lang vergriffen und verboten,
Widme ich dem Gedächtnis eines Toten –
Franz Hessel, Dichter, Heiliger und Lektor,
Mein Schutzpatron und lyrischer Protektor,
Der milde tadelnd, und mit strengem Lob
Das „Stenogrammheft“ aus der Taufe hob.

Er ruht voll Sanftmut und Melancholie
In Frankreichs Erde, nahe bei Sanary,
Und redigiert im Schatten edler Palmen
Fürs Paradies die allerneuesten Psalmen.
Und wenn sein ferner Blick sich erdwärts neigt,
Dann lächelt er geheimnisvoll und schweigt …

Im Februar 1956   Mascha Kaléko[823]

---

[821] Zoch-Westphal, Gisela: Aus den sechs Leben der Mascha Kaléko. Biographische Skizzen, ein Tagebuch und Briefe mit 62 Fotos und Zeichnungen sowie 19 Dokumenten. – Berlin: arani, 1987. – S. 143.

[822] Vgl. ebd., S. 160–162.

[823] Kaléko, Mascha: Das lyrische Stenogrammheft. Kleines Lesebuch für Große. – Hamburg: Rowohlt, 1998. – S. 6.

VOM HEIMKEHRER ZUM „HEILIGEN FRANZ" (1938–1941)

Paris (1938–1940)

„Paris wurde ein Schicksal, eine Notwendigkeit"[824]
Franz Hessels letzte Heimkehr nach Paris

Franz Hessel hat lang in Paris gelebt und Heimweh danach. Ich treffe ihn in München, es scheint die Sonne. Aber er hat den Regenschirm aufgespannt, die Hose aufgekrempelt. „Warum denn, Herr H.?" – „Es regnet in Paris", sagt er.[825]

Franz Hessel will 1938 nicht aus eigenen Stücken heraus emigrieren. Zwar ist er noch im Januar in Paris gewesen, aber nur zu Besuch, es ist keine endgültige Entscheidung für die eine oder die andere Metropole gewesen, die er wie die Luft zum Atmen braucht.[826] Zudem will er seine Arbeit an der Übersetzung von Romains' *Les hommes de bonne volonté* im Rowohlt-Verlag nicht unterbrechen, geschweige denn aufgeben. Kurz vor der Reichspogromnacht gelingt es Helen Hessel, ihren Mann im Oktober mit Hilfe der entsprechenden Ausreisepapiere nach Paris „hinüberzuretten".[827] Roché und Hessel attestieren Helen von jeher den sogenannten „Bändigerblick", der dem Ehepaar Hessel jetzt vielleicht sogar das Leben rettet. Als der Zollbeamte an der belgischen Grenze

---

[824] Hessel, Franz: *Pariser Romanze.* – In: Franz Hessel: *Werke 1: Romane.* – S. 198.

[825] Blei, Franz: *Das große Bestiarium der Literatur. Mit farbigen Karikaturen von Rudolf Großmann, Olaf Gulbransson, und Th. Th. Heine.* – Frankfurt am Main: Insel, 1982. – S. 389.

[826] „Franz Hessel aber konnte und wollte nicht emigrieren. Er war in Paris zu Hause wie in Berlin, er lebte von Paris und Berlin, wie ein Mensch von zwei Lungenflügeln lebt, der alte Mann verharrte mit unerschütterlicher Bescheidenheit in seiner Welt, dem grauen, seidigen Dunst über der Seine und dem Gelb der fallenden Kastanienblätter über dem Landwehrkanal. Er fuhr von Berlin nach Paris, von wütendem Heimweh getrieben, und von Paris, von wütendem Heimweh getrieben, nach Berlin." – Salomon, Ernst von: *Der Fragebogen.* – S. 330.

[827] Hessel, Helen: *C'était un brave.* – S. 94.

ihre Pässe sehen will, entgegnet sie ihm kühl „Die habe ich ihnen schon gezeigt", und er zieht irritiert von dannen.[828]

Und so verlässt er für immer seine frühe und strenge Heimat Berlin und kehrt in seine späte und reife Heimat Paris zurück.[829] Zu Werner Leibbrand soll er vor seiner Abreise Folgendes gesagt haben: „Ich gehe nach Frankreich […] in Frankreich kann man so schön in der Gosse sterben."[830] Helen Hessel hingegen erlebt den neunten November 1938 in Berlin. Ihre Erinnerungen an diese Schreckensnacht hat sie in dem Text *Berlin im November 1938* festgehalten.[831]

Franz Hessel ist auf diese Weise sozusagen in letzter Minute die Flucht gelungen. Dass er und Helen in Deutschland bereits massive Probleme wegen seiner jüdischen Herkunft gehabt haben müssen, belegt ein Zeugnis aus Hessels Nachlass, nämlich ein unausgefüllter Meldeschein für eine Mischehe. Darin ist zu vermerken, ob man Mitglied in der Reichsversammlung, ob der Ehepartner Jude oder Arier sei und ob es sich bei den gemeinsamen Kindern um „Mischlinge"[832] oder „Geltungsjuden"[833] handele.[834] Es stellt sich nun zum einen die Frage, warum dieser Meldeschein unausgefüllt geblieben ist, zum anderen und vor allem, warum er dieses Zeugnis der nationalsozialistischen Unterdrückung aufbewahrt hat? Will er, trotz dass er Rettung gefunden hat, nicht seine Leidensgenossen vergessen? Wie Helen Hessel überliefert, gibt er als Erklärung für sein langes Durchhalten in Deutschland – trotz der zunehmenden Not[835] – Freunden gegenüber an, dass er sich nicht

---

[828] Vgl. Ferroud, Karin: *Une vie d'écriture.* – S. 346, Anmerkung 20.

[829] Vgl. Benjamin, Walter: *Die Wiederkehr des Flaneurs.* – S. 198.

[830] Leibbrand, Werner: *Gedenkblatt für Franz Hessel.* – S. 51.

[831] Vgl. Hessel, Helen: *Berlin im November 1938.* – In: Manfred Flügge (Hg.): *Letzte Heimkehr nach Paris.* – S. 43–66.

[832] Hockerts, Hans Günther (Hg.): *Akten der Reichskanzlei. Herausgegeben für die Historische Kommission bei der Bayrischen Akademie der Wissenschaften für das Bundesarchiv von Friedrich P. Kahlenberg. Regierung Hitler 1933–1945. Band 2. 1934/35.* – München: Oldenburg, 1999. – S. 918–922.

[833] Ebd.

[834] Vgl. Meldeschein für eine Mischehe. – Deutsches Literaturarchiv in Marbach am Neckar.

[835] „Der Arbeits- und Erwerbsmöglichkeiten beraubt, musste er die wenigen, aber auserlesenen Einrichtungsgegenstände seiner Wohnung verkaufen. Ein Stück nach dem anderen verschwand, auf dem der Blick gern geruht hatte; zuletzt fehlte auch die jahrhundertealte Truhe, und das Zimmer war kahl wie der Ausblick in die Zukunft." – Mayer, Paul: *Franz Hessel.* – S. 58.

dazu „berechtigt" gesehen habe, „als ein Bevorzugter dem Schicksal der Juden zu entgehen".[836] Franz Hessel ist wohl alles andere als blind gegenüber dem politischen Geschehen gewesen. Mit dem nach dem Krieg geschriebenen Fünfakter *Blut* hat Helen Hessel ihre Erfahrungen verarbeitet und den Schrecken der dreißiger Jahre zu Papier gebracht. Dieses Theaterstück, das bis heute unveröffentlicht ist, trägt stark autobiographische Züge. Es behandelt unter anderem die Ehe der Protagonistin (Helen) mit einem intellektuellen Juden namens Professor Rosen (Hessel).[837]

An dem „Komplott", Hessel über die Grenze zu bringen, seien sowohl französische als auch deutsche Freunde beteiligt gewesen, bemerkt Helen Hessel in der Rede zu seinem zehnten Todestag. Jean Giraudoux[838] habe die Erteilung des französischen Visums beschleunigt und Wilhelm Speyer habe der jungen Baronin Alix de Rothschild – mit der Franz Hessel entfernt verwandt ist – nahe gelegt, Hessel bei sich aufzunehmen.[839] Die überstürzte Flucht von Berlin nach Paris beschreibt Franz Hessel in einem Erzählfragment, das er mit *Letzte Heimkehr* übertitelt. Er schreibt es 1940 in Sanary-sur-mer, es wird aber erst 1989 im Berliner Verlag *Das Arsenal* veröffentlicht werden:[840] „Heimkehr, letzte Heimkehr war meine Reise nach, meine Ankunft in Paris im Oktober 1938. Daß ich unbehelligt über die Grenze kam, war mein Glück und im entscheidenden Augenblick Lellas [Helens] Werk. Ihr

---

[836] Vollmer, Hartmut: *Zeittafel Franz Hessel.* – In: Franz Hessel: *Werke 5: Verstreute Prosa, Kritiken.* – S. 327.

[837] „Was mich an Rosen anzog? – Daß er nichts von mir verlangte, mich nicht bedrängte. Er hat mir nicht einmal heftig die Kur gemacht. Aber in seiner Nähe wurde ich ‚sicher'. Es war als sagte er ‚ja' zu meinem Wesen. Bei ihm wurde ich ‚frei', wenn du weißt, was ich meine. Wie wenn man diese grauen Körner, die japanischen Teeblumen, in die Tasse tut – und die öffnen sich in der Wärme, bunt und zart. Ein Wunder. Ich war klug bei ihm, verstand, empfand. – Ein Märchen, ein Gedicht, das er mir vorlas, Musik und Bilder – was ich schon kannte und das Unbekannte – es tat sich mir auf, es lebte, wurde kostbar. Die Säulen des Tempels von Nîmes, die Dächer von Paris, die Sterne und die Namen des Olymps – das was in meiner Welt für ‚Nebendinge' galt, – das Verschüttete – [...] – ich weiß nicht, ob es uns in dem was man ‚Ehe' nennt, sehr gut ging. Er war mir fremd, wenn ihn sein Geist verließ." – Ferroud, Karin: *Une vie d'écriture.* – S. 183f., Anmerkung 190.

[838] Jean Giraudoux (1882–1944). Französischer Dramatiker und Diplomat. Einer der bedeutendsten Vertreter des französischen Theaters der Zwischenkriegszeit.

[839] Vgl. Hessel, Helen: *C'était un brave.* – S. 94.

[840] Hessel, Franz: *Letzte Heimkehr.* – In: Manfred Flügge (Hg.): *Letzte Heimkehr nach Paris.* – S. 7–42.

gelang, was alle andern für unmöglich hielten. Da fuhr ich nun durch verrauchtes belgisches Land. Alle Besorgnisse, Warnungen, Ratschläge der zurückgelassenen Freunde, die sich um mich geängstigt hatten, waren jetzt nichtig. Ich war wieder einmal verschont, ausgelassen worden, wie so oft. Inkognito, dachte ich, anonym, nicht auf Identität angewiesen."[841]

Auch anderen Flüchtlingen wird Helen Hessel zur Seite stehen, unter anderem dem Leiter der Hilfsorganisation *Emergency Rescue Committee*, Varian Fry,[842] der in Vichy-Frankreich vielen zur Flucht verhelfen kann,[843] nur ihr wird der Quäker nicht die nötigen Visa besorgen können.[844] Ein Bild belegt, dass sie am sechsten September 1941 ihn zum Bahnhof begleitet hat, als er selbst Frankreich verlassen muss.[845] Dies unternimmt sie alles, ohne die Kinder groß in ihren Plan einzuweihen. Stéphane Hessel schreibt, er habe kaum etwas von dieser „Rettung"[846] mitbekommen. Walter Benjamin charakterisiert die Ankunft seines Freundes folgendermaßen: „Hessel, der fünfeinhalb Jahre lang wie ein Mäuschen im Gebälk in Berlin gesessen hat, ist kürzlich

---

[841] Hessel, Franz: *Letzte Heimkehr.* – In: Franz Hessel: *Werke 5: Verstreute Prosa, Kritiken.* – S. 79.

[842] Varian Fry (1907–1967). Amerikanischer Journalist und Freiheitskämpfer im Zweiten Weltkrieg. Er leitet in Marseille ein Rettungsnetzwerk, das *Emergency Rescue Committee*, das es über 2000 Emigranten, darunter die Maler Marc Chagall und Max Ernst und die Schriftsteller Lion Feuchtwanger, Heinrich Mann und Franz Werfel, ermöglicht, vor den Nationalsozialisten zu fliehen.

[843] Vgl. Becker, Claudia: *Helen Grund.* – S. 209.

[844] Ulrike Voswinckel zitiert in ihrem Radio-Feature *Jules und Jim im Isartal* einen unveröffentlichten Brief Varian Frys an Helen Hessel vom 10. Februar 1941: „Ich habe, seitdem ich in Frankreich bin, selten einen so schönen Abend erlebt wie mit Ihnen neulich in Toulon. – Der Brief, den wir an Helena Rubinstein geschickt haben, ist von ihrer Sekretärin beantwortet worden, die mitteilte, dass Frau Rubinstein dem Komitee sagen lässt, dass sie Sie nur flüchtig kenne und kein Affidavit geben könne ...
P.S.: Es ist nicht wahr, dass die Reichen (in Amerika) mit Steuern überlastet sind, obwohl sie das oft behaupten. Es kann sein, dass sie wirklich sehr viele Hilferufe bekommen. Wirklich wahr ist, dass es sehr schwer ist, ihnen zehn Dollar zu entlocken ...". – Voswinckel, Ulrike: *Jules und Jim im Isartal.* – S. 20.

[845] Vgl. Guérini, Jean-Noël (Hg.): *Varian Fry: Du refuge à l'exil.* – Marseille: Actes Sud, 1999. – S. 42.

[846] Hessel, Stéphane: *Tanz mit dem Jahrhundert.* – S. 32.

mit großen Legitimationen und unter mächtiger Protektion in Paris eingetroffen. Ich glaube, seine Geschichte wird denkwürdig sein."[847]

In Paris nimmt Hessel eine „symbolische Anstellung als Bibliothekar der Rothschilds"[848] an. Guy[849] und Alix[850] Rothschild wohnen in der Avenue Foch 30, und er zieht in ein Nebengebäude in der Avenue Victor Hugo. Robert de Rothschild, Guys Cousin, ist bereits 1933 Mitbegründer einer Hilfsorganisation für die Opfer des deutschen Antisemitismus gewesen, 1936 ist diese durch das Hilfskomitee für Flüchtlinge ersetzt worden.[851] Paul Mayer schreibt allerdings in seinen Erinnerungen, dass Franz Hessel von seinen entfernten Verwandten „nicht gerade üppig" unterstützt worden sei.[852] Zahlreiche Bitten erreichen Alix de Rothschild von in Not geratenen Juden, oftmals soll Franz Hessel als Mittler fungieren. So schreibt zum Beispiel eine gewisse S. Katz am 25. Januar 1939, er solle Madame de Rothschild an ihr Versprechen erinnern, „oncle Bruno" zu helfen, denn sie habe den Eindruck, die Baronin habe oder wolle diesen Fall vergessen.[853] Doch auch die Rothschilds wird Anfang der vierziger Jahre das Schicksal der europäischen Juden ereilen, obwohl sie das, was Frankreich widerfahren sollte, lange Zeit nicht glauben wollen:[854] Alix und Guy de Rothschild werden im Oktober 1941 ins Exil in die USA gehen müssen.[855]

Ähnlich wie viele andere Bekannte, Freunde und Verwandte[856] freut sich Helens Schwester Bobann auch über Hessels gelungene Flucht

---

[847] Benjamin, Walter: *Briefe 2.* – S. 781f.
[848] Flügge, Manfred: *Wider Willen im Paradies.* – S. 100.
[849] Guy de Rothschild (1909–2007). Französischer Bankier, Industrieller und Mitglied der Bankiersdynastie Rothschild.
[850] Aix de Rothschild (1911–1982; geborene Hermine Jeannette Schey de Koromla). Erste Ehefrau von Guy de Rothschild.
[851] Vgl. Lottman, Herbert R.: *Die Rothschilds in Frankreich. Geschichte einer Dynastie.* Aus dem Englischen übersetzt von Ilse Utz. – Hamburg: Europäische Verlagsanstalt, 1999. – S. 221f.
[852] Vgl. Mayer, Paul: *Franz Hessel.* – S. 58.
[853] Brief von S. Katz an Franz Hessel vom 25. Januar 1939. – Deutsches Literaturarchiv in Marbach am Neckar.
[854] Vgl. Lottman, Herbert R.: *Die Rothschilds in Frankreich.* – S. 224.
[855] Vgl. ebd., S. 258.
[856] „Zunächst gestatte ich mir, Sie dazu zu beglückwünschen, dass Sie den Weg ins Freie gefunden haben und Ihnen für die Zukunft in Paris alles Gute zu wünschen." – Brief von Walter Breslauer an Franz Hessel vom vierten November 1938. – Deutsches Literaturarchiv in Marbach am Neckar.

nach Paris, wobei sie in ihrem Brief aus Solothurn sein Entrinnen wie eine willkommene Abwechslung und nicht wie eine politische Notwendigkeit darstellt.[857] Kurz nach seiner Ankunft in Paris muss Franz Hessel wohl an seine Berliner Freunde Julie und Bruno von Rosenberg eine Postkarte geschrieben haben, auf der er seine neue Bleibe beschreibt, denn am 19. Oktober schreibt sie an ihn einen Dankesbrief:

„Liebes Fränzchen!

Vielen Dank für Deine Karten, mit denen wir uns sehr gefreut haben. Wie gut, daß Du dort so nett aufgehoben bist. Ein weiss-gelb-rosa Zimmerchen!! Und daneben ein Badezimmer. Unklar ist mir, wo Du Deine feinen Anzüge aufhebst. […]

Wie schön, daß Du Paris wieder so genießt! Wie gern möchte ich mit Dir dort durch die Straßen bummeln. Hier kennt man alles, und es macht mir gar keinen Spaß. […]"[858]

Auch Leonharda, genannt Muschelkalk, Ringelnatz, die Witwe von Joachim Ringelnatz, schreibt an Franz Hessel. Seit sie sich im Sommer 1935 gemeinsam um die von Hans Siemsen[859] herausgegebene Nachlass-Edition ihres Mannes im Rowohlt-Verlag gekümmert haben, sind die beiden freundschaftlich miteinander verbunden.[860] Während Julie von Rosenberg in ihrem Brief überhaupt nicht auf die politische Lage eingeht oder eingehen will, schreibt Muschelkalk Ringelnatz Franz

---

[857] „Herrlich, dass Du nun da bist. Es war […] recht spannend. Wohl auch die Reise? Wie froh bin ich, Dich da zu wissen. […] Das Gartenhäuslein ist sicher nett. Anders als unsere Hohenstaufenburg mit der verkorksten Heizanlage." – Brief von Johanna (Bobann) Hessel-Grund an Franz Hessel vom 17. Oktober 1938. – Deutsches Literaturarchiv in Marbach am Neckar

[858] Brief von Julie von Rosenberg an Franz Hessel vom 19. Oktober 1938. – Deutsches Literaturarchiv in Marbach am Neckar.

[859] Hans Siemsen (1891–1969; Pseudonym Pfarrer Silesius). Deutscher Schriftsteller und Journalist.

[860] „Gestern am Sonntag war Hessel wieder von zwei bis sieben Uhr bei mir. Er sagt neben seiner auswählenden Arbeit immer sehr kluge, feine Sachen, so z. B. meinte er, es würde Deiner Art zu dichten mehr liegen, wenn Du für jedes einzelne Nachlasswerk eine kleine Einleitung schreibst, als wenn Du dem Gesamtwerk (evtl. zwei Bände) ein großes Vorwort gibst. […] Hessel und ich, wir werden es wieder lesen und Dir korrespondieren. Dann sind wir ein Dreibund." [Brief von Muschelkalk Ringelnatz an Hans Siemsen vom 5. August 1935]. – Siemsen, Hans: *Schriften III. Briefe von und an Hans Siemsen.* Herausgegeben von Michael Förster. – Essen: Torso, 1988. – S. 157.

Hessel von ihren Sorgen: „Eine meiner größten Freuden der letzten Zeit war Deine Karte mit dem Bericht Deiner Reise! […] Vom Verlag [Rowohlt] höre ich leider kaum etwas. Es geht Rowohlt sicher nicht gut. In der *Frankfurter Zeitung* vom 27. Oktober steht jetzt auch schon ganz offiziell, daß die Uebernahme durch die DVA-Stuttgart erfolgt und daß Ledig als Geschäftsführer die Umwandlung leitet! Das bedeutet ja wohl, daß Rowohlt selber nicht mehr mitmacht, was mir wirklich leid tut für ihn."[861]

Neben seiner Beschäftigung bei den Rothschilds veröffentlicht er unter dem Pseudonym „Fürchtegott Hesekiel"[862] zwischen Dezember 1938 und Juli 1939 Skizzen über Paris in der *Pariser Tageszeitung*,[863] auch die Künstlernamen „Stefan Ulrich"[864] – die Vornamen seiner beiden Söhne – und „Schnellpfeffer"[865] ist überliefert. Die Mutmaßung liegt nahe, dass Franz Hessel mehr geahnt hat, als man vielleicht aus seinen autobiographischen Überlieferungen und seinen Werken erkennen kann. Denn warum hat er sich ausgerechnet den Namen des Propheten angenommen, welcher den Untergang und die Deportation seines Volkes voraussagt? Während hier seine Flaniertexte von Lesern noch mit Genuss gelesen werden, gehört er in Deutschland bereits zu der von Goebbels abschätzig genannten Gruppe der „Asphaltliteraten".[866]

---

[861] Brief von Muschelkalk Ringelnatz an Franz Hessel vom 13. November 1938. – Deutsches Literaturarchiv in Marbach am Neckar.

[862] Der hebräische Name Hesekiel (eine von Martin Luther eingedeutschte Form von Ezechiel bzw. Jeheskel) bedeutet „Gott möge kräftig machen". Hesekiel ist ein aus einer Priesterfamilie stammender Prophet in der Zeit des babylonischen Exils, der zu den Judäern gehört, die 597 v. Chr. mit dem König Jojachin nach Babylonien deportiert worden sind, und der dort von 593 bis 571 v. Chr. wirkt. Von seinem Exilort aus verfolgt er den Zusammenbruch des Staates Juda mit der Zerstörung Jerusalems (587 v. Chr.) und die Deportation weiterer Judäer. – Schmoldt, Hans: *Kleines Lexikon der biblischen Eigennamen. – S. 75.

[863] Vgl. Wunderlich, Heinke/Stefanie Menke: *Sanary-sur-Mer. Deutsche Literatur im Exil.* Mit 136 Abbildungen. Bearbeitet von Heinke Wunderlich und Stefanie Menke unter Mitwirkung von Gisela Klemt, Thomas Lambertz und Heidemarie Vahl. – Stuttgart und Weimar: Metzler, 1996. – S. 112.

[864] Vgl. www.dla-marbach.de/Kallias/aDisWeb/peks/index.html vom 25. August 2003.

[865] Vgl. Echte, Bernhard: *Textnachweise und Erläuterungen. – In: Franz Hessel: Werke 3: Städte und Portraits. – S. 401

[866] Joseph Goebbels: *Presse und nationale Disziplin. – In: Der Angriff* (Berlin) vom 07. April 1933. – S. 6. [Zitiert nach: Otto, Viktor: *Warum Goebbels kein Flaneur sein konnte. – S. 162.].

Noch in Berlin hat Hessel eine Prosasammlung mit dem Titel *Frauen und Städte* zusammengestellt. Darin ist Hessels kleine Prosa von den späten zwanziger Jahren bis in die späten dreißiger Jahre gesammelt. Frauen sind für Hessel zeitlebens Objekte der Bewunderung. Neben der bereits erwähnten Gräfin Franziska zu Reventlow hat er über das „erotische Idol"[867] der dreißiger Jahre, Marlene Dietrich[868] – Manfred Georg schreibt am achten März 1931 aus Gründen der Fairness an Hessel, „daß er ebenfalls an einem Marlene-Dietrich-Büchlein arbeite"[869] –, ebenso wie über die neusachlichen emanzipierten jungen Angestelltinnen[870] geschrieben. In einem Brief von Julie Rosenberg vom 29. Oktober 1938 befindet sich ein Blatt, auf das Franz Hessel ein Märchen mit dem Titel *Das Kind und die Wanduhr* zu Papier gebracht hat. In den 1999 erschienenen *Gesammelten Werken* ist dieses nicht aufgeführt, deshalb wird es an dieser Stelle komplett wiedergegeben:

Das Kind und die Wanduhr.
Märchen.
Es ist still im Zimmer, nur die Wanduhr marschiert mit Tick und Tack durch das Schweigen. In dem kleinen Bette nach dem Fenster liegt ein Kind. Es ist neugeboren und noch sehr müde von der weiten Reise in die Wirklichkeit, deshalb schläft es. Die Sonne berührt es, und die Luft streicht drüber hin, und die Wanduhr marschiert, aber das Kind schläft.
Draußen ist himmelblauer Tag. Auf silbernen Wolkenballen halten fasernackte Engelchen Wache. ‚Wie ist es', fragt der liebe Gott, der den ganzen Vormittag regiert hat, ‚ist alles in Ordnung, kann ich ein bißchen spazieren gehen?' ‚Ja', antworten die Engel.

---

867 Plath, Jörg: *Weiblichkeit und Metropole.* – In: Opitz, Michael/Jörg Plath (Hgg.): *„Genieße froh, was du nicht hast".* – S. 118.

868 Hessel, Franz: *Marlene Dietrich. Marlene als Mutter, Marlene als Kind.* – In: Franz Hessel: *Frauen und Städte.* – In: Franz Hessel: *Werke 3: Städte und Portraits.* – S. 210–232.

869 Brief von Manfred Georg an Franz Hessel vom achten März 1931. – Deutsches Literaturarchiv in Marbach am Neckar.

870 Hessel, Franz: *An die Berlinerin. Unsere fleißigen Mädchen.* – In: Franz Hessel: *Frauen und Städte.* – In: Franz Hessel: *Werke 3: Städte und Portraits.* – S. 266–271.

Und Gott geht durch einsame Straßen. Da kommt er an dem schlafenden Kinde vorbei, lächelt und spricht: ‚Du hast lange genug geschlummert. Erwache!'

Das Kind schlägt die Augen auf. Die Wanduhr schnarrt und räuspert sich, denn sie ist sehr alt, dann begrüßt sie den lieben Gott und das Kind mit zwölf tiefschönen Schlägen. Der liebe Gott aber spricht: ‚Mögen solche Glockentöne Dein Leben begleiten.' Dann geht er wieder in den Himmel zurück und regiert weiter.

Die Wanduhr marschiert mit Tick und Tack in die Zeit: Das Kind wurde groß. Und es geschah nach Gottes Wort: Ueberall hört es tiefschöne Glockentöne, aber immer hört es auch das Schnarren und Räuspern, das die Glockentöne begleitet.[871]

Am zweiten November 1938 richtet Gottfried Bermann-Fischer[872] vom gleichnamigen Stockholmer Verlag brieflich an Franz Hessel die Bitte, eine „unangenehme Arbeit zu übernehmen":[873] Er soll die Rohübersetzung von Jean Gionos[874] Roman *Bataille dans la montagne*, die von Ruth Gerull-Kardás angefertigt worden ist, überarbeiten: „Ich kann vollkommen verstehen, daß Sie nicht gerade mit Begeisterung daran denken, eine Rohübersetzung fertig machen zu sollen. Trotzdem aber, und da vor allem demjenigen, der diese Arbeit übernimmt, die ferneren Uebersetzungen von Giono selbstverständlich zukommen werden, möchte ich dennoch die Bitte an Sie richten, diese unangenehme Arbeit zu übernehmen. – Die Uebersetzung würde, wenigstens bei der außerhalb Deutschlands in meinem Verlag erscheinenden Ausgabe, unter ihrem Namen herauskommen."[875]

---

[871] Hessel, Franz: *Das Kind und die Wanduhr. Märchen.* – In: Brief von Julie Rosenberg an Franz Hessel vom 29. Oktober 1938. – In: Deutsches Literaturarchiv in Marbach am Neckar.

[872] Gottfried Bermann-Fischer (1897–1995). Deutscher Verleger.

[873] Brief von Gottfried Bermann-Fischer an Franz Hessel vom zweiten November 1938. – Deutsches Literaturarchiv in Marbach am Neckar.

[874] Jean Giono (1895–1970). Französischer Schriftsteller der Provence. Vor allem in seiner frühen Prosa vertritt er naturreligiöse Vorstellungen.

[875] Brief von Gottfried Bermann-Fischer an Franz Hessel vom zweiten November 1938. – Deutsches Literaturarchiv in Marbach am Neckar.

Nach einigen Komplikationen – so bleiben zum Beispiel Korrekturen auf dem Postweg liegen[876] – erscheint der Roman Ende 1939 in Stockholm unter dem Titel *Bergschlacht*. Die Nennung Franz Hessels im Untertitel als Übersetzer bleibt allerdings aus.

„Der Lastträger von Bagdad"[877]
Franz Hessels Leben im Pariser Exil

Einem unwahrscheinlicheren Mann als dem Philosophen und Dichter Franz Hessel bin ich nie begegnet. Bosheit war ihm völlig fremd; das Giftgrün fehlte im Spektrum seines Charakters. Schon die Sprechmelodie seiner Stimme log von Menschen und Dingen, sie freundlich verfälschend, das Üble und Gemeine herunter. Auch das Häßliche galt ihm als daseinsberechtigt, weil von diesem um so schöner das Schöne sich abhebt. Wüsten erscheinen ihm nur Vorwände für Oasen. Welch ein gerissener advocatus dei![878]

Franz Hessel hat sich bald mit seiner neuen Situation abgefunden, das Exil empfindet er nicht als solches, weil er Paris ebenso wie Berlin liebt.[879] In einem Brief an seinen Bruder Hanns verlautbart er wohl, dass es ihm gut gehe und dass er sich eingelebt habe, die Antwort von Hanns Hessel ist im Deutschen Literaturarchiv aufbewahrt.[880] Der Bankier ist schon 1933 interniert worden, als Ehemann einer „Arierin" entgeht er aber der Deportation.[881] Er richtet in einem Brief an seinen im Exil

---

[876] Vgl. Brief des Bermann-Fischer Verlags an Franz Hessel vom fünften Juni 1939. – Deutsches Literaturarchiv in Marbach am Neckar.

[877] Hessel, Franz: *Der Lastträger von Bagdad.* – In: Franz Hessel: *Verstreute Prosa.* – In: Franz Hessel: *Werke 5: Verstreute Prosa, Kritiken.* – S. 78f.

[878] Polgar, Alfred: *Der Lastträger.* – In: Alfred Polgar: *Kleine Schriften. Band 4. Literatur.* Herausgegeben von Marcel Reich-Ranicki in Zusammenarbeit mit Ulrich Weinzierl. – Hamburg: Rowohlt, 1984. – S. 90f.

[879] „Paris war für ihn fast alles. Als er Deutschland verlassen musste, war er wohl traurig über den Anlass, er liebte auch Berlin, aber die Aussicht, dass er nach Paris ‚heimkehren' sollte, verklärte den Abschied." – Krell, Max: *Der letzte Romantiker.* – S. 194.

[880] Vgl. Brief von Hanns Hessel an Franz Hessel vom 22. Dezember 1938. – Deutsches Literaturarchiv in Marbach am Neckar.

[881] Vgl. Flügge, Manfred: *Gesprungene Liebe.* – S. 226.

lebenden Bruder, dem er zwei Lebensläufe auf Englisch beilegt,[882] die Bitte, ob jener ihm nicht helfen könne, eine Arbeit zu finden, damit auch er im Ausland Fuß fassen könne: „Es ist mir ja auch ganz gleich, in welchem Land oder Erdteil sich für mich eine Chance böte. Man ist heute nicht mehr wählerisch."[883] Auch Hessels Tante Lise aus Brüssel mahnt ihn in einem undatierten Brief, alles ihm Mögliche zu tun, um Hanns ins Ausland zu bringen: „Mein lieber Franz, setze Himmel und Erde in Bewegung, daß die Geschwister Deutschland verlassen können. Es ist hohe Zeit!!! Bei Deinen Beziehungen zu Familie Rothschild wirst Du sicher [...] keine Fehlbitte tun."[884]

Ihrem ältesten Bruder Alfred bleibt der Neubeginn in einem anderen Land erspart. Er stirbt am 18. Mai 1939 an einem Herzleiden.[885] Zuvor hat auch er versucht, im englischen Exil Fuß zu fassen,[886] nachdem er am 31. Dezember 1935 zwangsweise in den Ruhestand versetzt worden ist. Damit ist er „unter den Professoren des Göttinger Historischen Seminars das einzige Opfer der nationalsozialistischen Rassengesetze".[887]

Doch nicht nur sein Bruder wendet sich an ihn und bittet ihn um Hilfe. Auch Doris von Schönthan schreibt an ihren ehemaligen Freund und fragt an, ob er sie unterstützen könne. Sie will Bruno von Salomon heiraten und mit ihm ins Exil gehen. Zunächst scheitert dieses Vorhaben an mangelndem Geld, dann an fehlenden Papieren: „Ja, unser Kahn sticht nun genau in 13 Tagen in den Ocean. Ich habe nun das Ansinnen an Sie, daß Sie in dieser Richtung auch etwas unternehmen und zwar an meinen entfernten Vetter Franz Feilchenfeld (Old Broad Street, Broad-Street-House, London EC 2) schrieben. Ich selber kann es nicht tun, da ich ihn kürzlich erst für meine Fahrt nach Paris ansprang. Aber er schrieb mir sehr nett über Sie und wenn Sie ihm etwa in folgendem

---

[882] Lebensläufe auf Englisch von Hanns Hessel. – Deutsches Literaturarchiv in Marbach am Neckar.
[883] Brief von Hanns Hessel an Franz Hessel vom 22. Dezember 1938. – Deutsches Literaturarchiv in Marbach am Neckar.
[884] Brief von Tante Lise an Franz Hessel (ohne Datum). – Deutsches Literaturarchiv in Marbach am Neckar.
[885] Vgl. Petke, Wolfgang: *Alfred Hessel (1877–1939), Mediävist und Bibliothekar in Göttingen*. – S. 408.
[886] Vgl. ebd.
[887] Ebd., S. 387.

Sinne schrieben, wird er bestimmt reagieren: [...] Können Sie so, aber natürlich mit Hesselschen Jargon und Charme, etwas schreiben?"[888]

Hessel schreibt unverzüglich an Franz Feilchenfeld, doch sein Bittbrief bleibt ohne Erfolg und so antwortet sie ihm – nun schon als Doris von Salomon –: „Danke übrigens herzlich für die, wenn auch vergebliche, Feilchenaktion!"[889] Trotz ihrer „überwältigend penetranten Betriebsamkeit"[890] wird ihr Mann in Pas de Calais, sie selbst am 28. November 1939 im Internierungslager Rieucros eingesperrt werden. Ebenso wendet sich Maria Speyer in einem verzweifelten Hilferuf an Franz Hessel. Ausgerechnet Wilhelm Speyer, der maßgeblich an Hessels Rettung beteiligt gewesen ist und die Kontakte zur Baronin Rothschild hergestellt hat, bittet ihn, ein gutes Wort bei ihr für ihn einzulegen: „Ich hatte bis jetzt die Erlaubnis ihn hin und wieder zu einige Minuten zu sehn; aber ich weiß nicht ob das so bleiben wird. Seine Adresse ist: Camp de Catus, RR 172, Lot. Lieber Hessel, ich hoffe so, daß es Ihnen möglich war sich wegen Sp.[eyer] mit Alix in Verbindung zu setzen. Denn jede gute Empfehlung ist doch so wichtig. Bitte, bitte reden Sie mit Alix, sie muß alles tun, was in ihrer Macht liegt."[891]

Viele solcher verzweifelter Hilferufe erreichen Franz Hessel in seinem Pariser Exil.[892] Er versucht zu helfen, wo er kann, doch mehr als Briefe schreiben steht nicht in seiner Macht, was sehr deprimierend gewesen sein muss. Deshalb dürfte Post wie die von Ursula de Boor, einer Medizinstudentin aus Freiburg, die ihn auf Empfehlung von Dr. Werner Leibbrand besucht, wie Balsam auf seine Seele gewirkt haben: „Zuerst möchte ich Ihnen danken für die schönen Stunden, die wir miteinander in Paris haben durften. Das Zusammensein mit Ihnen war mir ein schönes und wertvolles Geschenk und die Erinnerung an den

---

[888] Brief von Doris von Schönthan an Franz Hessel vom zehnten April 1939. – Deutsches Literaturarchiv in Marbach am Neckar.

[889] Brief von Doris von Schönthan an Franz Hessel vom fünften Juni 1939. – Deutsches Literaturarchiv in Marbach am Neckar.

[890] Kantorowicz, Alfred: *Nachtbücher. Aufzeichnungen im französischen Exil 1935 bis 1939.* Herausgegeben von Ursula Büttner und Angelika Voß. – Hamburg: Christians, 1995. – S. 206.

[891] Brief von Maria Speyer an Franz Hessel vom zehnten Oktober 1939. – Deutsches Literaturarchiv in Marbach am Neckar.

[892] Vgl. Brief von Ann und Walther Tritsch an Franz Hessel vom 14. März 1939. – Deutsches Literaturarchiv in Marbach am Neckar.

Nachmittag vor Ostersonntag, als wir zusammen im Luxembourg saßen und ‚jus de tomates' tranken, ist mir immer gegenwärtig als eines der liebsten meines letzten Aufenthalts in Paris. Nie habe ich jemand von dieser Stadt so liebevoll und feinsinnig sprechen hören wie Sie, ich glaube, man muß im tieferen Sinne ‚Deutscher' sein, um so von etwas Fremden erzählen zu können."[893]

Des weiteren dürfte es ihn gefreut haben, daß ein Landsmann, der Stettiner Rudolf Olden,[894] an den deutschen Exil-PEN geschrieben hat mit der Bitte, Franz Hessel aufzunehmen. Im Oktober 1939 erfolgt die Aufnahme.[895] Am selben Tag wie er wird sein Freund Alfred Polgar[896] in diese Organisation zugelassen. Auch er lebt im Pariser Exil, wo er Hessel oft trifft. Unter dem Titel *Der Lastträger von Bagdad* hat der Wiener Feuilletonist ein sehr detailliertes und liebevolles Porträt seines Leidensgenossen gezeichnet: „Ich sah ihn zum letzten Mal im Kriegs-Paris, 1940. Frau und Kinder hatten anderes zu tun, so besorgte er, der Sechzigjährige, den Einkauf für die häusliche Küche.[897] Er benützte keinen Einkaufskorb, sondern ein Netz, das, war nichts darin, sich zusammenfalten und in die Tasche stecken ließ. Das Netz hieß ‚Rosemarie'. So pflegte er, der freundlich war zu den geringen Dingen, es zu nennen, in Erinnerung an die Jugendgeliebte, die ein ähnliches Gespinst im Haar getragen, auch, gleich Rosemarie, etwas Leichtes und Lockeres im Wesen gehabt hatte. Nur konnte Franz nicht sie, sondern sie den Franz kleinfalten und in die Tasche stecken."[898]

---

[893] Ursula de Boor an Franz Hessel vom 19. Mai 1939. – Deutsches Literaturarchiv in Marbach am Neckar.

[894] Rudolf Olden (1885–1940). Deutscher Journalist und Rechtsanwalt.

[895] „Dear Secretary, would you, please, add to the members' list of the German Group of the International P.E.N. Association the names of: 1. Alfred Polgar, 14, Rue du Commandant Marchand, Paris (16e). 2. Franz Hessel, 38, Avenue Victor Hugo, Paris (16e). With many thanks. Yours sincerely. Rudolf Olden." – Rudolf Olden an die P.E.N. Association vom 8. Oktober 1939. – Deutsches Literaturarchiv in Marbach am Neckar.

[896] Alfred Polgar (1873–1955; Pseudonyme Archibald Douglas, L. A. Terne). Österreichischer Schriftsteller, Literaturkritiker und Übersetzer. Einer der bedeutendsten Vertreter der Wiener Moderne.

[897] Dies ist das erste Mal, dass die Familie Hessel gänzlich ohne Dienstpersonal lebt. – Vgl. Hessel, Ulrich: *Die Autobiographie von Ulrich Hessel (Teil 2).* – S. 226.

[898] Polgar, Alfred: *Der Lastträger.* – S. 90.

Ähnlich wie der „Lastträger von Bagdad" – „mit seiner Gestalt verschmelzend, ahnte ich eine Welt voller Gleichnisse und Gewänder"[899] – verhält sich Franz Hessel.[900] Er ist nie nachtragend und bezichtigt die Marktfrauen nicht, dass sie ihm schlechte Ware andrehen, ja er verteidigt diese Naturalien sogar noch vor seiner Frau. Schließlich sei es nicht die Schuld der Verkäuferinnen, wenn es nur schlechte Produkte gebe. Mache es nicht genauso viel Arbeit gesunde wie angefaulte Früchte aus den Dörfern in die Städte zu bringen? „Und sagt nicht übrigens Kant, es wäre nichts in der Welt, das ohne Einschränkung für gut gehalten werden könnte? Darauf meinte die Frau: ‚Du bist ein Esel', und Franz senkte das Haupt wie ein solcher, voll brüderlichen Gefühls für das Tier, dem er verglichen worden war."[901]

Zunächst schenken die Pariser dem besonderen Fremden „keinerlei Beachtung, trotz seiner schönen handgestrickten Weste, einem Überbleibsel aus besserer Zeit, und trotz der bedeutenden Form seines Schädels".[902] Franz Hessel steht mit den anderen in der Schlange an, den „Geduldigsten der Geduldigsten"[903] überholen die Gewitzten, aber kein Groll über das Schicksal nagt an ihm. Im Gegenteil, er erfreut sich am „ätherische[n] Öl der Gemüse und Blumen"[904] wie sein Lastträger aus „Tausend und einer Nacht", der den „Duft von Wunderwassern, Harz und seltenen Hölzern"[905] atmet: „Und wie konnten Franzens Geist und ästhetisches Gefühl ungerührt bleiben von den Eiern in ihrer himmlisch einförmigen Eiförmigkeit?"[906]

Doch bald hinterlässt die unscheinbare Gestalt bei den kleinen Leuten im Viertel Eindruck. Er habe sich zeitlebens genauso gern mit Rilke wie mit seiner Concierge unterhalten, erzählt Helen Hessel.[907] Die Wende bringt der Winter. Die Angestellten des Kohlenhändlers sind

---

[899] Hessel, Franz: *Der Lastträger von Bagdad.* – S. 79.
[900] „Er konnte plötzlich, zur Überraschung aller, seine Kraft zeigen. Er sagte: ‚In einem früheren Leben bin ich Lastträger in Bagdad gewesen.' – Er fügte hinzu: ‚Natürlich habe ich am liebsten *die* Last getragen, die mir eine schöne verschleierte Dame aufgebürdet hat.' – Speyer, Wilhelm: *„Komm, iss von meiner Suppe."* – S. 97.
[901] Polgar, Alfred: *Der Lastträger.* – S. 90.
[902] Ebd., S. 90f.
[903] Ebd., S. 91.
[904] Ebd.
[905] Hessel, Franz: *Der Lastträger von Bagdad.* – S. 78.
[906] Polgar, Alfred: *Der Lastträger.* – S. 91f.
[907] Vgl. Ferroud, Karin: *Une vie d'écriture.* – S. 243.

eingezogen worden, so dass Hessel die Kohlen für sich und seine Familie in den fünften Stock selbst tragen muss. Und da seine Nachbarin schon betagt ist und keine Angehörigen mehr hat, schleppt er auch für sie die Kohlen in die Wohnung: „Kohlen tragen, behauptete Franz, ist gut gegen Rheuma, schärft den Gleichgewichtssinn und lenkt, da alle Aufmerksamkeit in den Muskeln versammelt ist, den Geist von müßigen Spekulationen ab. Und Kohlen, sagte er, die man auf dem Buckel schleppt, machen fast so schön warm wie Kohlen im Ofen. Überdies hatte er zur leichteren Bewältigung der fünf Treppen sich einen feinen Kniff ausgedacht, nämlich das rhythmische Gehen im Takt eines bestimmten Versmaßes. Meist verwendete er hierzu, als Liebhaber der Antike, den sechsfüßigen Jambus des Archilochos, an gewissen Tagen jedoch kam er mit dem vierfüßigen Trochäus von Wilhelm Busch besser hoch. – Seit er aber Kohlen trug, schenkten ihm Markt und Straße, die ihm, da er noch mit Rosemarien ging, keine Beachtung schenkten, Beachtung. Freundlich winkten ihm die Gemüsefrauen zu, der Käsemann grüßte, die Bekanntschaften vom Schlange-Stehen guckten sich nach ihm um, und der Bäcker fragte gemütlich-doppelsinnig: ‚Comment vous portez-vous?‘[908] Als ob die Leute witterten, das sei kein Lastträger, wie er im Buch der elenden sozialen Ordnung, sondern eher einer, wie er im Märchen steht.“[909]

So ist Franz Hessel auch im Exil jedermanns Freund und Helfer. Alfred Polgar soll über ihn gesagt haben, dass selbst seine Feinde ihn geliebt haben müssen, wenn man sich überhaupt habe vorstellen könne, dass er je einen gehabt habe.[910] Auch die platonische Verehrung „seiner

---

[908] Es handelt sich hierbei um ein französisches Wortspiel mit dem Verb „porter". Es bedeutet „Wie geht es Ihnen?" Wörtlich übersetzt heißt es „Wie tragen Sie sich?" [Übers. M. N.]

[909] Polgar, Alfred: *Der Lastträger*. – S. 92f.

[910] „Alles liebt er. Fiele ein Ziegelstein vom Dach, knappest an seiner Nasenspitze vorbei: Franz würde sagen, dass er verfallende Häuser liebe und die Schwermut abbröckelnden Gemäuers und die plötzlichen Abenteuer der Straße. Wüsten erscheinen ihm nur als Vorwände für Oasen. Schickt ihn aufs Schlachtfeld: er wird dort Blumen pflücken.
Nun er, von mir getötet, unter der Erde ruht, machen ihm vermutlich die Würmchen viel Spaß. Gern sieht er ihrem verspielten Gekribbel zu, gibt den kleinen Dingern, die, mein Gott, doch auch leben wollen, Namen. Und hat gewiss schon seine Lieblinge unter ihnen." – Polgar, Alfred: *Ein unmöglicher Mensch*. – In: Gregor Ackermann/Hartmut Vollmer (Hgg.): *Über Franz Hessel*. – S. 16. [Zuerst in: *Berliner Tageblatt* (Berlin) vom 12. Januar 1932].

Mädchen" ist „dem letzten Romantiker" ins Exil gefolgt, konstatiert Max Krell in seinen Memoiren: „Und in Paris bin ich ihm, bei einem flüchtigen Besuch, zum letzten Mal begegnet. Ich sah vor mir bei der Étoile einen leicht gekrümmten Mann im flatternden grauem Mäntechen, den Hut in den Nacken geschoben, die Hände auf dem Rücken gekreuzt, genauso wie der alte Hessel auf der Potsdamer Straße ging. Kein bitteres Wort über das aufgezwungene Exil. ,Sehen Sie da vorne das grazile Geschöpf im blaugeblümten Kleid? Wenn die Augen so schön sind wie die Beine, werde ich ein Gedicht über sie schreiben.' ,Beschleunigen wir unsere Schritte, Franz. Überzeugen Sie sich!' Er hielt mich am Arm fest. ,Nicht, nicht, man muß Enttäuschungen nicht herausfordern.'"[911]

Wen wundert es da, dass Franz Hessel zu den Ehrengästen eines Vortrags von Dr. Karl Wolff, dem ehemaligen künstlerischen Leiter des staatlichen Schauspielhauses in Dresden, im Mai 1939 zählt, welcher den Titel *Platonische Liebe* trägt?[912]

„Komm, iß von meiner Suppe"[913]
Drohende Internierung Franz Hessels im Stade des Colombes

Was war in der Vor-Vichy- und in der Vichy-Zeit aus seinem Frankreich geworden, das ihn einsperren ließ?[914]

Im Gegensatz zu seinem Bruder Ulrich hat sich Stefan Hessel schon beim Umzug der Familie 1925 sehr schnell an seine neue Heimat gewöhnt.[915] Nach dem baccalauréat geht er 1934 für ein Jahr nach Lon-

---

[911]   Krell, Max: *Der letzte Romantiker.* – S. 194.
[912]   Brief (Einladung) von Dr. Karl Wolff an Franz Hessel (ohne Datum). – Deutsches Literaturarchiv in Marbach am Neckar.
[913]   Speyer, Wilhelm: *„Komm, iss von meiner Suppe."* – S. 100.
[914]   Ebd., S. 99.
[915]   „Es gab schon allerlei Schwierigkeiten, die damit verbunden waren. Man mußte die neue Sprache lernen – das gelang ziemlich schnell – man mußte sich mit den anderen Jungen vertragen, die doch eine andere Herkunft hatten und die gerade aus dem Ersten Weltkrieg herausgekommen waren – da gab es schon allerlei Reibungen. Aber man hat sie überwunden. Und jetzt empfinde ich, dass mein Einreihen in die französische Kultur leichter gewesen ist, als das von vielen Jungen, die jetzt aus Afrika, aus Nordafrika kommen und für die es schwieriger geworden ist als für uns, meinen Bru-

don, um an der *London School of Economics* zu studieren. Auf Anraten von französischen Freunden meldet Helen Hessel ihren Sohn zum „hypokhâgne/khâgne", dem zweijährigen Vorbereitungskurs für die *École Normale Supérieure* – eine der Eliteschulen Frankreichs – im Lycée Louis-le-Grand, an. Im Juni 1937 besteht Stefan die Aufnahmeprüfung. Seine französische Staatsbürgerschaft kann ihm allerdings erst nach Vollendung seines zwanzigsten Lebensjahres zuerkannt werden: „Im Oktober bin ich kein ausländischer Student mehr, denn nun bin ich Franzose, aber noch kein französischer Student, da als Ausländer angenommen! [...] Mein zwanzigster Geburtstag! Ich fühle mich schon seit langem als Franzose. Nun hat das *Journal officiel* es mir bestätigt."[916]

Seine Einbürgerung hat aber Konsequenzen: Stefan Hessel hat die Aufnahmeprüfung zwar als Deutscher bestanden, aber nicht der Franzose Stéphane Hessel! So muss er den Concours nochmals bestreiten und besteht ihn 1939 bravourös als Neuntplazierter.[917] Doch statt der Aus-

---

der und mich. Aber wir müssen darauf aufpassen, dass die Einwanderer, die jetzt nach Europa – sei es nach Deutschland, Frankreich oder in andere Länder kommen – so aufgenommen werden, dass sie, so wie wir es geworden sind, richtige Mitbürger von ihren neuen Ländern werden." – Stéphane Hessel im Interview mit der Autorin im dai Heidelberg am 08. November 2000. Das Interview ist im Anhang abgedruckt.

[916] Hessel, Stéphane: *Tanz mit dem Jahrhundert.* – S. 47.

[917] Hessel, Ulrich: *Die Autobiographie von Ulrich Hessel (Teil 2).* – S. 225. – Dieses Kuriosum berichtet Walter Benjamin seinem Sohn Stefan Rafael in einem Brief vom sechsten August 1939: „ Habe ich Dir geschrieben, dass nun auch mein alter Freund Franz Hessel seit längerem wieder in Paris ist? Mit seinem Kadi, an den Du dich vielleicht noch erinnern wirst, hat sich etwas Bemerkenswertes zugetragen. Dieser Kadi hat früh seine Naturalisation in Frankreich betrieben. Er hat sich auf der andern Seite ungemein fleißig und anstellig gezeigt, so daß er vor einem Jahr zum allgemeinen Staunen die Aufnahmeprüfung an der Ecole Normale Supérieure bestanden hat. Das ist eine der schwersten Prüfungen. In ihr wird alljährlich unter den Bewerbern aus ganz Frankreich eine Auslese von ich glaube noch nicht hundert Kandidaten vorgenommen. Die Zugehörigkeit zur Ecole Normale Supérieure gibt späterhin das Anrecht auf wichtige Stellen im Staat. Kurz: der Kadi bestand diese Prüfung; zufällig ging die Naturalisationsurkunde erst einige Tage nach der Prüfung beim Justizministerium heraus. Daraufhin machte man ihm an der E.N.S. alle Rechte streitig: da er die Prüfung nicht als Franzose gemacht hat. Er hätte eine Beschwerde beim Ministerium einleiten können. Anstatt dessen besaß er die Tollkühnheit, die Prüfung (die in strengster Anonymität stattfindet; die abgelieferten Arbeiten tragen keine Verfassernamen, sondern Nummern, und das Kollegium der Prüfenden ist jedes Jahr ein anderes) in diesem Jahr noch einmal abzulegen. Er hat sie wieder bestanden." – Benjamin, Walter: *Gesammelte Briefe. Band VI. 1983–1940.* Herausgegeben von Christoph Gödde und Henri Lonitz – Frankfurt am Main: Suhrkamp, 2000. – S. 320f.

bildung an einer Eliteschule wird Stéphane eingezogen, aufgrund seines Examens wird er in der Militärschule in Saint-Maixenet im Département Deux-Sèvres gleich zum Offiziersanwärter. „Er hat viel gesehen und erlebt, dieser liebe, kleine Große." [Übers. M.N.][918] schreibt der Vater über die ersten Kriegsjahre seines Jüngeren. Kurz nach seiner Einberufung heiratet er eine Kommilitonin, Vitia Mirkine-Guetzévitch, „ein ziemlich wildes, russisches junges Mädchen, hypokhâgneuse, treibende Kraft einer Gruppe noch ausgelassener Kameradinnen als sie".[919] Während Helen strikt gegen diese Ehe ist, findet sich Franz als erster mit der Heirat der beiden ab.[920]

Während Stéphane zum Kampf an der französischen Front ausgebildet wird, interniert man seinen Bruder Ulrich im September 1939 im Stade de Colombes als „feindlichen Ausländer".[921] Auch Franz Hessel muss sich in diesem Internierungslager unweit von Paris melden, bleibt aber von der Inhaftierung verschont, weil er mit seinen 59 Jahren über der Altersgrenze liegt und Stéphane französischer Staatsbürger und Offiziersanwärter ist. Der deutsche Schriftsteller Hermann Kesten,[922] der ebenso wie Hessel „ins Exil nach Paris wie nach Hause gegangen"[923] ist, beschreibt in seinen Memoiren die Internierung: „Als ich an allen Mauern den Anschlag las, daß alle Bürger und Abkömmlinge aus Deutschland und Österreich und dem Saarland mit Messer und Gabel bewaffnet und mit Lebensmitteln für zwei Tage versehen, ins Konzentrationslager in der Radfahr-Arena von Colombes vor den Toren von

---

[918] Vgl. Polgar, Alfred: *In Memoriam Franz Hessel.* – S. 9.
[919] Hessel, Stéphane: *Tanz mit dem Jahrhundert.* – S. 46.
[920] „Sie [Vitia] war eine Jüdin mit russischen Vorfahren. Kadi hatte immer einen Schwarm von Mädchen um sich gehabt, so dass seine Entscheidung und seine Wahl für uns alle überraschend kam. Diese Heirat gefiel meiner Mutter nicht besonders, weil sie Angst hatte, dass er in einen ,jüdischen Klüngel' hineingeraten könnte, und auch weil sie vor vollendete Tatsachen und nicht zuvor als künftige Schwiegermutter eingeführt worden war. Mein Vater hatte sich als erster mit dieser Heirat abgefunden. Mir hatte er einmal den bezeichnenden Ratschlag gegeben: ,Frauen erst so spät wie möglich.' Meine Mutter leistete längere Zeit Widerstand. Vielleicht wollte sie auch nicht ihren exklusiven Einfluss auf Kadi aufgeben." – Hessel, Ulrich: *Die Autobiographie von Ulrich Hessel (Teil 2).* – S. 226.
[921] Ebd.
[922] Hermann Kesten (1900–1996). Deutscher Schriftsteller, Lektor und während des Exils „Schutzvater aller über der Welt Versprengten" (Stefan Zweig).
[923] Kesten, Hermann: *Geist der Unruhe. Literarische Streifzüge.* – Köln und Berlin: Kiepenheuer und Witsch, 1959. – S. 64.

Paris unverzüglich sich begeben sollten, ging ich. In der Arena zu Colombes verbrachte ich nur zehn Tage, und ich war nicht der einzige distinguierte Gast der französischen Regierung. Mit mir wandelten und wälzten sich, sonnten sich und schliefen auf dem Steinboden der Arena und auf ihren Steinstufen etwa zwanzigtausend Emigranten, eingezwängt wie in Sardinenbüchsen, und bewacht von Soldaten der französischen Armee und den bewaffneten Gardes mobiles mit ihren geladenen Gewehren. [...] Da gab es Flüchtlinge aus politischen und solche aus religiösen Gründen, Saarländer, die für Frankreich gestimmt, und Fremdenlegionäre, die für Frankreich gekämpft hatten, Juden und Mönche und ehemalige Reichstagsabgeordnete, und weltberühmte Schriftsteller und Maler und Komponisten, Krüppel und Kranke, Väter und Söhne und Brüder, Professoren von der Sorbonne, der bekannte Biograph des bekannten Hitler, und der tapfere Chefredakteur der antinazistischen Pariser Tageszeitung, Helden des Antifaschismus und Opfer Hitlers, Entronnene aus Dachau und vor Francos Friedhöfen."[924]

Außer den internierten Juden und Hitlergegnern befinden sich in dem Lager zudem fünfzig Nazi-Anhänger, sogenannte Reichsdeutsche, die aber strikt voneinander getrennt werden. Katastrophale hygienische Bedingungen, Kälte und Gerüchte, was aus den Insassen des Stade werden soll, zehren an den Nerven der Internierten.[925] Ulrich Hessel, der protestantisch erzogen worden ist, hört dort zum ersten Mal Namen von jüdischen Organisationen wie „HICEM"[926] oder jüdische Begriffe wie „Jom Kippur".[927] Die Zustände im Stade de Colombes sind für ihn

---

[924] Kesten, Hermann: *Geist der Unruhe*. – S. 65.

[925] „Für diese zwanzigtausend tapferen Feinde Hitlers hatte man die für das gewöhnliche Publikum der Arena vorgesehenen Aborte eigens abgesperrt und statt dessen zwölf große leere Weinfässer auf der selben Seite der Arena aufgestellt. In sechs Fässern kochte man schwarzen Kaffee für die Zwanzigtausend. Sechs andere Fässer wurden der Notdurft der zwanzigtausend überlassen. In sechs Stunden waren diese sechs Notdurft-Fässer überfüllt. In sechs weiteren Stunden konnte man nur durch Teiche von Urin und Unrat zu den sechs überschwappenden Fässern gelangen. Aber die aufs Publikum künftiger Pariser Radrennen harrenden WCs wurden nicht aufgesperrt. [...] Es gab nur vereinzelt, nur nebenbei einmal Prügel, dagegen ziemlich regelmäßig Paté und Brot und schwarze Kaffeebrühe aus den sechs Fässern, und nur gelegentlich fanden wir in unsern Brotlaiben Nägel und Glasscherben, oder Sand." – Ebd., S. 65f.

[926] HICEM. 1927 gegründete Organisation, um Juden bei der Emigration zu helfen. Akronym aus den Namen der Organisationen HIAS (Hebrew Sheltering and Immigrant Aid Society), ICA (Jewish Colonization Association) und Emigdirect.

[927] Hebr.: Versöhnungstag. Höchster jüdischer Feiertag.

zeitlebens unvergesslich: „Geschlafen haben wir unter den Zuschauerbänken. Innerhalb des Stadions durften wir uns frei bewegen, wurden auch zu keinen Arbeiten gezwungen. Die hygienischen Verhältnisse und das Essen waren in diesem improvisierten Lager miserabel. Jeder Fliegeralarm, der mir in den Ohren schrillte, löste epileptische Anfälle aus, so daß ich die meiste Zeit im Krankenrevier verbrachte. Französische Freunde intervenierten, vor allem Gabrielle Picabia, die Frau des Malers, und tatsächlich kam ich schon nach drei Wochen wieder frei."[928]

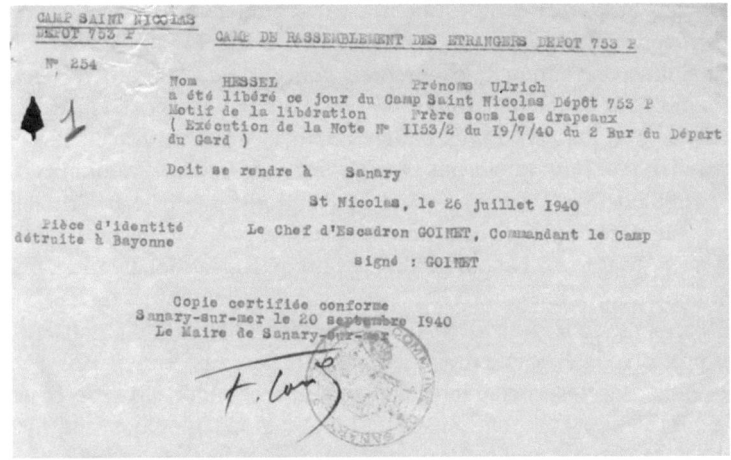

Abb. 7: *Entlassungsbescheid Ulrich Hessels aus dem Internierungslager Saint Nicolas (1940)*

Den Winter 1939/40 verbringen Helen, Ulrich und Franz Hessel zusammen in einer „wegen Kohlenmangels schlecht geheizten Wohnung".[929] Franz Hessel beschwert sich auch nicht über die immer schlechter werdende Lebensmittelsituation, zumal er schon immer

---

[928] Hessel, Ulrich: *Die Autobiographie von Ulrich Hessel (Teil 2)*. – S. 226f.
[929] Ebd., S. 227.

bescheiden und ein „gemäßigter Vegetarianer"[930] gewesen ist. Jetzt begnügt er sich eben stillschweigend mit noch weniger.[931]

Die Familie Hessel erlebt die *drôle de guerre*[932] in Paris, bevor sie im April 1940 nach Sanary-sur-mer an der Côte d'Azur flüchtet. Bereits im Mai desselben Jahres werden Franz Hessel und sein Sohn Ulrich in einem Konzentrationslager interniert. Da die Internierungslager in Frankreich anders geartet gewesen sind als jene in Deutschland, erfolgt im folgenden Kapitel ein kurzer Abriss über diese Lager. Daraufhin wird auf Hessels Ankunft und Aufenthalt in Sanary-sur-mer eingegangen werden. Bei allen Entbehrungen empfindet Franz Hessel weder Groll für die Deutschen, die ihn als Juden aus dem Land getrieben haben, noch für die Franzosen, die ihn wie einen feindlichen Deutschen behandeln. Sein Freund Wilhelm Speyer kann zunächst für dieses stoische Verhalten kein Verständnis aufbringen, später ist auch er hinter das Geheimnis von Hessels Wesen gekommen: „Ich fragte Hessel einmal vor dem Krieg, wie er sich zu politischen Gegnern verhalten würde, die ins Elend geraten wären. Seine Antwort war: ‚Komm, iß von meiner Suppe.' Komm, iß von meiner Suppe – vor diesen Worten breitet sich der ganze Zwiespalt des sittlich und des politisch denkenden Menschen aus. In der Leidenschaft der Zeit hat mich damals dieser Ausspruch verdrossen. Andere werden ihn geliebt haben."[933]

---

[930] Mayer, Paul: *Franz Hessel.* – S. 57.

[931] „‚Wo Hessel hintritt, wächst Gras' sagte ich einmal scherzhaft von ihm. Er war ein bedingungsloser Menschenfreund; und Eremit dazu. Ein leidenschaftlicher Humanist, gelehrt und des Lernens nie müde, zufrieden mit Wenigstem, liebevoll zugetan den schönen Künsten des Lebens und des Schreibens. Und wenn es ihm noch so elend ging, fand er, es ginge ihm ganz artig. Wahrlich, dieser Mann wäre im Stande gewesen, seine Feinde zu lieben, wenn er welche gehabt hätte." – Polgar, Alfred: *In Memoriam Franz Hessel.* – S. 9.

[932] Frz.: Seltsamer Krieg. Zustand an der Westfront zwischen der Kriegserklärung von Großbritannien und Frankreich an das Deutsche Reich am dritten September 1939 infolge des deutschen Angriffs auf Polen am ersten September 1939 und dem Beginn des deutschen Westfeldzugs am zehnten Mai 1940, in dem beide Seiten militärisch weitgehend passiv bleiben.

[933] Speyer, Wilhelm: *„Komm, iss von meiner Suppe."* – S. 100.

Les Milles – Saint Nicolas (1940)

„Lager mit doppelter Natur"[934]
Die Internierungslager im Süden Frankreichs

Mittlere Nacht. Es regnet stark. Herzog, Ulmer und der alte Hessel eingetroffen. Stimmung mau.[935]

Nach der Niederlage seiner Armee wird Frankreich 1940 in mehrere Zonen aufgeteilt. Südfrankreich steht unter der Herrschaft des Vichy-Regimes. Als „freie Zone" bezeichnet, entspricht es in etwa dem alten Frankreich ohne der Atlantikküste und dem Alpengebiet. Während der Zeit von 1940 bis 1944 wird der südliche Teil ausschließlich von den Franzosen verwaltet. Selbst nach der Besetzung von ganz Frankreich durch die Deutschen am 11. November 1942 bleibt dies bestehen: „Das Vichy-Regime hat also nicht nur mitgewirkt an der ‚Endlösung der Judenfrage', sondern hat sie in aktiver Weise unterstützt. […] Aus diesem Grunde hat in den letzten dreißig Jahren ein beinahe totales Schweigen über die Existenz der Lager in der Südzone geherrscht. Einige Gedenktafeln zur Erinnerung sind dann in Agde, St-Cyprien, Le Vernet d'Ariège, Gurs, Les Milles usw. angebracht worden. Aber offensichtlich bleibt der Hinweis auf die Inhaftierung etwas Störendes, denn er deckt auf, wie auf französischem Boden die Menschenwürde verhöhnt worden ist."[936]

Im Inneren der sogenannten freien Zone bestehen vier Jahre lang ohne Unterbrechung Internierungslager. Tausende von Menschen – weitaus die meisten von ihnen Juden – werden in diesen eingesperrt, viele sterben dort oder werden in die Vernichtungslager deportiert: „Die Lager der Südzone hatten eine doppelte Natur: Einerseits waren es spezialisierte Zentren für die Internierung von Fremden und besonders

---

[934] Laharie, Claude: *Die Internierungslager in Südfrankreich in der Vichy-Zeit (1940– 1944).* – In: Edwin M. Landau/Samuel Schmitt (Hgg.): *Lager in Frankreich. Überlebende und ihre Freunde. Zeugnisse der Emigration, Internierung und Deportation.* – Mannheim: von Brandt, 1991. – S. 12.

[935] Feuchtwanger, Lion: *Der Teufel in Frankreich. Erlebnisse – Tagebuch 1940 – Briefe.* 2., erweiterte Auflage. – Berlin und Weimar: Aufbau, 1992. – S. 276.

[936] Laharie, Claude: *Die Internierungslager in Südfrankreich in der Vichy-Zeit (1940– 1944).* – S. 33f.

von Juden; die Bedingungen waren dort manchmal dermaßen fürchterlich, daß sie an deutsche Konzentrationslager erinnerten; andererseits wurden sie ab 1942 systematisch dazu verwendet, den Nazis die Opfer zu liefern, die in den Todeslagern – speziell in Auschwitz – vernichtet wurden."[937]

Als der Waffenstillstand zwischen der französischen und deutschen Armee unterzeichnet wird, existieren in Südfrankreich bereits etliche Internierungslager. Diese „Empfangszentren"[938] sind ursprünglich dazu gedacht gewesen, Kämpfer der republikanischen Armee während des Spanischen Bürgerkriegs unterzubringen. Viele dieser Lager werden danach wieder geschlossen, einige bleiben aber noch bestehen, darunter Gurs (Basses-Pyrénées), Rivesaltes (Pyrénées-Orientales) und Le Vernet (Ariège).

Der Krieg mit Deutschland hat zur Folge, dass in Frankreich ungefähr hundert Lager eingerichtet werden, etwa eines pro Departement. Darin werden in Frankreich wohnende Ausländer interniert, die ursprünglich aus den mit Frankreich Krieg führenden Ländern stammen: „Juden, nicht-jüdische Linke und Intellektuelle, die Flüchtlinge aus dem nationalsozialistischen Deutschland und dem Spanischen Bürgerkrieg wurden zu den Parias des neuen Frankreich", schreibt Anne Klein in ihrem Beitrag über die Lage der politischen Gefangenen in Südfrankreich im Jahre 1940.[939] Zur Zeit des Vichy-Regimes existieren in Südfrankreich ungefähr zwanzig Lager, aus denen beinahe alle vorherigen Insassen entlassen worden sind. Einige von ihnen, wie Gurs, St-Cyprien (Pyrénées-Orientales) und Les Milles (Bouches-du-Rhône) sind sehr groß und können über 10.000 Personen unterbringen.

Am dritten Oktober 1940 wird das sogenannte Judenstatut eingeführt, eine Definition, nach welcher die Nazis festlegt haben, wer Jude sei und wer nicht: Demnach sei jede Person, die von drei Großeltern jüdischer Rasse abstamme oder von zwei Großeltern jüdischer Rasse, falls ihr Ehepartner seinerseits jüdisch sei, als Jude zu bezeichnen.[940]

---

[937] Laharie, Claude: *Die Internierungslager in Südfrankreich in der Vichy-Zeit* – S. 12.

[938] Ebd.

[939] Vgl. Klein, Anne: *Rettung und Restriktion. US-amerikanische Notvisa für politische Flüchtlinge in Südfrankreich 1940/41.* – In: *Exilforschung* (München) 15/1997. – S. 217.

[940] „Loi portant statut des Juifs. Art. 1er. – Est regardé comme juif, pour l'application de la présente loi, toute personne issue de trois grands-parents de race juive ou de deux

Dieses führt zu einem enormen Internierungsschub, bei dem vor allem viele deutsche Juden eingesperrt werden, die sich zu jenem Zeitpunkt in Frankreich aufhalten. Unter der Vichy-Regierung werden daraufhin am 21. Oktober 1940 sieben Hauptzentren bestimmt, in denen die Internierten festgehalten werden. Le Vernet für Männer und Rieucros (Lozère) für Frauen sind autoritäre Zentren mit „repressivem Charakter".[941] Dort werden die Aufsässigen, die Rebellen, eingesperrt, die nicht unbedingt jüdischer Abstammung sind. Gurs gilt als „halbrepressive"[942] Sammelstelle, dort werden vor allem badische Juden interniert. Weniger diktatorisch geht es in den „Unterbringungslagern"[943] Argèles (Pyrénées-Orientales), Bram (Aude) und St-Cyprien zu. Das siebte Lager, so Claude Laharie, sei für die Unerwünschten, die für die Ausreise bestimmt seien:[944] Um dieses sogenannte Auswanderungszentrum Les Milles bei Aix-en-Provence wird es im folgenden gehen.[945]

Insgesamt gesehen sind zwischen 1940 und 1942 rund 15 Lager mit rund 40.000 Internierten ununterbrochen in Betrieb und zwar unter der alleinigen Aufsicht des Vichy-Regimes. 1943 und 1944 sind die meisten Lager der sogenannten freien Zone Durchgangszentren für die Transporte nach Drancy und von da nach Auschwitz. Die ersten Transporte mit angeblich unbekanntem Ziel, das heißt die ersten Deportationen, erfolgen bereits am sechsten August 1942. Sie werden von

---

grands-parents de la même race, si son conjoint lui-même est juif." – Klarsfeld, Serge (Hg.): *Les Juifs sous l'Occupation. Recueil des Textes Officiels Français et Allemands 1940/1944.* Réédité par l'Association *Les Fils et Filles des Déportés Juifs de France.* – Paris: Centre de documentation juive contemporaine, 1982. – S. 19.

[941] Laharie, Claude: *Die Internierungslager in Südfrankreich in der Vichy-Zeit (1940–1944).* – S. 12.

[942] Ebd., S. 15.

[943] Ebd.

[944] Vgl. ebd.

[945] „Diejenigen Flüchtlinge, die Aussicht auf ein US-Visum hatten, wurden in der Region um Marseille interniert. Man brachte die Männer im Lager Les Milles und die Frauen und Kinder in vier Hotels im Stadtzentrum unter. Der Präfekt des Départements Bouches-du-Rhone war als einziger Präfekt autorisiert, Ausreisevisa auszustellen, falls Vichy positiv entschieden hatte." – Klein, Anne: *Rettung und Restriktion. US-amerikanische Notvisa für politische Flüchtlinge in Südfrankreich 1940/41.* – S. 218.

französischen Ordnungskräften durchgeführt, die hauptsächlich Juden erfassen.[946]

Doch manchmal sind auch „arische" Ehepartner, „zweifelhafte" Ausländer und einige Spanier – Flüchtlinge aus dem Bürgerkrieg – mit in den Gefangenentransporten, um die festgelegte Deportiertenzahl zu erreichen.[947] Ungefähr 30.000 der 75.721 Männer, Frauen und Kinder, die von 1942 bis 1944 in die Vernichtungslager verschleppt werden, stammen aus der freien Zone.[948]

Abb. 8: *Ziegelei von Les Milles (2013)*

---

[946] Vgl. Vidal-Naquet, Marie: *Sur un espace mort.* – In: Geneviève Decrop: *Des camps au génocide: la politique de l' impensable.* – Grenoble: Presses universitaires, 1995. – S. 11.

[947] Vgl. Laharie, Claude: *Die Internierungslager in Südfrankreich in der Vichy-Zeit (1940–1944).* – S. 17.

[948] Vgl. ebd.

„Der Teufel in Frankreich"[949]
Der Lageralltag in Les Milles

Im Herbst 1940 steckten die Vichy-Kanaillen den alten kränklichen Mann in eines ihrer infamen Lager. Entbehrung, körperliche und seelische Not hatten da nicht mehr viel zu tun, ihn fertig zu machen.[950]

Der Alltag in den französischen Lagern unterscheidet sich stark von dem in deutschen. Zwar sind auch in den Internierungszentren unter der Vichy-Regierung Elend und Not an der Tagesordnung, doch gibt es keine Brutalitäten oder Gewalttätigkeiten seitens der Wärter. Vielmehr vernachlässigen die französischen Funktionäre den Zustand der Lager. Lion Feuchtwanger[951] beschreibt dieses Verhalten in seinen Memoiren *Der Teufel in Frankreich*: „Die Franzosen bezeichneten ihre Schlamperei, ihre Art, die Dinge gehen und treiben zu lassen, als ‚Je-m'en foutisme‘, als eine Lebensanschauung, die sich ausdrücken lässt in der Wendung: ‚Je m' en foue‘, ich scheiße drauf. Ich glaube denn auch nicht, daß böse Absicht an unserm Unheil schuld war, ich glaube nicht, daß der Teufel, mit dem wir in Frankreich von 1940 zu tun hatten, ein besonders ausgekochter Teufel war, der seine Freude hatte an sadistischen Späßen. Ich glaube vielmehr, daß es der Teufel der Schlamperei war, der Gedankenlosigkeit, der Herzensträgheit, der Konvention, der Routine, eben jener Teufel, den die Franzosen mit dem guten Wort ‚Je m'en-foutisme‘ bezeichneten."[952]

Carl von Ossietzky[953] nennt die Konzentrationslager der Nationalsozialisten „sterilisierte Marterpfähle",[954] weil dort alles bis auf das kleinste Detail geplant und durchorganisiert ist. Für die französischen Internierungslager gilt das genaue Gegenteil: Man setzt der Brutalität

---

[949] Feuchtwanger, Lion: *The devil in France. My encouter with him in the summer von 1940.* Translated from the German by Elisabeth Abbott. – New York: Viking Press, 1941.

[950] Polgar, Alfred: *Der Lastträger.* – S. 93.

[951] Lion Feuchtwanger (1884–1958). Deutscher Schriftsteller. Einer der bedeutendsten Vertreter der Exilliteratur.

[952] Feuchtwanger, Lion: *Der Teufel in Frankreich.* – S. 46.

[953] Carl von Ossietzky (1889–1938). Deutscher Journalist, Schriftsteller und Pazifist. Friedensnobelpreisträger von 1935.

[954] Thalheim, Werner: *Le Dachau français: Exilierte hinter Stacheldraht.* – In: Wolfgang Benz/Barbara Distel (Hgg.): *Dachauer Hefte* (Dachau) 5/1989. – S. 188.

Schlamperei entgegen, der Bedrohung Desorganisation. Der deutsche Schriftsteller Friedrich Wolf[955] bezeichnet die Lager, in denen die „Indésiderables" gefangen gehalten werden, deshalb als „le Dachau français".[956] Ähnlich sieht es der deutsche Intellektuelle Franz Schoenberner,[957] ebenfalls Internierter der Tuilerie Les Milles, in seinen *Erinnerungen*: „In vieler Hinsicht war der Hof der Ziegelfabrik noch mehr geeignet, Depressionen zu erzeugen als das Stadion von Antibes. Auch hier wieder wie dort wurde nie jemand mißhandelt oder beschimpft, aber selbst eine gewisse Art von Gleichgültigkeit, Unfähigkeit und Vernachlässigung kann auf die Dauer ungefähr dieselben Resultate hervorrufen wie bewußter böser Wille. Diese typische französische Verhaltensweise, die sich in dem Ausdruck ‚Je m'en fiche' (Mir ist alles ganz wurscht) ausdrückt und deshalb auch als ‚m'enfichisme' bezeichnet wird, ist für all die größeren und kleineren Katastrophen Frankreichs verantwortlich, für den militärischen Kollaps von 1940 und für die französischen Internierungslager im Stil von Les Milles oder gar noch schlimmere."[958]

Hunderte Intellektuelle der Weimarer Zeit, unter ihnen Walter Benjamin, Lion Feuchtwanger, Alfred Kantorowicz,[959] Golo Mann[960] und Friedrich Wolf, die sich an die Côte d'Azur ins Exil geflüchtet haben, werden in Les Milles in Südfrankreich interniert, in keinem anderen Lager sind so viele Intellektuelle versammelt wie dort.[961] Alfred Kantorowicz nennt es im Vergleich zu den anderen Internierungslagern

---

[955] Friedrich Wolf (1888–1953). Deutscher Arzt, Schriftsteller und kommunistischer Politiker. Vater von Markus Wolf (1923–2006), Leiter (1952–1986) des Auslandsnachrichtendienstes des Ministeriums für Staatssicherheit der DDR.

[956] Thalheim, Werner: *„Le Dachau français. Exilierte hinter Stacheldraht.* – S. 188.

[957] Franz Schoenberner (1892–1970). Deutscher Schriftsteller und *Simplizissimus*-Chefredakteur (1929–1933).

[958] Schoenberner, Franz: *Innenansichten eines Außenseiters. Erinnerungen Band 2.* – Icking: Kreisselmeier, 1965. – S. 141.

[959] Alfred Kantorowicz (1899–1979; Pseudonym Helmuth Campe). Deutscher Schriftsteller, Publizist und Literaturwissenschaftler.

[960] Golo Mann (1909–1994). Deutsch-schweizerischer Historiker, Publizist und Schriftsteller. Drittes Kind von Thomas Mann.

[961] „Hier sind jetzt schrecklich viele Leute, so dass man vor lauter Bekannten gar keine Ruhe hat: Golo Mann, Marchwitzka, E. A. Rheinhardt, Herzog, ich könnte die ganze Karte mit bekannten Namen füllen." – Feuchtwanger, Lion: *Der Teufel in Frankreich.* – S. 331.

„gemütlich".[962] Die meisten Häftlinge seien jüdische bürgerliche Emigranten, die sich mit ihrem Vermögen an die Riviera gerettet hätten. Des Weiteren gebe es dort einige unpolitische deutsche Fischer und Siedler, die französische Frauen geheiratet hätten und Fremdenlegionäre deutscher Abstammung: „Gegen den Nazismus engagiert war nur eine Anzahl von Schriftstellern wie Feuchtwanger, Wilhelm Herzog,[963] Franz Schoenberner, Walter Hasenclever,[964] Franz Hessel, Emil Alphons Rheinhardt[965] und die ‚entarteten Künstler' Anton Räderschmidt[!],[966] Max Ernst, Max Lingner,[967] Gerd Kaden[968] und andere (...). Kommunisten oder linke Sozialisten fanden sich kaum in der Masse der Häftlinge."[969]

Bei Kriegsausbruch im September 1939 werden die in Frankreich ansässigen deutschen und österreichischen Staatsbürger interniert. Fast alle sind Gegner des Nationalsozialismus und vor dem Regime in Deutschland geflohen. Achtzig Prozent von ihnen sind Juden. Diejenigen, die in Marseille, Aix-en-Provence oder an der Côte d' Azur leben, werden in der stillgelegten Ziegelei von Les Milles zusammengepfercht. Die Ziegelei ist ein mächtiger Gebäudekomplex von 25.000 Quadratmetern, aber vollkommen unbewohnbar. Überall zieht es, es wimmelt von Ungeziefer und der Ziegelstaub greift die Gesundheit an.[970] Im Juni 1940 gibt es für 3.000 Internierte nur vier Toiletten.

Nach Kriegsbeginn kommen Anfang September 1939 die ersten Häftlinge, deutsche und österreichische, aber auch osteuropäische Juden und Intellektuelle, die vor Hitler oder Stalin geflüchtet sind, nach Les Milles. Anfang November befinden sich rund 1.500 Gefangene im

---

[962] Kantorowicz, Alfred: *Exil in Frankreich. Merkwürdigkeiten und Denkwürdigkeiten.* – Hamburg: Christians, 1983. – S. 109.

[963] Wilhelm Herzog (1884–1960). Deutscher Schriftsteller, Pazifist, Literatur- und Kulturhistoriker.

[964] Walter Hasenclever (1890–1940). Deutscher Schriftsteller des Expressionismus.

[965] Emil Alphons Rheinhardt (1889–1945). Österreichischer Lektor und Schriftsteller des Expressionismus.

[966] Anton Räderscheidt (1892–1970). Deutscher Maler der Neuen Sachlichkeit.

[967] Max Lingner (1888–1959). Deutscher Maler, Graphiker und Widerstandskämpfer.

[968] Gerd Kaden (1891–1990). Deutscher Maler, Graphiker, Bildhauer und DDR-Agent.

[969] Kantorowicz, Alfred: *Exil in Frankreich. Merkwürdigkeiten und Denkwürdigkeiten.* – S. 109.

[970] Vgl. Fontaine, André: *Les Camps d'Étrangers des Milles.* – Aix-en-Provence: Édisud, 1989. – S. 221.

Lager. Im März 1940 sind nur noch 140 Internierte in Les Milles, die meisten sind inzwischen wieder freigelassen worden. Am zehnten Mai marschieren die Deutschen in Frankreich ein. Daraufhin werden alle Deutschen und Österreicher interniert. Mitte Juni leben 3.000 Gefangene unter katastrophalen Bedingungen im Lager: „In wenigen Tagen hatte sich der Ziegelstaub überall eingefressen, und alle Kleidungsstücke waren beschmutzt durch die unhygienischen Zustände des Lagers, das nur wenige Wasserhähne für tausend (später waren es mehr als zweitausend) Häftlinge draußen im Freien besaß, desgleichen nur sechs Abtritte – man denke doch – , die selbstverständlich stets besudelt waren. – Den ganzen Tag standen Schlangen vor den Latrinen. Es gab da vier Holzverschläge an dem einen, drei am andern Ende des Areals. Manchmal warteten bis zu hundert Menschen vor jeder dieser beiden Gelegenheiten. Es gab kein Wasser, man konnte sich vor dem Kot nicht retten und nicht vor den dicken Schwärmen von Fliegen. (...) Daß so viele von uns das Konzentrationslager von Les Milles überlebten, ist eine schlagende Widerlegung unserer gängigen Anschauungen über die Notwendigkeit der Hygiene. ‚In faecibus nascimur, in faecibus morimur‘ [Im Kot werden wir geboren, im Kot sterben wir], hatte Augustin erklärt; ein melancholischer Spaßvogel hatte das Zitat an den ersten der Verschläge angeschrieben und es ergänzt: ‚In faecibus vivimus‘ [Im Kot leben wir].“[971]

Nach dem Waffenstillstand am 22. Juni 1940 will der Kommandant des Lagers 2.010 Gefangene vor den Deutschen in Sicherheit bringen. Er schickt sie in einem Zug – dem sogenannten Phantomzug – nach Bayonne, wo ein Schiff auf sie wartet. Aber unterwegs hören sie das Gerücht, dass 2.000 deutsche Soldaten nach Bayonne unterwegs seien, denn ein Bahnbeamter schreit in den Zug: „Rette sich, wer kann! Die Deutschen kommen!“[972] Er hat nämlich ein Telegramm erhalten, das die Ankunft von rund 2.000 Deutschen angekündigt hat – er weiß nicht, dass es sich dabei um die Internierten handelt! Deshalb glaubt er, es geht in dem Telegramm um Soldaten der deutschen Wehrmacht.

---

[971] Feuchtwanger, Lion: *Der Teufel in Frankreich.* – S. 57.
[972] Vgl. Fontaine, André: *La Tuilerie des Milles* [Zusammenfassung der Umstände von André Fontaine, die der Autorin als Kopie von Barthélémy Rotger, dem Stadtchronisten von Sanary-sur-Mer, zur Verfügung gestellt worden ist].

Der Zug setzt sich also in umgekehrter Richtung wieder in Bewegung, viele kommen nach Gurs, später wieder nach Les Milles. Einige flüchten und versuchen, auf eigene Faust davonzukommen. Wenigen gelingt diese Flucht. Die vom Schicksal Begünstigten wandern in die USA und nach Südamerika aus. Varian Fry, der Abgesandte von Eleanor Roosevelt,[973] bemüht sich um die Rettung von Intellektuellen. Doch nach der Kapitulation am zwölften November 1942 wird das in der freien Zone gelegene Lager zum Deportationslager umfunktioniert.[974]

Die ersten Gefangenen sind Juden aus Baden, die – entsprechend einem Plan der Nazis – nach Madagaskar abgeschoben werden sollen. Doch nach der Wannseekonferenz vom 21. Januar 1942, bei der die sogenannte Endlösung beschlossen wird, deportiert man die Juden direkt von Les Milles aus in die Vernichtungslager. Am dritten August 1942 beginnen regionale Schutztrupps, das Lager zu umzingeln. Der Lagerpastor Henri Manen, seine Frau und drei französische Jüdinnen retten Hunderte Juden mit Hilfe von Gläubigen der reformierten Kirche. Trotzdem werden 1.928 Frauen und Männer und 72 Kinder über Drancy nach Auschwitz deportiert.

„Überall Ziegelsteinstaub, sogar im kargen Essen"[975]
Franz Hessel in Les Milles

Bald darauf ging er nach Frankreich, wo er dann doch ein schnödes Ende in einem Lager gefunden hat.[976]

---

[973] Eleanor Roosevelt (1884–1962). Amerikanische Menschenrechtsaktivistin, Diplomatin und Ehefrau des 32. Präsidenten der Vereinigten Staaten, des Demokraten Franklin D. Roosevelt (Amtszeit 1932–1945).

[974] „Zur Zeit der Deportation im August 1942 kriecht der Wachsoldat A. Boyer unter den Zug [in welchem die Internierten abtransportiert werden sollen], um den Deportierten Metallsägen hineinzuschieben. 42 können am Bahnhof Rognac den Zug verlassen. Er bringt Kinder auf seinem Rücken an einem 15 m langen Tau vom Speicher herunter. Er wurde zum ‚Gerechten Israels' erhoben, weil er vielen, vielleicht Hunderten, das Leben gerettet hat." – Fontaine, André: *Aus den Protokollen über die Forschungen zum Lager Les Milles (1939–1943)*. – S. 38.

[975] Fontaine, André: *Les Camps d'Étrangers des Milles*. – S. 221.

[976] Ahlers-Hestermann, Friedrich: *Pause vor dem dritten Akt*. – S. 133.

Im April 1940 fahren Helen, Franz und Ulrich Hessel mit dem Auto nach Sanary-sur-mer, ein kleines Hafenstädtchen an der Côte d'Azur, „der blinde Punkt auf der Netzhaut des Modetouristen",[977] das im unbesetzten Teil Frankreichs liegt. Doch mit der Besetzung Frankreichs durch die deutsche Wehrmacht werden alle „feindlichen Ausländer"[978] – egal ob Nazis oder Nazi-Opfer – in Internierungslager verschleppt. Zunächst wird Ulrich in Les Milles interniert, etwa acht Tage später auch sein Vater, weil die Altersgrenze für die Inhaftierung heraufgesetzt worden ist.[979] Ernst von Salomon bemerkt, dass nicht einmal die Bemühungen des französischen Schriftstellers Jules Romains verhindern können, dass Franz Hessel nach dem 10. Mai 1940 auf Befehl des französischen Ministers Mandel in ein Konzentrationslager eingewiesen worden ist.[980] Auch die Frauen werden nun in Sammellager gebracht. Helen Hessel weiß sich aber zu helfen, erzählt ihr Sohn Ulrich: „Weitere acht Tage später sollte meine Mutter auch dran kommen. Sie jedoch weigerte sich. Sie schrieb einen Brief an den Kommandanten der Gendarmerie von Ollioules, der für Sanary zuständig war, und erklärte ihm, sie sei als Mutter eines französischen Soldaten und in keiner Weise bereit, ‚Frankreich zu entehren', indem sie sich internieren ließe. – Sie legte sich nackt unter die Bettdecke und sagte den Gendarmen, die sie aufforderten, ihnen ins Lager zu folgen: ‚Wenn Sie mich durchaus haben wollen, so müssen Sie mich nackt wie ich bin nehmen.' Natürlich wurde daraufhin ein Arzt herbeigeholt, der in einem Attest bescheinigte, daß meine Mutter transport- und lagerunfähig sei."[981]

Durch dieses „Gefälligkeitsattest"[982] bleibt Helen Hessel von der Haft verschont. In den Unterlagen, die man im Rathaus Sanary-sur-mer über die Deutschen führt, wird unter ihrem Namen notiert, daß sie angebe, einen französischen Sohn zu haben.[983] Später wird dies als Faktum in ihren Papieren geführt.[984]

[977] Leibbrand, Werner: *Gedenkblatt für Franz Hessel.* – S. 49.
[978] Hessel, Ulrich: *Ein deutscher Franzose.* – In: Manfred Flügge (Hg.): *Letzte Heimkehr nach Paris.* – S. 127.
[979] Vgl. Hessel, Ulrich: *Die Autobiographie von Ulrich Hessel (Teil 2).* – S. 228.
[980] Vgl. Salomon, Ernst von: *Der Fragebogen.* – S. 331.
[981] Hessel, Ulrich: *Ein deutscher Franzose.* – S. 126f.
[982] Flügge, Manfred: *Wider Willen im Paradies.* – S. 100.
[983] „Mme Hessel Hélène, née Grud [!], à Berlin, le 30 avril 1886, épouse d'un sujet allemand, se dit mère d'un enfant Français ancien élève de l'Ecole Normale supé-

Am 29. Mai notiert Lion Feuchtwanger, der schon seit dem 21. Mai in Les Milles ist, in sein Tagebuch: „Mittlere Nacht. Es regnet stark. Herzog, Ulmer[985] und der alte Hessel eingetroffen. Stimmung mau."[986] Ulrich Hessel erinnert sich, viele alte Bekannte in Les Milles wiedergetroffen zu haben. Neben Feuchtwanger nennt er in seiner Autobiographie Kurt Wolff, Hans Siemsen, Walter Hasenclever, der im Lager Selbstmord begangen hat, und Alfred Kantorowicz. Letzterem ist im Lager der „kleine, leise Franz Hessel, den man bemerkte und sehr bemerkenswert fand, weil er gar nicht bemerkt sein wollte, sich nie zum Mittelpunkt machte, lieber für sich meditierte, sich andererseits jedoch nie versagte, wenn man seine Zusprache suchte",[987] aufgefallen: „Franz Hessel klagte nie, obwohl er mit seiner zarten Konstitution ganz besonders unter den Unbilden der Lagerhaft litt."[988] Während Kantorowicz das Verhalten Hessels mit unverhohlener Bewunderung beschreibt, kann Lion Feuchtwanger dessen Gebaren nicht verstehen. Es will ihm einfach nicht klar werden, wie jemand, der den Ersten Weltkrieg erlebt habe, der von Hitler aus dem Land getrieben worden sei, der mit einer Französin verheiratet sei – Feuchtwanger sitzt diesem Irrtum wohl auf, weil Helen Hessel nicht interniert worden ist – und dessen älterer [!] Sohn sogar in der französischen Armee diene, so unpolitisch sein könne: „Herr H. lebte im Lager, als ob dieses Lager das kosmopolitische Berlin des Jahres 1913 gewesen wäre. Es war nicht ganz leicht, herauszubekommen, ob sein lächelnder, kopfschüttelnder Gleichmut Philosophie war oder Verständnislosigkeit. Sein junger Sohn, von Kindheit an hinkend, hatte schon zu Beginn des Krieges übelste Erfahrungen in einem Pariser Konzentrationslager machen müssen. Er war trotz seiner Jugend ebenso gleichmütig wie der Vater. Beide waren sie gefällige Leute, beide genossen sie dankbar die tausend kleinen Freuden, die

---

rieure, aspirant dans l'armée Française. Villa Huxley." – Dokumente der „Préfecture du Var" aus den Jahren 1940–1943. Die Unterlagen sind in Kopie im Besitz der Autorin.

[984] „M. et Mme Hessel Franz, villa Uxley [!], la Gorguette (venant de Paris). ---> ont un fils officier Français. M. Hessel Ulrich, leur fils. – Ebd.

[985] Wilhelm Ulmer (?-?). Deutscher Tenor. Ulmer singt 1914 in Bayreuth den Siegmund in Richard Wagners Oper *Die Walküre*. Seit 1931 lebt er mit seiner Frau Irmgard und seinen 1917 geborenen Sohn Willy in Sanary.

[986] Feuchtwanger Lion: *Der Teufel in Frankreich*. – S. 276.

[987] Kantorowicz, Alfred: *Exil in Frankreich*. – S. 112.

[988] Ebd., S. 113.

auch das übelste Dasein mit sich bringt, als da sind der Umstand, daß das Brot heute etwas besser ist, daß man mehr Wasser bekommt, daß in der Kantine Zigaretten zu haben sind. Oft war mir, als ob Vater und Sohn hinter ihrem freundlich geschäftigen Interesse an derart kleinen Dingen nur ihren Kummer und ihre Angst zu verstecken suchten."[989]

Laut Feuchtwangers Beobachtungen wirkt Hessels passive, gutmütige Art auf viele Mitinsassen wie Charakterlosigkeit. Für Helen Hessel ist diese Verständnislosigkeit für sein Verhalten nichts Neues: „Sie vermißten bei ihm den *Ernst des Lebens*, die Aggressivität, die einem Mann geziemt, der Überzeugungen hat und vertritt. Sie verlangten Stellungnahme zu aktuellen Problemen der Politik und sonst manches, was zu dem Begriff *Charakter* gehört."[990] Auch Ulrich Hessel entsinnt sich, dass sein Vater und er gerade durch ihre Friedlichkeit angeeckt seien: „Der philosophische Gleichmut, den mein Vater und ich in all dem zu bewahren suchten, hatte einige Mitgefangene empört, die diese ungerechte Behandlung nicht verwinden konnten.[991] [...] All diese Leute nahmen zu dem Kriege und zur politischen Situation, auch zu dem Verhalten der Franzosen uns Flüchtlingen gegenüber Stellung. Nur mein Vater und ich zogen es vor, die Situation, so wie sie war, zu akzeptieren, statt uns aussichtslos über unser Schicksal zu beklagen oder etwa uns anzumaßen, mit irgendwelchen *Die Franzosen hätten doch ...* eine Lage verbessern zu wollen, die wir in ihrem ganzen Ausmaß nicht übersehen konnten."[992]

Franz Hessel hat erkannt, dass es wenig nützt, sich zu beklagen, weil dies nichts an ihrer Situation ändern würde. Vielmehr verarbeitet Hessel seine Daseinsphilosophie „en passant" in seinen Texten.[993] In diesem Zusammenhang verweist Ulrich Hessel auf ein Gedicht, das sein Vater zwischen 1933 und 1935 verfasst hat, welches sehr konkret und satirisch das Hitler-Regime attackiert und welches deshalb im folgenden zitiert wird:

---

[989] Feuchtwanger, Lion: *Der Teufel in Frankreich.* – S. 64.

[990] Hessel, Helen: *C'était un brave.* – S. 77.

[991] Hessel, Ulrich: *Die Autobiographie von Ulrich Hessel (Teil 2).* – S. 229.

[992] Hessel, Ulrich: *Ein deutscher Franzose.* – S. 127.

[993] Vgl. Egin, Kirsten: *Der ästhetische Daseinsentwurf im Werk von Franz Hessel.* – S. 49.

Nichtarisch ist mein Schätzelein
Und doch ein herzig's Mäuserl
Und wenn sie der Herr Hitler säh
Dann käm er aus dem Häuserl.

Und wenn sie der Herr Göring säh
Dann täte er sie fressen
Und mit ihr tanzen, oben nackt
und unterwärts mit Tressen.

Und nur der Sepp, der intellektuelle
kleine Flegel
würd sagen: Was Ausnahmen sind,
die b'stätigen die Regel.[994]

Auch Franz und Ulrich Hessel sind Insassen des „Gespensterzuges", der sich in Richtung Bayonne aufmacht. Er kehrt aber wieder um und die Exilierten werden in einem Internierungslager in der Nähe von Nîmes, der Zeltstätte Saint-Nicolas, untergebracht.[995] Dort erkrankt Franz Hessel an Ruhr und erleidet einen Schlaganfall.[996] Davon wird er sich nie mehr richtig erholen.[997] Am 27. Juli 1940, Ulrich Hessels Geburtstag, werden Vater und Sohn aus dem Lager entlassen und können zu Helen nach Sanary-sur-mer zurück fahren. Ulrich Hessels Papiere sind in Bayonne zerstört worden, heißt es in seinen Entlassungspapieren.[998]

---

[994] Hessel, Franz: *Nichtarisch ist mein Schätzelein.* – In: Franz Hessel: *Werke 4: Lyrik und Dramatik.* – S. 154.

[995] „Im Château Saint-Nicolas bei Nîmes, wo wir zu je achtzehn in Zelten untergebracht waren, vegetierte neben mir Franz Hessel, der vorzügliche Übersetzer Balzacs, ein schüchterner, feiner Mensch, der wenige Tage nach seiner Entlassung aus dem Camp in dem Fischerdorf zwischen Toulon und Marseille, in Sanary-sur-mer, wo wir beide wohnten, starb." – Herzog, Wilhelm: *Menschen, denen ich begegnete.* – Bern und München: Francke, 1959. – S. 488.

[996] Vgl. Kantorowicz, Alfred: *Exil in Frankreich.* – S. 219.

[997] Vgl. ebd., S. 112f.

[998] Vgl. Dokumente der „Préfecture du Var" aus den Jahren 1940–1943. Die Unterlagen sind in Kopie im Besitz der Autorin.

Die gleichmütige Art des „gute[n] und weise [n]"[999] Hessel hat den Schriftsteller Walter Hasenclever dazu bewegt, ihn als „Dr. Hesekiel, Philosoph und Historiker"[1000] in seinem Roman „Die Rechtlosen" zu portraitieren: „Sein zarter Körper mit dem kahlen Gelehrtenkopf, auf dem ein paar spärliche, weiße Haare wuchsen, schien den Strapazen des Lagers kaum gewachsen. Aber er hielt sich mit eiserner Energie aufrecht und klagte nie. Er bewies, auch später nach seiner Freilassung, einen solchen Grad an Kameradschaft und Uneigennützigkeit, daß ich seiner nur mit größter Liebe gedenken kann."[1001] „Die Rechtlosen" – ein Roman über das Elend der Internierten – ist Hasenclevers letzter Roman. Im Lager Les Milles begeht der Verzweifelte 1940 Selbstmord.

Es stellt sich einem natürlich die Frage, ob es sich bei Dr. Hesekiel wirklich um Franz Hessel handele. So vermutet Edith Hasenclever, dass Hesekiel ein Freund aus Nizza sei.[1002] Stéphane Hessel allerdings ist sich sicher, in der dargestellten Person seinen Vater zu erkennen.[1003] Vieles spricht dafür; so ist Hesekiel eine Person von großem Ansehen[1004] im Lager, weil er sich durch Großmut[1005] und gebührende Vorsicht[1006] auszeichnet. Franz Hessel muss auf Walter Hasenclever im Lager einen großen Eindruck hinterlassen haben, denn Hasenclever lässt Hesekiel an entscheidenden Stellen im Roman monologisieren und ihn quasi über die Aufgabe der Exilschriftsteller philosophieren: „Alle Augen richteten sich auf Hesekiel, der in tiefes Nachdenken versunken war. Er hatte den Kopf auf die Hand gestützt und sah vor sich hin.

[999] Hasenclever, Walter: *Die Rechtlosen.* – In: Walter Hasenclever: *Romane.* Bearbeitet von Dieter Breuer. – Mainz: Häse und Koehler, 1992. – S. 443.

[1000] Ebd., S.440.

[1001] Ebd.

[1002] Vgl. Kasties, Bert: *Walter Hasenclever. Eine Biographie der deutschen Moderne.* – Tübingen: Niemeyer, 1994. – S.383, Anmerkung 99.

[1003] „J'y rencontre un personnage qui porte le nom de Hesekiel, [...] pseudonyme de Franz Hessel. [...] Je ne peur m'empêcher de rapprocher les phrases de Hasenclever décrivant ce personnage de ce qui m'a été rapporté sur le comportement de mon propre père par ses camarades du camp des Milles." – Hessel, Stéphane: *Avant-propos.* – In: Walter Hasenclever: *Côte d'Azur 1940: Impossible asile.* Traduit de l'allemand et préfacé par Jean Ruffet. Avant-propos de Stéphane Hessel. – La Tour d'Aignes: Editions de l'Aube, 1998. – S. 6.

[1004] Vgl. Hasenclever, Walter: *Die Rechtlosen.* – S. 460

[1005] Vgl. ebd., S. 485.

[1006] Vgl. ebd., S. 481.

‚Ja, meine Herren', begann er nach einer Weile, ‚wir müssen diesen Zustand als eine Prüfung betrachten. Das Reifeexamen, das man sich selber ablegt, hat noch keinem geschadet. Unsere Liebe zu Frankreich wird auf eine harte Probe gestellt. Ich weiß. Dennoch – wir müssen hindurch. Wer liebt, der nimmt nicht nur. Der gibt. Geben wir diesem Volk das Einzige, was uns weder Armut noch Verfolgung rauben konnten: unseren Glauben und unsere Zuversicht. [...]

Wir winzige Minorität in diesem Zelt wollen den Funken des Prometheus bewahren: den heiligen Funken, der das Feuer entzündet, wenn die Eiszeit der Barbaren vorüber ist. Wir verwalten das geistige Erbe Deutschlands, den Nibelungenschatz im Mittelmeer. Indem wir Frankreich dienen, bereiten wir die Auferstehung Goethes vor."[1007]

Franz „Hesekiel" Hessel bleibt eben bis zum Ende Mittler zwischen Deutschland und Frankreich.

„Wie viele, die ich gut gekannt habe, sind in solchen Schandstätten umgekommen. So der Franz Hessel, an den Du Dich entsinnst",[1008] schreibt der Autor Karl Wolfskehl am siebten September 1943 in einem Brief aus dem Exil in Neuseeland an seinen Freund Eugen Mayer in Jerusalem.[1009] Wie Ernst von Salomon und Ahlers-Hestermann sitzt er der falschen Vermutung auf, dass Hessel in einem Konzentrationslager gestorben sei. Zwar hat Franz Hessel nicht in Les Milles den Tod gefunden, doch die Lagerkonditionen haben mit Sicherheit seinen frühen Tod begünstigt.[1010]

[1007] Hasenclever, Walter: *Die Rechtlosen.* – S. 491.
[1008] Wolfskehl, Karl: *Briefwechsel aus Neuseeland 1938–1948.* Mit einem Vorwort von Paul Hoffmann, herausgegeben von Cornelia Blasberg. Band 1. Veröffentlichungen der Deutschen Akademie für Sprache und Dichtung Darmstadt. 61. Veröffentlichung. – Darmstadt: Luchterhand, 1988.– S. 252.
[1009] Vgl. Wolfskehl, Karl: *Zehn Jahre Exil. Briefe aus Neuseeland. 1938–1948.* Herausgegeben und eingeleitet von Margot Ruben mit einem Nachwort von Fritz Usinger. Veröffentlichungen der Deutschen Akademie für Sprache und Dichtung. Band 13. – Heidelberg und Darmstadt: Lambert Schneider, 1959. – S. 357.
[1010] Vgl. Feuchtwanger, Lion: *Der Teufel in Frankreich.* – S. 64.

Abb. 9: *Gisa Hausmann-Gizinski: Franz Hessel (1979)*

Sanary (1940–1941)

„Sanary sur Mer, Hauptstadt der deutschen Literatur"[1011]
Literarisches Exil an der Côte d'Azur

Eine ganze Galaxie deutscher Schriftsteller und Künstler lebt in diesem Seebad im Exil, wo sie auf einen Sieg warten, der sie wieder in ihr Vaterland zurückkehren ließe.[1012]

Die Côte d'Azur mit ihren warmen Temperaturen und ihrem intensiven Licht ist spätestens Ende des 19. Jahrhunderts von vielen Künstlern und Literaten entdeckt worden. Vor den Deutschen entdecken die anglophonen Intellektuellen die Gegend um Sanary-sur-mer, das zwischen Marseille und Cannes liegt. Die erste bedeutende Person, die sich erstmals 1915 zur Sommerfrische im mondänen Bandol – dem Nachbarort von Sanary-sur-mer – niederläßt, ist die neuseeländische Schriftstellerin Katherine Mansfield.[1013] Es folgen 1928 der mit ihr befreundete D. H. Lawrence und schließlich Aldous Huxley.[1014]

[1011] Marcuse, Ludwig: *Mein zwanzigstes Jahrhundert. Auf dem Weg zu einer Autobiographie.* – München: Paul List, 1976. – S. 179.
[1012] Hessel, Stéphane: *Tanz mit dem Jahrhundert.* – S. 70.
[1013] Katherine Mansfield (1888–1923). Neuseeländisch-britische Schriftstellerin.
[1014] Zur Geschichte des Exils in Sanary vgl. Nieradka, Magali Laure: *„Die Hauptstadt der deutschen Literatur".* Sanary-sur-Mer als Ort des Exils deutschsprachiger Schriftsteller. – Göttingen: V & R unipress, 2010.

Huxley kauft 1930 ein Haus in Sanary, in dem er jedes Jahr einige Monate verbringt. Sein berühmtestes Buch, die erschreckende Zukunftsvision *Brave New World*, schreibt er an der Côte d'Azur. 1934 zieht Lion Feuchtwanger zusammen mit seiner Frau Marta in die *Villa Valmer*. Bis zu ihrem Wegzug im Jahre 1940 ist das Haus ein beliebter Treffpunkt vieler Schriftsteller, die im Süden Zuflucht suchen. Von der Machtergreifung Hitlers überrascht, kehrt Thomas Mann von einer Vortragsreise nicht mehr nach München zurück. Seine erste „Exilheimat" wird im Sommer 1933 die *Villa Tranquille*. In ihrem Reisebuch *Das Buch von der Riviera* beschreiben die Geschwister Erika und Klaus Mann die Atmosphäre in dem Hafenstädtchen, das auf den ersten Blick eigentlich nichts Besonderes an sich hat, zu Beginn der dreißiger Jahre: „In Wahrheit aber hat es seine eigene Bewandtnis mit Sanary, denn seit einigen Jahren ist es die erklärte große Sommerfrische des Café du Dôme, der sommerliche Treffpunkt der pariserischberlinischschwabingerischen Malerwelt, der angelsächsischen Bohème. [...] Diese Sanary-Sommer werden in die Kunstgeschichte eingehen (und vielleicht auch in die Cronique scandaleuse der großen europäischen Bohème).“[1015]

Zwischen 1933 und 1942 leben etwa 410 deutsche, österreichische und andere Exilierte im Department Var, mehr als 80 Prozent davon in Sanary, Bandol und Le Lavandou, in einer Luftlinie von etwa 20 Kilometern. Alle drei Orte haben 1936 zusammen kaum 10 000 Einwohner, so dass der Anteil deutscher und österreichischer literarischer und künstlerischer Emigranten etwa vier Prozent beträgt.[1016]

Bis 1933 und mit Einschränkung bis 1938 kann man Sanary noch als einen Urlaubsort an der Riviera, an der Côte d'Azur bezeichnen. Spätestens ab Juni 1940 jedoch wird Sanary ein Ort, der in der Nähe

---

[1015] Mann, Erika/Klaus Mann: *Zwischen Marseille und Toulon.* – In: Erika Mann/Klaus Mann: *Das Buch von der Riviera.* Mit Originalzeichnungen von Walther Becker, Rudolf Großmann, Henri Matisse u.a. – Fotomechanischer Nachdruck der Ausgabe von 1931. – Reinbek bei Hamburg: Rowohlt, 2002. – S. 40

[1016] Vgl. Erhard, Ulrike: *Literarisches Exil in Sanary-sur-Mer in den dreißiger und vierziger Jahren.* – In: Gerd Koch (Hg.): *Literarisches Leben, Exil und Nationalsozialismus. Berlin – Antwerpen – Sanary-sur-Mer – Lippoldsberg.* Mit Beiträgen von Marlene Man-Flechtheim, Ulrike Erhard, Gesa Koch-Wagner, Gerd Koch. – Frankfurt am Main: Brandes & Apsel, 1996. – S. 63.

von Marseille – der „Transit-Stadt",[1017] „Fluchtpunkt Marseille",[1018] „letzte Hoffnung aufs offene Meer"[1019] und „Visum-Stadt nach Übersee"[1020] – liegt. Marseille wird der letzte Schlupfwinkel für die Emigranten, die bisher in Paris Zuflucht gefunden haben. Der Einmarsch der deutschen Wehrmacht in Paris löst im Juni 1940 eine große Fluchtbewegung nach Süden aus, in den noch unbesetzten Teil Frankreichs. Im Laufe des Jahres 1941 befinden sich 10 000 Menschen im Transit in Richtung Übersee.

In seiner Autobiographie *Mein zwanzigstes Jahrhundert* beschreibt Ludwig Marcuse Sanary als „Hauptstadt der deutschen Literatur". Einige der von ihm genannten Intellektuellen nutzen den Ort nur als kurze Durchgangsstation. Eine Gedenktafel, die 1987 in Sanary von den deutschen und österreichischen Generalkonsuln enthüllt worden ist, nennt allerdings nur 36 deutsche und österreichische Emigranten:[1021] „Es war den deutschen Schriftstellern in der Diaspora nicht genug, mit den Genossen des Schicksals in Verlagen, Anthologien und Zeitschriften vereinigt zu sein. Sie wollten auch miteinander sprechen: Pläne machen, hoffen, traurig sein und verzweifeln. So ist es zu erklären, daß zwischen 1933 und 1939 in Sanary, dem kleinen Fischer-Nest westlich von Toulon, in einem der zwei Cafés am Hafen zusammensaßen: Thomas Mann und Bruno Frank,[1022] Arnold Zweig[1023] und Lion Feuchtwanger, Ernst Toller[1024] und Bert Brecht,[1025] Alfred Kerr[1026] und

---

[1017] Erhard, Ulrike: *Literarisches Exil in Sanary-sur-Mer in den dreißiger und vierziger Jahren.* – S. 63.
[1018] Ebd.
[1019] Ebd.
[1020] Ebd.
[1021] Brunot, Michaël/Jeanpierre Guindon/Didier Martina-Fieschi/Hervé Monjoin/Magali Nieradka/Barthélemy Rotger/Annick Seifert (Hgg.): *Sur les pas des Allemands et des Autrichiens en exil à Sanary, 1933–1945.* – La Valette du Var: Hemisud, 2004.
[1022] Bruno Frank (1887–1945). Deutscher Schriftsteller und Mitbegründer der Pariser Freiheitsbibliothek (1934).
[1023] Arnold Zweig (1887–1968). Deutscher Schriftsteller, Sozialist und Zionist.
[1024] Ernst Toller (1893–1939). Deutscher Schriftsteller, Politiker (USPD) und Mitgliede der Münchner Räterepublik (1919).
[1025] Bertolt Brecht (1898–1956). Deutscher Lyriker, Begründer des epischen Theaters und bedeutendster deutscher Dramatiker des 20. Jahrhunderts.
[1026] Alfred Kerr (1867–1948). Deutscher Schriftsteller, Journalist und einflussreichster deutschsprachiger Theaterkritiker vom Naturalismus bis 1933.

René Schickele,[1027] Piscator[1028] und Antonina Valentin,[1029] Julius Meier-Gräfe[1030] und der Maler Leo von König[1031] (einer der wenigen Besucher aus Deutschland), Fritzi Massary[1032] und die Sternheim-Tochter Mops,[1033] Hermann Kesten und Friedrich Wolf und Franz Werfel[1034] und Wilhelm Herzog, Arthur Koestler[1035] und Professor Gumbel,[1036] Spiero[1037] und Klossowski,[1038] Rudolf Leonhard[1039] und Balder Olden,[1040] dessen Frau mit Recht Primavera[1041] hieß."[1042]

„Es gibt – außer der Hitlerfeindschaft – für die deutschsprachigen Exilschriftsteller keinen gemeinsamen Nenner", konstatierte Alfred Kantorowicz in der Vorbemerkung zu seinem Buch *Politik und Literatur im Exil*.[1043] In Sanary zeigt sich, dass es schwierig ist, Übereinstimmung zwischen den Exilierten zu erreichen. Viele unterschieden zwischen der journalistisch-politischen Emigration in Paris und der literarischen Emigration im Süden Frankreichs. Diese Unterteilung ist allerdings fragwürdig, denn Schriftsteller wie Lion Feuchtwanger und

[1027] René Schickele (1883–1940). Deutsch-französischer Schriftsteller, Übersetzer und Pazifist. Sein Roman *Die Witwe Bosca* spielt im Jahre 1933 in Sanary.

[1028] Erwin Piscator (1893–1966). Deutscher Theaterregisseur, -intendant und –pädagoge. Piscators Inszenierungen wirken auch auf Bertolt Brechts Theatertheorie ein.

[1029] Antonina Vallentin-Luchaire (1893–1957). Deutsche Schriftstellerin und Übersetzerin.

[1030] Julius Meier-Gräfe (1867–1935). Deutscher Schriftsteller, Kunsthistoriker und Vorkämpfer des Impressionismus.

[1031] Leo von König (1871–1944). Deutscher Maler der Berliner Secession.

[1032] Fritzi Massary (1882–1969; eigentlich Friederika Massaryk). Österreichische Sängerin und Schauspielerin. Schwiegermutter des Schriftstellers Bruno Frank.

[1033] Dorothea „Mopsa" Sternheim (1905–1954). Tochter von Carl Sternheim.

[1034] Franz Werfel (1890–1945). Österreichischer Schriftsteller und bedeutendster Vertreter des lyrischen Expressionismus.

[1035] Arthur Koestler (1905–1983). Ungarisch-österreichischer Journalist, Kommunist und Schriftsteller.

[1036] Emil J. Gumbel (1891–1966). Deutscher Mathematiker und politischer Publizist.

[1037] Heinrich Spiero (1876–1947). Deutscher Germanist und Literaturhistoriker.

[1038] Erich Klossowski (1875–1949). Deutscher Maler, Kunsthistoriker und Publizist. Ehemann von der Malerin Baladine Klossowska. Vater des Malers Balthus und des Philosophen Pierre Klossowski. Lebensgefährte der Schriftstellerin Hilde Stieler.

[1039] Rudolf Leonhard (1889–1953). Deutscher Schriftsteller und Kommunist.

[1040] Balder Olden (1882–1949). Deutscher Schriftsteller und Journalist.

[1041] Margaret Maria Kershaw-Olden (1910–1996; genannt Primavera oder Primel). Irische Naturwissenschaftlerin. Dritte Ehefrau von Balder Olden.

[1042] Marcuse, Ludwig: *Mein zwanzigstes Jahrhundert*. – S. 179f.

[1043] Kantorowicz, Alfred: *Politik und Literatur im Exil. Deutschsprachige Schriftsteller im Kampf gegen den Nationalsozialismus*. – Hamburg: Christians, 1978. – S. 7.

Ludwig Marcuse sind durchaus politisch aktiv. Es bildet sich um Feuchtwangers *Villa Valmer*, ihre umfangreiche Bibliothek und ihr offenes Haus so etwas wie ein literarisch-gesellschaftlicher, politischer Treffpunkt – ähnlich den literarischen Salons und Café-Häusern im damaligen Berliner Westen. Ludwig Marcuse schreibt über Sanary: „Bisweilen war ein guter Teil der besten deutschen Literatur im Dorf und saß im *Marine* oder bei der *Witwe Schwab.* Sanary war ein sehr umfangreiches Romanisches Café, mit Marmor-Tischen und Badehosen."[1044]

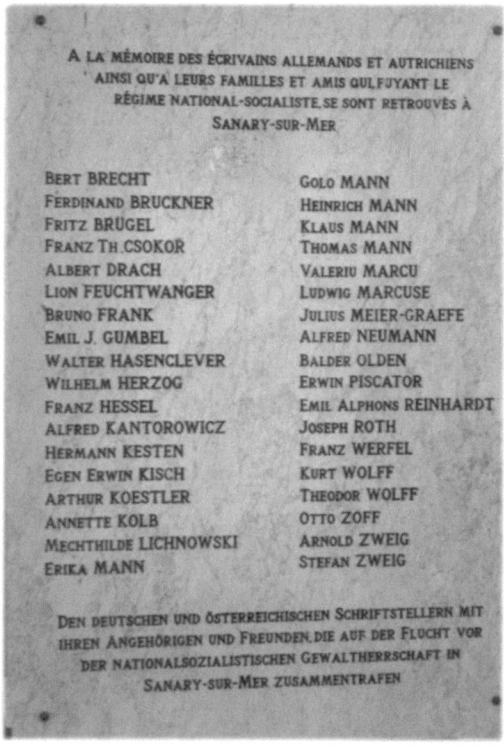

A LA MÉMOIRE DES ÉCRIVAINS ALLEMANDS ET AUTRICHIENS AINSI QU'À LEURS FAMILLES ET AMIS QUI FUYANT LE RÉGIME NATIONAL-SOCIALISTE SE SONT RETROUVÉS À SANARY-SUR-MER

BERT BRECHT	GOLO MANN
FERDINAND BRUCKNER	HEINRICH MANN
FRITZ BRÜGEL	KLAUS MANN
FRANZ TH.CSOKOR	THOMAS MANN
ALBERT DRACH	VALERIU MARCU
LION FEUCHTWANGER	LUDWIG MARCUSE
BRUNO FRANK	JULIUS MEIER-GRAEFE
EMIL J. GUMBEL	ALFRED NEUMANN
WALTER HASENCLEVER	BALDER OLDEN
WILHELM HERZOG	ERWIN PISCATOR
FRANZ HESSEL	EMIL ALPHONS REINHARDT
ALFRED KANTOROWICZ	JOSEPH ROTH
HERMANN KESTEN	FRANZ WERFEL
EGON ERWIN KISCH	KURT WOLFF
ARTHUR KOESTLER	THEODOR WOLFF
ANNETTE KOLB	OTTO ZOFF
MECHTHILDE LICHNOWSKI	ARNOLD ZWEIG
ERIKA MANN	STEFAN ZWEIG

DEN DEUTSCHEN UND ÖSTERREICHISCHEN SCHRIFTSTELLERN MIT IHREN ANGEHÖRIGEN UND FREUNDEN, DIE AUF DER FLUCHT VOR DER NATIONALSOZIALISTISCHEN GEWALTHERRSCHAFT IN SANARY-SUR-MER ZUSAMMENTRAFEN

Abb. 10: *Gedenktafel für die deutschen und österreichischen Exilschriftsteller in Sanary-sur-mer (1987)*

[1044] Marcuse, Ludwig: *Mein zwanzigstes Jahrhundert.* – S. 183.

Um nur ein Beispiel der literarisch-politischen Arbeiten zu nennen, sei an dieser Stelle das Schaffen Klaus Manns[1045] in Sanary erwähnt. In seinem Buch *Escape to Life*, einer Schrift über deutsche Kultur im Exil, das er zusammen mit seiner Schwester Erika im amerikanischen Exil verfasst hat, beschreibt er seine Flucht aus dem Reich am 13. März 1933.[1046] Er fährt zunächst nach Paris und geht von dort aus für einige Wochen an die Côte d'Azur, nach Le Lavandou und nach Sanary. Dieser Aufenthalt wird durch Reisen in die Schweiz unterbrochen. In Le Lavandou schreibt Klaus Mann am neunten Mai 1933 seinen berühmt gewordenen Brief an Gottfried Benn, in dem er diesen anlässlich seines Nicht-Austritts aus der Akademie der Künste auffordert, seine Haltung gegenüber dem Faschismus und dem nationalsozialistischen Deutschland zu überdenken. Den Brief an Gottfried Benn schickt Klaus Mann am zehnten Mai 1933 von Sanary ab, als Adresse gibt er an: „Hotel de la Tour, Sanary s. m. (Var)".[1047] In Sanary bereitet Mann auch die Herausgabe der *Sammlung*, einer der bedeutendsten kulturell-literarischen Zeitschriften des Exils, die von 1933 bis 1935 in Amsterdam bei *Querido* verlegt wird, vor: „Mein Ehrgeiz war, die Talente der Emigration beim europäischen Publikum einzuführen, gleichzeitig aber die Emigranten mit den geistigen Strömungen in ihren Gastländern vertraut machen. Dazu kam als essentielles Moment meines redaktionellen Programms das Politisch-Polemische. Die Sammlung war schöngeistig, aber militant."[1048] In Sanary schreibt er Briefe mit der Bitte um Mitarbeit an Hermann Hesse, Stefan Zweig und Hermann Kesten. Aus einem Unfall, den er am 21. Mai 1933 am Hafen von Sanary beobachtet, macht er die Erzählung *Une belle journée*.[1049]

Auch Franz Hessel ist im literarischen Exil kreativ: Er arbeitet an seinem letzten, noch in den frühen dreißiger Jahren in Berlin begonne-

---

[1045] Klaus Mann (1906–1949). Deutscher Schriftsteller und einer der bedeutendsten Vertreter der Exilliteratur. Ältester Sohn von Thomas Mann.

[1046] Vgl. Wunderlich, Heinke/Stefanie Menke: *Sanary-sur-mer. Deutsche Literatur im Exil.* – S. 167.

[1047] Vgl. Mann, Klaus: *Zahnärzte und Künstler. Aufsätze, Reden, Kritiken. 1933–1936.* Herausgegeben von Uwe Naumann und Michael Töteberg. – Hamburg: Rowohlt, 1993. – S. 24–27.

[1048] Mann, Klaus: *Der Wendepunkt. Ein Lebensbericht.* – Memmingen: S. Fischer, 1952. – S. 316.

[1049] Mann, Klaus: *Speed. Die Erzählungen aus dem Exil.* Herausgegeben von Uwe Naumann. – Hamburg: Rowohlt, 1997. – S. 16–20.

nen Roman *Alter Mann*.[1050] Hessel porträtiert sich in diesem Roman gleich zweimal, zum einen in der Gestalt des alten Küster, zum anderen in dessen passivem Schwiegersohn Ernst. Dessen Dreiecksbeziehung zu Lella und dem gemeinsamen Freund Claude rekonstruiert wieder einmal Hessels „ménage à trois" aus den zwanziger Jahren. Prophetisch ist der Arbeitstitel seines vierten und unvollendeten Romans: Er lautet *Letzte Reise*.

„*C'était un brave!*"[1051]
Franz Hessels Aufenthalt in Sanary

Er war 1938 aus seinem geliebten Berlin, wo man ihn nicht mehr in Frieden leben ließ, weil er Jude war, in sein geliebtes Paris – man könnte sagen: heimgekehrt, von dort allerdings bald nach Sanary übersiedelt, wo er mit dem wenigen, was er besaß oder erwarb, besser haushalten konnte.[1052]

Noch vor Beginn der Kriegshandlungen auf französischem Boden, „vor der großen Massenflucht aus Nordfrankreich",[1053] sind Helen, Franz und Ulrich Hessel nach Sanary gefahren.[1054] Helen Hessel kennt den Ort an der Mittelmeerküste schon von einem Sommerurlaub im Jahre 1933. Thomas Mann erwähnt in seinem Tagebuch am fünften September 1933 ein Treffen bei Lisa Marchesani[1055] mit „Schickeles, Dr. Uhde, Eva Hermann[1056] […] Frau Stieler,[1057] Frau Franz Hessel und ihr[em] junge[n] Sohn, Huxleys u. a.".[1058] Die Hessels können zunächst in der

---

[1050] Hessel, Franz: *Alter Mann*. – In: Franz Hessel: Sämtliche Werke: Werke 1: Romane.
[1051] Hessel, Helen: *C'était un brave*. – S. 70.
[1052] Kantorowicz, Alfred: *Exil in Frankreich*. – S. 218.
[1053] Hessel, Ulrich: *Die Autobiographie von Ulrich Hessel (Teil 2)*. – S. 227.
[1054] Vgl. Hessel, Ulrich: *Ein deutscher Franzose*. – S. 126.
[1055] Lisa Marchesani. Mutter der deutsch-britischen Journalistin und Schriftstellerin Sybille Bedford (1911–2006).
[1056] Eva Herrmann (1902–1978). Deutsch-amerikanische Malerin, Zeichnerin und Karikaturistin.
[1057] Hilde Stieler (1879–1965). Deutsche Schriftstellerin, Journalistin und Malerin Schweizer Herkunft. Lebensgefährtin des Malers Erich Klossowski.
[1058] Mann, Thomas: *Tagebücher 1933–1934*. Herausgegeben von Peter de Mendelssohn. – Frankfurt am Main: S. Fischer, 1980. – S. 169.

leerstehenden Villa von Aldous Huxley[1059] unterkommen, vermittelt durch Helen Hessels Freundin Lisa Marchesani. Kurze Zeit später ziehen sie in ein Haus im Ortsteil Portissol, das einer ehemaligen Opernsängerin und Klavierlehrerin, Madame Richarme, gehört: 28, Montée de la Carreirade: „Eine Treppe führte vom Garten in das etwas höher gelegene breite Geschoß, welches meine Mutter und ich bewohnten. Neben einem großen Zimmer mit einem Doppelbett, in welchem wir schliefen, gab es einen kleinen runden Raum, das Eßzimmer mit der Küche dahinter. Von dort stieg eine ziemlich steile Treppe zum Zimmer meines Vaters, eine Art Turmzimmer, wo mein Vater all seine Schreibsachen hatte, von der winzigen „Erika" an, auf der er sein Leben lang getippt hatte, bis zu den diversen beschriebenen und unbeschriebenen Blättern, die überall herumlagen. Es sollte sein letztes Arbeitszimmer sein."[1060]

Als Ulrich und Franz Hessel wieder aus der Lagerhaft entlassen werden, arbeitet letzterer in dem Turmzimmer weiter an seinem Roman „Alter Mann". Im Nachlass von Alfred Polgar hat Ulrich Weinzierl 1984 den verloren geglaubten Text und das Typoskript mit Ergänzungsnotizen sowie zahlreiche Zettel mit Aufzeichnungen, darunter das handschriftliche Entwurfsblatt[1061] für den geplanten dritten Teil, der den Roman abschließen sollte, gefunden.[1062]

Hessels Vermächtnis umfasst außerdem ein weiteres, 128 Seiten umfassendes Typoskript, das bisher in der Forschung noch keine Erwähnung gefunden hat. Es handelt sich um einen Roman ohne Titel, bestehend aus elf Kapiteln, der im Südwesten Frankreichs, also in der Provinz, spielt. Es stellt sich nun die Frage, ob dieses maschinengeschriebene Manuskript wirklich auf Franz Hessel zurückgeht – schließlich hat er sich zuvor nur mit Stadtthemen auseinandergesetzt – und wo es entstanden ist. Falls es sich beim Autor um Hessel handelt, dann liegt die Vermutung nahe, dass es im französischen Exil entstanden ist. Eine

---

[1059] Vgl. Hessel, Ulrich: *Ein deutscher Franzose.* – S. 126.

[1060] Hessel, Ulrich: *Die Autobiographie von Ulrich Hessel (Teil 2).* – S. 228.

[1061] Hessel ist Linkshänder gewesen und deshalb hat er fast alle Texte auf der Schreibmaschine geschrieben, ‚meine Handschrift ist Schreibmaschine' bemerkt er einmal. Insofern stellen diese handschriftlichen Aufzeichnungen etwas Besonderes dar. – Vgl. Ferroud, Karin: *Une vie d'écriture.* – S. 374.

[1062] Vgl. Wichner, Ernest/Herbert Wiesner (Hgg.): *Franz Hessel. Nur was uns anschaut, sehen wir.* – S. 139.

Untersuchung dieses Schriftstücks soll aber die Aufgabe einer weiteren Arbeit sein.[1063]

Helen Hessel erinnert sich in einem innigen Ton an seine letzte Schaffensstätte. Zwar kann sie seinen Wohnstil immer noch nur mit einem Kopfschütteln akzeptieren, aber sie erkennt, dass seine Wirkstätte ein lebendiger Lebensraum ist: „Über dem Bett, in einem kompliziert geschnitzten Rahmen, hing ein Christusbild. Als wir diese kleine Wohnung mieteten, schlug ich vor, das geschmacklose Machwerk zu entfernen, aber Hessel hatte gebeten, daß nichts verändert würde. Auf dem Tisch stand seine winzige, wacklige Schreibmaschine. Bücher stapelten sich dahinter. Hefte, wie Schulkinder sie haben, lagen umher, mit farbigen Deckeln, die von der Sonne gebleicht waren. Es sah verspielt, nicht eigentlich unordentlich aus."[1064] Bernhard Echte schreibt in seinem Nachwort zu *Ein Garten voll Weltgeschichte*, dass wohl selbst Vögel die Sanftmut Hessels verspürt und in ihm den „späten Nachfahren seines Namensvetters aus Assisi erkannt" hätten,[1065] denn im Mai 1940 schreibt Helen Hessel an Walter Benjamin: „Die Schwalben setzten Vertrauen in uns. Sie begannen ihre Nester in unsreren Zimmern zu bauen.[...] Sie hätten Hessel im Pyjama sehen sollen, wie er zu mitternächtlicher Stunde mit einem Spazierstock ausgerüstet auf einen Stuhl stieg und selbstverständlich erfolglos versuchte, ein Schwalbenpärchen davon zu überzeugen seinen Platz auf der Gardinenstange aufzugeben."[1066] Die Schwalben seien geblieben und hätten es bestimmt gut bei ihm gehabt, konstatiert Echte.[1067]

Da Helen seit langem Probleme beim Laufen hat und am Stock geht und Ulrich von Geburt an mit seiner Behinderung zu kämpfen hat, betätigt sich Franz Hessel auch in Sanary wieder als „Lastträger von Bagdad"[1068] und schleppt die Kohlen vom Händler in das am Hang

---

[1063] Typoskript eines unvollendeten Romans von Franz Hessel (ohne Titel). – Deutsches Literaturarchiv in Marbach am Neckar.

[1064] Hessel, Helen: *C'était un brave.* – S. 70.

[1065] Echte, Bernhard: *Nachwort.* – In: Franz Hessel: *Ein Garten voll Weltgeschichte. Berliner und Pariser Skizzen.* Herausgegeben und mit einem Nachwort versehen von Bernhard Echte. – München: dtv, 1994. – S. 149.

[1066] Brief von Helen Grund an Walter Benjamin vom 9. Mai 1940. – Teilnachlass Walter Benjamin in der Berliner Akademie der Künste. – [Zitiert nach ebd.]

[1067] Vgl. ebd.

[1068] Vgl. Hessel, Ulrich: *Die Autobiographie von Ulrich Hessel (Teil 2).* – S. 228.

gelegene Haus.[1069] Von seinen letzten Tagen zeugen Tagebuchaufzeichnungen vom 23. November bis 26. Dezember 1940, die in Form einer Abschrift durch seine Frau erhalten sind. Im Telegrammstil und mit seinem unvergleichlichen Gleichmut notiert er seinen Alltag: „Lange Holz gesägt. Im *Nautique* mit Kantors[1070] und zwischendurch jedes Mal zu Besuch und Tee. Benedikt[1071] am Nebentisch entführt mich. Bei ihm an der route de Bandol."[1072]

Nur die Symptome des Älterwerdens machen ihm bisweilen zu schaffen,[1073] aber seine Bedenken teilt er mit niemandem. Alfred Kantorowicz erinnert sich in seinem autobiographischen Bericht *Exil in Frankreich* an eine Eintragung in seinem Tagebuch vom vierten Januar 1941: „Gestern war der alte Hessel bei uns. […] Er hat sogar noch literarische Pläne: er will uns überreden, während der Wartezeit mit ihm gemeinsam einen zeitgemäßen *Dekamerone* zu schreiben. Unter dem Titel *Erzählungen am Lagerfeuer von St. Nicolas* sollen Erlebnisse und Schicksale in unserem Jahrhundert eingefaßt werden. Ein guter Einfall – aber ich fürchte, dem gebrechlichen Franz Hessel wird die Zeit nicht bleiben, ihn auszuführen …"[1074]

[1069] Vgl. Kantorowicz, Alfred: *Exil in Frankreich.*– S. 218.

[1070] Friedel (1905–1968) und Alfred Kantorowicz.

[1071] Kurt Werner Hans Benedikt. Deutscher Antiquar. 1939 wird ihm und seiner Frau Agnès Emma Elisabeth Turel die französische Staatsbürgerschaft zugesprochen, 1941 wird sie ihnen wieder entzogen.

[1072] Ferroud, Karin: *Une vie d'écriture.* – S. 384, Anmerkung 136.

[1073] „Viel fällt mir trotz der Vorsicht aus den Händen, so gestern die hübsche Milchkanne, auf die ich so acht gab: im Alter wird das Ungeschick schlimmer. Bettnässe überrascht und erschreckt mich." – Ebd., Anmerkung 137.

[1074] Kantorowicz, Alfred: *Exil in Frankreich.* – S. 218.

„*Wer weiß, was ihm erspart geblieben ist ...* "[1075]
Franz Hessels Tod in Sanary

Zwischen den zwei Hafenstädten Stettin und Sanary verlief der erstaunliche Lebensbogen von Franz Hessel.[1076]

Zwar ist Hessels Konstitution nicht gut, aber als er am Tag der Heiligen Drei Könige, also nur zwei Tage nach Kantorowicz' Aufzeichnung, stirbt, kommt dies für seine Freunde und Angehörigen doch sehr plötzlich: „Niemand, auch wir nicht, hatte geahnt, dass er dem Sterben so nahe wäre. So leise hatte er sich dem Tod genähert, dass wir es erst merkten, als er schon nicht mehr erreichbar war."[1077] Man sieht, dass sein Zustand kritisch ist, aber Hessel beklagt sich nicht.[1078] Alfred Kantorowicz stützt ihn und bringt ihn nach Hause.[1079] Freunde aus der Nachbarschaft – Max Schröder,[1080] Hilde Stieler, Hans Siemsen und Erich Klossowski – kümmern sich um den entkräfteten Freund: „Als Friedel und ich am Montag Vormittag nach ihm sehen wollten, war er bereits erloschen, still, klaglos, ohne Aufsehen, so, wie er gelebt hatte – hoffentlich auch schmerzlos. Wer weiß, was ihm erspart geblieben ist ..."[1081]

Franz Hessel habe nur einen oder zwei Seufzer ausgestoßen, dann sei er innerhalb einer halben Stunde verstorben, berichtet sein Sohn Ulrich, obwohl er schleunigst einen Arzt herbeigeholt habe. Helen Hessel habe bemerkt, dass er ja noch atme, aber der Doktor habe nur ruhig entgegnet, dass dies wahr sei, aber er als Mediziner habe seine Anzeichen. Alle Wiederbelebungsversuche wären vergeblich und würden scheitern. Der Arzt habe seiner Mutter und ihm sein Beileid ausgesprochen und sei gegangen, ohne Geld zu verlangen: „Daß er als freier Mensch starb, wertete ich als einen Sieg meines Vaters. Der geheimnis-

---

[1075] Kantorowicz, Alfred: *Exil in Frankreich.* – S. 219.

[1076] Flügge, Manfred: *Wider Willen im Paradies.* – S. 100.

[1077] Hessel, Helen: *C'était un brave.* – S. 70.

[1078] Vgl. Polgar, Alfred: *In Memoriam Franz Hessel.* – S. 9.

[1079] Vgl. Feuchtwanger, Lion: *Briefwechsel mit Freunden. 1933–1958. Band II.* – Berlin: Aufbau, 1991. – S. 191.

[1080] Max Schröder (1900–1958). Deutscher Journalist.

[1081] Kantorowicz, Alfred: *Exil in Frankreich.* – S. 219.

volle Übergang vom Leben zum Tod war mir zu unmerklich vorge-
kommen.“[1082]

Helen Hessel bemerkt in ihren Erinnerungen, dass „man hätte nun
annehmen können, dass der Tod eines einzelnen, eines stillen alten
Mannes, die Herzen nicht besonders bewegt hätte“.[1083] Aber es zeigte
sich, dass „dieser unscheinbare, kleingewachsene Herr im Lodenman-
tel, der täglich auf dem Markt oder in dem kleinen Café oder zuschau-
end bei den Boulespielern unten am Quai zu sehen war, auf viele einen
besonderen Eindruck gemacht hatte“.[1084] Leute aus Sanary – „ein *défilé*
unterschiedlichster Menschen“[1085]– die die Familie kaum kennt, kommen und erweisen ihm die letzte Ehre. In den Augen der Fischer und
Handwerker ist er „kein feindlicher Ausländer, sondern ein Freund“:[1086]
„Sie kamen, standen eine Weile in dem schmalen Zimmer, blickten in
das friedliche Gesicht, das die Entbehrungen zart und durchsichtig
gemacht hatten, und auf die zusammengelegten, noch immer kindlich
gerundeten Hände.“[1087]

Nur ein zerlumpter Alter, der mit seiner ewigen Rotweinflasche und
einem räudigen Hund im Schuppen am Gartentor gehaust habe, sei
nicht über Hessels Tod erstaunt gewesen, erinnert sich Helen Hessel:
„Hessel hatte im Vorübergehen oft mit ihm gesprochen und, wenn ich
mich darüber wunderte, gesagt: Die Trunkenbolde haben es gut. Wenn
sie so dahertaumeln, spüren sie in den Fußsohlen die selige Drehung
der Erde. – Da kam der nun auch die Ziegelstufen heraufgetappt und
schleppte den feuchten Schnee an seinen Pantoffeln herein. ‚C'était un
brave!‘[1088] sagte er. Das ist in der Sprache der einfachen Leute Ausdruck höchster Anerkennung. – Und dann bat er um die Schuhe. Hessel
hatte sie ihm versprochen, sobald er sie nicht mehr selber brauchen
würde, und dazu gesetzt: ‚Das kann gar nicht mehr lange dauern.‘ – Es
kamen noch mehr Arme und Ärmste, und das Wenige, was der Bedürf-

---

[1082] Hessel, Ulrich: *Die Autobiographie von Ulrich Hessel (Teil 2).* – S. 230.
[1083] Hessel, Helen: *C'était un brave.* – S. 69.
[1084] Ebd.
[1085] Ebd., S. 70.
[1086] Mayer, Paul: *Franz Hessel.* – S. 59.
[1087] Hessel, Helen: *C'était un brave.* – S. 69f.
[1088] Frz. „Das war ein anständiger Mensch.“

nislose noch besessen hatte, war verteilt, ehe man ihn in den Sarg legte."[1089]

Abb. 11: *Sanary unter Schnee (Januar 1941)*

Nach Hessels Tod zieht Alfred Kantorowicz gegen billige Miete in dessen Turmzimmer ein, dessen „Räume mit Nippes, Fotos aus der Zeit der Jahrhundertwende, vielen Stichen an den Wänden vollgestopft und vollgehängt waren".[1090] Laut Helen Hessel habe es genügend Entschuldigungen zum Wegbleiben bei der Beerdigung am achten Januar 1941 gegeben, trotzdem wird der Zug hinter dem verhängten Wagen von Menschen gesäumt: „Am Quai traten die Ladenbesitzer und die Patrons der Cafés vor die Tür und grüßten, und die Frauen bekreuzigten sich, wie es in Frankreich üblich ist".[1091] In seinen Erinnerungen nennt Alfred Kantorowicz neben Helen, Ulrich, Stéphane und dessen Frau Vitia noch die Familie Benedikt, Hans Arno Joachim,[1092] Erich Klossowski, Anton Räderscheidt, Max Schröder, Hans Siemsen, Hilde Stieler und seiner Frau Friedel als Begräbnisteilnehmer: „Wir drückten Frau Hessel und

[1089] Hessel, Helen: *C'était un brave.* – S. 70f.
[1090] Kantorowicz, Alfred: *Exil in Frankreich.* – S. 223.
[1091] Hessel, Helen: *C'était un brave.* – S. 71.
[1092] Hans Arno Joachim (1902–1944). Deutscher Schriftsteller und Journalist.

den beiden Söhnen die Hände, bedeckten uns eilig wieder und gingen rasch davon, um uns mit Räderscheidts und Kaden durch heißen Grog im Café Lyon aufzuwärmen. Keiner sprach ein Wort. Die Härte dieser Stunde entsprach unser aller Lage. Hessels Beerdigung hatte viel von der Stimmung, mit der ein gefallener Kamerad an der Front verscharrt wird. Vielleicht fragte jeder von uns sich insgeheim: wer der Nächste sein werde, den es treffe."[1093]

Hans Siemsen, der älteste Freund, spricht „wenige unpathetische Worte".[1094] Er verabschiedet Hessel mit einer – leicht veränderten – Strophe aus dem traurig-saloppen Gedicht *An M*[1095] von Joachim Ringelnatz:

> Wenn ich sterbe, darfst du niemals trauern,
> Meine Liebe wird dich überdauern,
> Weine gut, lache gut,
> Mache deine Sache gut.[1096]

Hans Siemsen kommt abends zu den Hessels, um Geschichten über Franz Hessels „geradezu kindliche Uneigennützigkeit"[1097] zu erzählen, die die Trauernden wegen ihrer Drolligkeit zum Lachen bringen. Der Freund betont die vermittelnde Rolle des Verstorbenen, die letzterer zeitlebens eingenommen hat, selbst noch im Tode – zwei erbitterte Feinde sollen sich an seinem Grab zur Versöhnung die Hände gegeben haben.[1098] Aus Lissabon schreibt Hans Siemsen am 20. Mai 1941 an Helen Hessel in Sanary: „Meine Gedanken sind mehr bei Euch, in Sanary und in Frankreich, als hier oder in U. S. A.. Wir haben noch eine gute Zeit gehabt in Sanary. Ich denke wie an ein ‚zu Hause' an unsere dunkle, warme, kleine Küche, an Ihre Besuche, an den lieben, kleinen

---

[1093] Kantorowicz, Alfred: *Exil in Frankreich.* – S. 219.

[1094] Ebd.

[1095] „Der du meine Wege mit mir gehst, / Jede Laune meiner Wimper spürst, / Meine Schlechtigkeiten duldest und verstehst – – . / Weißt du wohl, wie heiß du oft mich rührst? // Wenn ich tot bin, darfst du gar nicht trauern. / Meine Liebe wird mich überdauern / Und in fremden Kleidern dir begegnen / Und dich segnen. // Lebe, lache gut! / Mache deine Sache gut!" – Ringelnatz, Joachim: *Gedichte.* Auswahl und Nachwort von Walter Pape. – Stuttgart: Reclam, 1998. – S. 82.

[1096] Flügge, Manfred: *Gesprungene Liebe.* – S. 231.

[1097] Hessel, Helen: *C'était un brave.* – S. 71.

[1098] Vgl. ebd.

Hessel. Auch an den lächerlich hässlichen kleinen Friedhof, auf dem er nun ,zu Hause' ist, denke ich nicht selten. Ich bin fast sicher, daß ich eines Tages dort vorbeigehen werde. Ich werde aber nicht vorbeigehen, sondern mit fest geschlossen Augen die Stelle finden, wo wir ihn hingelegt haben."[1099]

Franz Hessels Grab in Sanary ist nicht erhalten – „verweht"[1100] nennt es Max Krell – es ist nach fünf Jahren eingeebnet worden.[1101] Da, wo heute Familiengrüfte der Bürger von Sanary stehen, dort ist einst seine letzte Ruhestätte gewesen.[1102] Er ist nur wenige Monate nach seinem Freund Walter Benjamin verschieden, dem ebenfalls ein französisches Internierungslager zum Verhängnis geworden ist.[1103] Auch sein Kollege Paul Mayer ist im Exil – nicht in Frankreich, sondern in Mexiko – gewesen. Dort erfährt er vom Tod seines Freundes und widmet ihm, „eine[m] der liebenswertesten Menschen, [der] das Opfer der grausamsten Zeit"[1104] geworden ist, folgendes Gedicht:

Franz Hessel

Nicht, daß Du starbst, entsetzt mich. Glaub' das nicht.
In dieser Zeit ist Tod ja ganz gemein
Und ohne Eignes, lediglich Bericht.

Wie aber starbst Du? Starbst Du ganz allein,
Du, der wie keiner sich den Freunden lieh?
Birgt Dich ein Massengrab? Deckt Dich ein Stein?

Gewiß ist nur: der Totenvogel schrie.
Grau und verdorben welkt die „Côte d'azur".
Kein Segler wagt sich mehr nach Sanary.

[1099] Flügge, Manfred: *Wider Willen im Paradies.* – S. 109.
[1100] Krell, Max: *Der letzte Romantiker.* – S. 196.
[1101] Vgl. Leibbrand, Werner: *Gedenkblatt für Franz Hessel.* – S. 50. Auf Anfrage der Autorin gab Hervé Monjoin, directeur de la culture in Sanary, bekannt, dass man plane, eine Gedenktafel für Franz Hessel auf dem Friedhof zu errichten.
[1102] Vgl. ebd.
[1103] Vgl. Ueding, Gert: *Im Morgenland der Dinge. Über Franz Hessel.* – S. 229.
[1104] Mayer, Paul: *Franz Hessel.* – S. 59.

Dies aber wuehlt in mir wie ein Geschwuer,
Daß Dich Dein Herzens-Land verwarf, zertrat
Und Dich wie Kehricht fegte vor die Tuer.

Du aber laechelst. Denn der Engel bat
Zu Deinem Ahnen Dich, dem heilgen Franz.

Der Du die Ernte bist aus seiner Saat
Und Blatt und Bluete aus der Demut Kranz.[1105]

Abb. 12: *Gedenktafel für Franz Hessel in Sanary, Impasse Louis Cimai (2014)*

[1105] Mayer, Paul: *Exil. Gedichte.* Herausgegeben und mit einem Nachwort versehen von Peter Engel. – Stuttgart: Akademischer Verlag, 1982. – S. 52.

SCHLUSS

Er war Dramatiker, Erzähler, Feuilletonist, Flaneur in den Metropolen Paris und Berlin, Herausgeber der Zeitschrift *Vers und Prosa*, Kritiker, Romancier, Lektor im Rowohlt Verlag, Übersetzer von Honoré de Balzac, Marcel Proust und Stendhal und hat so das literarische Geschehen der Weimarer Republik mitgeprägt. Der Kosmopolit erlebte das Berlin des Wilhelminischen Kaiserreichs, die Schwabinger Bohème der Jahrhundertwende, das künstlerische Erwachen des Pariser Viertels Montparnasse, den für ihn schrecklichen, weil Deutschland und Frankreich trennenden, Ersten Weltkrieg, Berlins Glanz und Elend der zwanziger und dreißiger Jahre, das Pariser Exil nach 1938, die Internierungslager in seiner zweiten Heimat Frankreich, in welchen er als feindlicher Ausländer festgehalten wurde, und schließlich das Leben in der Hauptstadt der deutschen Exilliteratur, Sanary-sur-mer, wo er 1941 starb. Zum Freundeskreis dieses Schriftstellers gehörten unter anderem Walter Benjamin, Mascha Kaléko und Alfred Polgar, Oskar Loerke, Joseph Roth und Kurt Tucholsky. Sie lobten in ihren Rezensionen seine Schriften in den höchsten Tönen, belächelten und bewunderten aber zugleich seinen Charakter. François Truffaut ließ sich vom Leben Franz Hessels zu *Jules et Jim*, dem Kultfilm über deutsch-französische Freundschaft, inspirieren. Er ist ein einzigartiger Zeitzeuge der ersten Hälfte des zwanzigsten Jahrhunderts, trotzdem ist der Außenseiter mit seinem „unspektakulären"[1106] – im Sinne von wenig Aufsehen erregenden – Werk heutzutage weitgehend in Vergessenheit geraten. Deshalb hat diese Arbeit versucht, das Leben, das Werk und vor allem den Charakter Franz Hessels wieder ins Bewusstsein zu rufen.

Durch die Recherche der Autorin im Deutschen Literaturarchiv in Marbach konnten viele Quellen ausfindig gemacht werden, die bisher noch nicht veröffentlicht wurden. Außerdem befindet sich im Anhang der Untersuchung ein Interview, das sie im November 2000 mit Hessels jüngerem Sohn Stéphane im Deutsch-Amerikanischen Institut in Heidelberg geführt hat. Diese Zeugnisse ergänzen das Bild von Franz Hes-

---

[1106] Vollmer, Hartmut: *Nachwort.* – In: Franz Hessel: *Von den Irrtümern der Liebenden und andere Prosa.* Mit einer umfassenden Hessel-Bibliographie von Gregor Akkermann und Hartmut Vollmer. Herausgegeben und mit einem Nachwort versehen von Hartmut Vollmer. – Paderborn: Igel, 1994. – S. 178.

sel und bringen Licht in einige bisher unbeleuchtete Stellen seiner Biographie. Man lernt nicht nur den stillen, freundlichen und etwas weltfremden Schriftsteller kennen, wie er oft von seinen Freunden beschrieben worden ist, sondern auch den vorausschauenden Übersetzer, der als erster erkennt, dass man *A la recherche du temps perdu* nur in seiner Gesamtheit übertragen kann, den Emigranten, der versucht, anderen Exilschriftstellern unter die Arme zu greifen, und den Ehemann, der seinen „Puck", wie er seine Frau Helen im Text *Eyleen* nennt, über alles liebt.

In drei Stufen, die seinen drei Werkphasen entsprechen, nähert sich die Arbeit einem genauen Bild Franz Hessels. Die Städte, die für sein Leben bestimmend waren, bilden die Untergliederung jener Lebensetappen. Ein zentrales Anliegen dieser Arbeit ist es, auch bisher wenig beachtete Abschnitte seiner Vita zu erhellen, so zum Beispiel die Kindheit oder die Funktion als Förderer junger Talente. Seine Zeitgenossen kommen dabei ebenso zu Wort wie die Aussagekraft seiner Schriften. Alles in allem soll diese Untersuchung eine umfassende Biographie des Meisters der leisen Töne darstellen. Ziel dieser Studie ist es, diesen Autor mit einem breiteren Lesepublikum bekannt zu machen. Denn auch heute noch kann man von ihm und aus seinen Büchern einiges lernen, wie kürzlich sein Sohn Stéphane erklärte:

„Dann später habe ich sein Werk entdeckt und gerade jetzt bin ich immer mehr beeindruckt von seinem schönen Deutsch, seiner schönen Schrift und seiner Weisheit. Er war ein Mensch der sagte, ‚Genieße froh, was Du nicht hast!'. Er war kein Besitzer, sondern er war ein Geber, ein Schenker und hat viel Gutes um sich gemacht."[1107]

[1107] Interview von Magali Nieradka mit Stéphane Hessel im Deutsch-Amerikanischen Institut Heidelberg am 8. November 2000. Das Interview ist im Anhang abgedruckt.

Anhang

Interview mit Stéphane Hessel in Heidelberg (08.11.2000)

Sie haben ein bewegtes Leben hinter sich, das sehr viele Schicksalsschläge beinhaltet hat. Trotzdem nennen Sie Ihre Biographie *Tanz mit dem Jahrhundert*.

Ich denke, der Tanz ist eine Bewegung, wo man immer wieder das Gleichgewicht verliert und dann wieder gewinnt. Ich habe das Gefühl, in meinem Leben hat es allerlei Schlimmes und dann wieder allerlei Gutes gegeben. Und gerade die Bewegung des Tanzes – so musikalisch wie möglich, man möchte ja nach der Musik tanzen – ist für mich ein Beweis, dass das Leben, selbst wenn es auch Schwierigkeiten in sich trägt, immer wieder das Gleichgewicht findet und dass man so immer älter wird. Jetzt bin ich ja schon sooo alt, dass der Tanz lange gedauert hat, aber gerade diese Bewegung des Lebens habe ich immer als das Wichtigste empfunden.

Sie sind geborener Berliner – ein absolutes „Berliner Kindl", wie Sie selbst gesagt haben - später wurden Sie „ambassadeur de France", Sie waren bei der UNO in New York – Sind Sie der geborene Kosmopolit?

Ja, ich denke schon von Kindheit her. Meine Eltern haben sich in Paris getroffen und haben dann geheiratet und wurden auch schon ihren Kindern gegenüber, meinem Bruder und mir, Mittler für allerlei Dichtung und allerlei Kultur und allerlei Völker. Ich bin auch schon als junger Mensch nach England gekommen. Also das Kosmopolitische hat sich dann immer wieder, selbst in den Konzentrationslagern, bewiesen. Denn gerade diese Lager, so schrecklich sie waren, waren auch kosmopolitisch.

***Jules et Jim* ist der Film schlechthin über deutsch-französische Beziehungen bzw. deutsch-französische Freundschaft. Nervt es Sie, manchmal angesprochen zu werden: „Ah, das kleine Mädchen aus *Jules et Jim*!"?**

Ja, natürlich. Das empfinde ich als einen Fehltritt, denn ich bin kein kleines Mädchen. Aber dass der Film ein schöner Film ist, freut mich natürlich, wenn er auch weit entfernt ist von dem, was ich gelebt habe. Auch als kleiner Junge habe ich diese große Liebe nur von der Seite gespürt. Aber das Buch ist ein interessanter Roman und der Film ist ein sehr schöner Film. Und meine Mutter hat gerade die Jeanne Moreau als eine sehr gute Herausgeberin von ihrem eigenen Gemüt empfunden und hat auch dem Truffaut einen Brief geschrieben, um ihm zu danken, dass er ihr Leben so schön auf die Leinwand gebracht hat.

Jetzt haben Sie meine folgende Frage schon ein wenig vorweggenommen. A propos Kindheit: War es für Sie als Kind – beziehungsweise für Sie und Ihren Bruder – schwierig, in einer Dreiecksbeziehung aufzuwachsen, oder waren Sie sich dessen nicht bewusst?

Ach nein, es gab schon allerlei Schwierigkeiten, die damit verbunden waren. Man musste die neue Sprache lernen – das gelang ziemlich schnell – man musste sich mit den anderen Jungen vertragen, die doch eine andere Herkunft hatten und die gerade aus dem Ersten Weltkrieg herausgekommen waren – da gab es schon allerlei Reibungen. Aber man hat sie überwunden. Und jetzt empfinde ich, dass mein Einreihen in die französische Kultur leichter gewesen ist, als das von vielen Jungen, die jetzt aus Afrika, aus Nordafrika kommen und für die es schwieriger geworden ist als für uns, meinen Bruder und mich. Aber wir müssen darauf aufpassen, dass die Einwanderer, die jetzt nach Europa – sei es nach Deutschland, Frankreich oder in andere Länder kommen – so aufgenommen werden, dass sie, so wie wir es geworden sind, richtige Mitbürger von ihren neuen Ländern werden.

Auf ARTE wurde ein Themenabend[1108] zu *Jules et Jim* gesendet, der unter anderem die Dokumentation *Der Diplomat*, wo Sie und Ihr Bruder zu Wort kommen, beinhaltet. Darin hatten Sie erzählt, dass Sie als Kind Landkarten gezeichnet haben – eine davon war

---

[1108] Ritzenhofen, Médard: *Themenabend ‚Der Mythos von Jules und Jim'*. – ARTE (Strasbourg) vom 28. September 1999.

zum Beispiel Helen-Land. Welche Rolle haben Henri-Pierre Roché, Ihre Mutter und Ihr Vater in Ihrem Leben gespielt?

Ach, als kleiner Junge war es natürlich meine Umwelt. Die Mutter war enorm wichtig, hat sich sehr mit ihren Kindern beschäftigt, auch wenn sie mit dieser neuen Liebe etwas von uns weggekommen war, ist sie immer wieder zu uns gekommen. Der Vater war auch eine sehr wichtige Figur, aber mehr noch als beide habe ich das Glück gehabt, eine Erzieherin zu besitzen und zwar Emmy Töpfer. Und sie hat es uns Kindern so leicht gemacht, sich mit den merkwürdigen Eltern zu organisieren. Da bin ich ihr sehr dankbar, dass sie gerade das Leichte und das Schöne und das Friedliche unterstrichen hat, wenn auch die Eltern etwas dramatischer gewesen sind.

A propos, Dramatik: Welche Rolle spielt Ihr Vater in Ihrem Leben?

Also als kleiner Junge war die Mutter ausschlaggebend und der Vater etwas abwesend. Dann später habe ich sein Werk entdeckt, und gerade jetzt bin ich immer mehr beeindruckt von seinem schönen Deutsch, seiner schönen Schrift und seiner Weisheit. Er war ein Mensch, der sagte, „Genieße froh, was Du nicht hast!". Er war kein Besitzer, sondern er war ein Geber, ein Schenker und hat viel Gutes um sich gemacht. Dafür bin ich ihm auch sehr dankbar.

Jetzt ist Ihr Buch *Tanz mit dem Jahrhundert* etwa zeitgleich – ja zumindest im gleichen Jahrzehnt – mit der Erstausgabe der *Gesammelten Werke* Ihres Vaters erschienen. Hat das für Sie auch eine Bedeutung?

Oh, ja. Ich war sehr glücklich darüber, dass man diese Gesamtausgabe beim Igel Verlag möglich gemacht hat. Und ich habe viel davon gelernt, denn ich hatte viele seiner Gedichte zuvor nicht gelesen. Und jetzt finde ich einige dieser Gedichte besonders eindrucksvoll, so dass es für mich sehr schön ist, dass diese Figur des Vaters, die etwas verschwommen gewesen ist in den Nachkriegsjahren, jetzt wieder eine Figur wird, an der sich Leute freuen, die ihn lesen, und dass erfreut mich natürlich ganz besonders.

Sie treten hier in einer Reihe auf, die sich *Künstler der leisen Töne* nennt – darunter könnte man auch Ihren Vater fassen. Wie würden Sie die Parallele zwischen sich und Ihrem Vater beschreiben?

Ich würde sagen, es trifft auf ihn viel stärker zu als auf mich. Meine Töne sind immer ziemlich laut gewesen. Er war ein sehr bescheidener Geist. Zwar war er seiner eigenen Werte sehr sicher und hat sie auch oft unterstrichen in seinen Werken. Aber er hat sich nie in den Vordergrund gedrängt, er war eher der Beobachter von anderen und der Bewunderer von anderen. Wohl auch oft kritisch, aber das Leise in ihm war wohl das Ausschlaggebende, er wollte nie eindringen, er wollte nur an der Seite stehen und dazu beitragen, dass die Atmosphäre so friedlich wie möglich war. Also für ein Festival der leisen Töne war er sicher begabter als ich.

Ihr Vater ist in Sanary gestorben. Als Einziger von den Künstlern, die dort Zuflucht gesucht haben. Hat dieser Ort für Sie eine Bedeutung?

Ich habe selbst wenig in Sanary gelebt, ich bin zu seiner Beerdigung nach Sanary gekommen, ich war damals in Marseille. Seitdem bin ich mehrmals in Sanary gewesen, um auch darüber nachzudenken, was diese Stadt bedeutet für die deutsche Emigration. Und viele von den Deutschen, die dort gewohnt haben, sind Freunde von meinen Eltern und dann von mir geworden. Aber die Stadt an sich – ein sehr hübscher kleiner Seehafen – liegt mir zwar am Herzen, weil er da gestorben ist, aber ich kenne sie persönlich nur sehr oberflächlich.

Sie haben zu Beginn ein „Heidelberg"-Gedicht zitiert. Sind Sie auch ein Flaneur?

Viel weniger. Ich liebe es zu gehen, zu laufen. Aber ich laufe schneller. Der richtige Flaneur, der kann in einer Straße ein halbe Stunde bleiben und all die Fenster ansehen und die Bäume. Und dafür bin ich zu oberflächlich, zu schnell. Ich laufe immer schnell von einem Ort zum anderen. Das wird jetzt in meinem Alter ein bisschen viel, und vielleicht werde ich deshalb in den nächsten Jahren ein bisschen mehr zum Flaneur.

Die letzte Frage: In Ihrem Vortrag ist sehr deutlich geworden, dass Sie ein sehr optimistischer Mensch sind, dass Sie sehr an das Glück glauben. Glauben Sie auch an Gott?

Meine Beziehung zum Göttlichen ist eine eher anonyme. Ich glaube nicht, dass es einen Gott gibt, der da steht, der Schöpfer der Welt, der Einzige mit einem langen Bart. Ich glaube an viele Gottheiten, ich glaube eher an den griechischen Mythos von den Göttinnen und Göttern, die uns irgendwie beeinflussen, beeindrucken und die uns helfen. Auch der Schutzengel ist ein Konzept, das mir sehr nahe steht. Ich denke, das habe ich vielleicht von meinem Vater, er war selbst ein großer Liebhaber der griechischen Mythologie und hat uns auch oft die *Odyssee* oder die *Ilias* vorgelesen, also ich denke das Göttliche für mich ist etwas Weiteres, Unsichereres als der große, schöpferische, einzige, monotheistische Gott.

Vielen Dank.

Abb. 13: *Stéphane Hessel (2012)*

Literatur

Primärliteratur

Veröffentlichte Quellen

Ahlers-Hestermann, Friedrich: *Der deutsche Künstlerkreis des Café du Dôme in Paris.* – In: *Kunst und Künstler. Illustrierte Monatsschrift für Kunst und Kunstgewerbe* (Berlin) 16/1918. – S. 369–402.

Ahlers-Hestermann, Friedrich: *Pause vor dem dritten Akt.* – Hamburg: Mann, 1949.

Bedford, Sybille: *Rückkehr nach Sanary. Roman einer Jugend.* – München: Piper, 2011.

Benjamin, Walter: *Berliner Chronik.* Herausgegeben von Gershom Scholem. – Frankfurt am Main: Suhrkamp, 1974.

Benjamin, Walter: *Berliner Kindheit um neunzehnhundert.* Gießener Fassung. Herausgegeben und mit einem Nachwort versehen von Rolf Tiedemann. – Frankfurt am Main: Suhrkamp, 2000.

Benjamin, Walter: *Briefe 1 und 2.* Herausgegeben und mit Anmerkungen versehen von Gershom Scholem und Theodor W. Adorno. – Frankfurt am Main: Suhrkamp, 1978.

Benjamin, Walter: *Briefe an Siegfried Kracauer.* Mit vier Briefen von Siegfried Kracauer. Herausgegeben von Theodor W. Adorno Archiv. – Marbach am Neckar: Deutsche Schillergesellschaft, 1987.

Benjamin, Walter: *Franz Hessel. Heimliches Berlin.* – In: Walter Benjamin: *Gesammelte Schriften III.* Herausgegeben von Hella Tiedemann-Bartels. – Frankfurt am Main: Suhrkamp, 1981. – S. 82–84.

Benjamin, Walter: *Franz Hessel. Teigwaren, leicht gefärbt.* – In: Walter Benjamin: *Gesammelte Schriften III.* Herausgegeben von Hella Tiedemann-Bartels. – Frankfurt am Main: Suhrkamp, 1981. – S. 45–46.

Benjamin, Walter: *Franz Hessel. Die Wiederkehr des Flaneurs.* – In: Walter Benjamin: *Gesammelte Schriften III.* Herausgegeben von Hella Tiedemann-Bartels. – Frankfurt am Main: Suhrkamp, 1981. – S. 194–199.

Benjamin, Walter: *Gesammelte Briefe.* Herausgegeben von Christoph Gödde und Henri Lonitz. – Frankfurt am Main: Suhrkamp, 2000.

Blei, Franz: *Das große Bestiarium der Literatur.* Mit farbigen Karikaturen von Rudolf Großmann, Olaf Gulbransson, und Th. Th. Heine. – Frankfurt am Main: Insel, 1982.

Eloesser, Arthur: *Die Straße meiner Jugend. Berliner Skizzen.* – Berlin: Fleischel, 1919.

Feuchtwanger, Lion: *Briefwechsel mit Freunden. 1933–1958. Band II.* – Berlin: Aufbau, 1991.

Feuchtwanger, Lion: *The devil in France. My encouter with him in the summer von 1940.* Translated from the German by Elisabeth Abbott. – New York: Viking Press, 1941.

Feuchtwanger, Lion: *Der Teufel in Frankreich. Erlebnisse – Tagebuch 1940 – Briefe.* 2. erweiterte Auflage. – Berlin und Weimar: Aufbau, 1992.

Großmann, Rudolf: *Dômechronik.* – In: *Kunst und Künstler. Illustrierte Monatsschrift für Kunst und Kunstgewerbe* (Berlin) 20/1922. – S. 29–32.

Großmann, Stefan: *Franz Hessel.* – In: Gregor Ackermann/Hartmut Vollmer (Hgg.): *Über Franz Hessel. Erinnerungen – Porträts – Rezensionen.* – Oldenburg: Igel, 2001. – S. 13–14. [zuerst in: *Tempo* (Berlin) vom 07. Januar 1930].

Guenther, Johannes von: *Ein Leben im Ostwind. Zwischen Petersburg und München. Erinnerungen.* – München: Biederstein, 1969.

Hasenclever, Walter: *Romane.* Bearbeitet von Dieter Breuer. – Mainz: Hase und Koehler, 1992.

Herzog, Wilhelm: *Menschen, denen ich begegnete.* – Bern und München: Francke, 1959.

Hesse, Hermann: *Im Schatten der jungen Mädchen.* – In: Hermann Hesse: *Gesammelte Werke. Zwölfter Band. Schriften zur Literatur. Eine Literaturgeschichte in Rezensionen und Aufsätzen.* Herausgegeben von Volker Michels. – Frankfurt am Main: Suhrkamp, 1970.

Hessel, Franz: *Sämtliche Werke in fünf Bänden.* Herausgegeben von Hartmut Vollmer und Bernd Witte. *Werke 1: Romane.* Herausgegeben und mit einem Nachwort versehen von Bernd Witte. Oldenburg: Igel, 1999.

Hessel, Franz: *Sämtliche Werke in fünf Bänden.* Herausgegeben von Hartmut Vollmer und Bernd Witte. *Werke 2: Prosasammlungen.* Herausgegeben und mit einem Nachwort versehen von Karin Grund-Ferroud. – Oldenburg: Igel, 1999.

Hessel, Franz: *Sämtliche Werke in fünf Bänden.* Herausgegeben von Hartmut Vollmer und Bernd Witte. *Werke 3: Städte und Porträts.* Herausgegeben und mit einem Nachwort versehen von Bernhard Echte. – Oldenburg: Igel, 1999.

Hessel, Franz: *Sämtliche Werke in fünf Bänden.* Herausgegeben von Hartmut Vollmer und Bernd Witte. *Werke 4: Lyrik und Dramatik.* Herausgegeben und mit einem Nachwort versehen von Andreas Thomasberger. – Oldenburg: Igel, 1999.

Hessel, Franz: *Sämtliche Werke in fünf Bänden.* Herausgegeben von Hartmut Vollmer und Bernd Witte. *Werke 5: Verstreute Prosa, Kritiken.* Mit Zeittafel, Bibliographie und Nachwort herausgegeben von Hartmut Vollmer. – Oldenburg: Igel, 1999.

Hessel, Franz: *Tagebuchnotizen (1928–1932).* – In: *Juni. Magazin für Literatur und Politik* (Mönchengladbach) 1/1989/. – S. 36–49.

Hessel, Helen: *Berlin im November 1938.* – In: Manfred Flügge (Hg.): *Letzte Heimkehr nach Paris. Franz Hessel und die Seinen im Exil.* – Berlin: Das Arsenal, 1989. – S. 43–68.

Hessel, Helen: *C'était un brave. Eine Rede zum 10. Todestag Franz Hessels.* – In: Manfred Flügge (Hg.): *Letzte Heimkehr nach Paris. Franz Hessel und die Seinen im Exil.* – Berlin: Das Arsenal, 1989. – S. 69–94.

Hessel, Helen: *Journal d'Helen. Lettres à Henri-Pierre Roché. 1920–1921.* Traductions par Antoine Raybaud. Notes par Karin Grund. – Marseille: André Dimanche, 1991.

Hessel, Stéphane: *Ein Franzose aus Berlin.* – In: Manfred Flügge (Hg.): *Letzte Heimkehr nach Paris. Franz Hessel und die Seinen im Exil.* – Berlin: Das Arsenal, 1989. – S. 143–150.

Hessel, Stéphane: *In ihren Händen.* – In: Manfred Flügge (Hg.): *Gesprungene Liebe. Die wahre Geschichte zu „Jules und Jim".* – Berlin: Aufbau, 1996. – S. 244–279.

Hessel, Stéphane: *Tanz mit dem Jahrhundert. Erinnerungen.* Aus dem Französischen von Roseli und Saskia Bontjes van Beek. – München und Zürich: Piper, 2000.

Hessel, Stéphane: *Indignez-vous!* – Montpellier: Indigène, 2010. [*Empört euch!* Deutsch von Michael Kogon. – Berlin: Ullstein, 2011]

Hessel, Ulrich: *Die Autobiographie von Ulrich Hessel (Teil 1 und 2).* – In: Manfred Flügge (Hg.): *Gesprungene Liebe. Die wahre Geschichte zu „Jules und Jim".* – Berlin: Aufbau, 1996. – S. 119–164 und S. 218–243.

Hessel, Ulrich: *Ein deutscher Franzose.* – In: Manfred Flügge (Hg.): *Letzte Heimkehr nach Paris. Franz Hessel und die Seinen im Exil.* – Berlin: Das Arsenal, 1989. – S. 109–142.

Hoerschelmann, Rolf von: *Bücher und Dichter.* – In: Rolf von Hoerschelmann: *Leben ohne Alltag.* – Berlin: Wedding Verlag, 1947. – S. 9–28.

Hoerschelmann, Rolf von: *Schwabing.* – In: *Berliner Hefte* (Berlin) 1/1947. – S. 431–437.

Huch, Roderich: *Alfred Schuler, Ludwig Klages und Stefan George. Erinnerungen an Kreise und Krisen der Jahrhundertwende in München-Schwabing.* – Amsterdam: Castrum Peregrini Presse, 1973.

Kaléko, Mascha: *Der Gott der kleinen Webefehler. Spaziergänge durch New Yorks Lower Eastside und Greenwich Village.* Zusammen mit dem Kasseler Vortrag *Die paar leuchtenden Jahre* herausgegeben und eingeleitet von Gisela Zoch-Westphal. Mit dem Beitrag *Meine Tage mit Mascha Kaléko* von Horst Krüger. Mit 31 Federzeichnungen von Horst Wolniak. – München: dtv, 1985.

Kaléko, Mascha: *Das lyrische Stenogrammheft. Kleines Lesebuch für Große.* – Hamburg: Rowohlt, 1998.

Kaléko, Mascha: *In meinen Träumen ßutet es Sturm. Gedichte und Epigramme aus dem Nachlass.* Herausgegeben und eingeleitet von Gisela Zoch-Westphal. – München: dtv, 1998.

Kantorowicz, Alfred: *Exil in Frankreich. Merkwürdigkeiten und Denkwürdigkeiten.* – Hamburg: Christians, 1983.

Kantorowicz, Alfred: *Nachtbücher. Aufzeichnungen im französischen Exil 1935 bis 1939.* Herausgegeben von Ursula Büttner und Angelika Voß. – Hamburg: Christians, 1995.

Kantorowicz, Alfred: *Politik und Literatur im Exil. Deutschsprachige Schriftsteller im Kampf gegen den Nationalsozialismus.* – Hamburg: Christians, 1978.

Kesten, Hermann: *Geist der Unruhe. Literarische Streifzüge.* – Köln und Berlin: Kiepenheuer und Witsch, 1959.

Kiaulehn, Walther: *Mein Freund der Verleger. Ernst Rowohlt und seine Zeit.* – Hamburg: Rowohlt, 1967.

Krell, Max: *Der letzte Romantiker.* – In: Max Krell: *Das alles gab es einmal.* – Frankfurt am Main: Heinrich Scheffler, 1961. – S. 193–196.

Landshoff, Ludwig (Hg.): *Joseph Haydn: Kanzonetten und Lieder. Für eine Singstimme mit Klavier. 12 englische Kanzonetten und 2 Lieder mit deut-*

scher Übersetzung von Karl Wolfskehl und Franz Hessel. 21 deutsche Lieder. Neue Ausgabe für den praktischen Gebrauch von Ludwig Landshoff. – Frankfurt am Main: Peters, 1931.

Landshoff, Ludwig: Joseph Haydn: Nelson-Arie. Gesang von der Schlacht am Nil. Lines from the Battle of the Nile. Klavierausgabe. Englischer Text von Mrs. Knight. Deutsch von Franz Hessel und Ludwig Landshoff. Herausgegeben und instrumentiert von Ludwig Landshoff. – Frankfurt am Main: Peters, 1931.

Leibbrand, Werner: Gedenkblatt für Franz Hessel. – In: Gregor Ackermann/ Hartmut Vollmer (Hgg.): Über Franz Hessel. Erinnerungen – Porträts – Rezensionen. – Oldenburg: Igel, 2001. – S. 49–51. [Zuerst in: Süddeutsche Zeitung (München) vom 22. November 1958, S. 23].

Loerke, Oskar: Franz Hessel. Pariser Romanze. – In: Oskar Loerke: Der Bücherkarren. Besprechungen im Berliner Börsen-Courier 1920–1928. Unter Mitarbeit von Reinhard Tgahrt, herausgegeben von Hermann Kasack. – Heidelberg/ Darmstadt: Lambert Schneider, 1965. – S. 30–31.

Loerke, Oskar: Franz Hessel. Teigwaren, leicht gefärbt. – In: Oskar Loerke: Der Bücherkarren. Besprechungen im Berliner Börsen-Courier. 1920– 1928. Unter Mitarbeit von Reinhard Tgahrt herausgegeben von Hermann Kasack. – Heidelberg/Darmstadt: Lambert Schneider, 1965. – S. 339–340.

Loerke, Oskar: Vorläufiges zum Thema Marcel Proust. – In: Oskar Loerke: Der Bücherkarren. Besprechungen im Berliner Börsen-Courier 1920–1928. Unter Mitarbeit von Reinhard Tgahrt herausgegeben von Hermann Kasack. – Heidelberg/ Darmstadt: Lambert Schneider, 1965. – S. 377–380.

Loerke, Oskar: Tagebücher 1903–1939. Herausgegeben von Hermann Kasack. – Heidelberg/Darmstadt: Lambert Schneider, 1955.

Mann, Erika: An den Berliner. – In: Erika Mann: Blitze überm Ozean. Aufsätze, Reden, Reportagen. Herausgegeben von Irmela von der Lühe und Uwe Naumann. – Hamburg: Rowohlt, 2001. – S. 65–68.

Mann, Erika/Klaus Mann: Das Buch von der Riviera. Mit Originalzeichnungen von Walther Becker, Rudolf Großmann, Henri Matisse u.a.. Fotomechanischer Nachdruck der Ausgabe von 1931. – Reinbek bei Hamburg: Rowohlt, 2002.

Mann, Erika/Klaus Mann: Zwischen Marseille und Toulon. – In: Margrit Bröhan (Hg.): Die Provence – Morgensegel Europas. Ein Lesebuch. – München und Zürich: Piper, 1989. – S. 169–172.

Mann, Klaus: Speed. Die Erzählungen aus dem Exil. Herausgegeben von Uwe Naumann. – Hamburg: Rowohlt, 1997.

Mann, Klaus: *Der Wendepunkt. Ein Lebensbericht.* – Memmingen: S. Fischer, 1952.

Mann, Klaus: *Zahnärzte und Künstler. Aufsätze, Reden und Kritiken. 1933–1936.* Herausgegeben von Uwe Naumann und Michael Töteberg. – Hamburg: Rowohlt, 1993.

Mann, Thomas: *Tagebücher 1933–1934.* Herausgegeben von Peter de Mendelssohn. – Frankfurt am Main: S. Fischer, 1980.

Marcuse, Ludwig: *Mein zwanzigstes Jahrhundert. Auf dem Weg zu einer Autobiographie.* – München: Paul List, 1976.

Mayer, Paul: *Exil. Gedichte.* Herausgegeben und mit einem Nachwort versehen von Peter Engel. – Stuttgart: Akademischer Verlag, 1982.

Mayer, Paul: *Franz Hessel.* – In: Paul Mayer: *Lebendige Schatten. Aus den Erinnerungen eines Rowohlt-Lektors.* – Hamburg: Rowohlt, 1969. – S. 53–59.

Mühsam, Erich: *Namen und Menschen. Unpolitische Erinnerungen.* – Berlin: Guhl, 1977.

Olden, Balder: *Paradiese des Teufels. Biographisches und Autobiographisches. Schriften und Briefe aus dem Exil.* – Berlin: Rütten und Loening, 1977.

Olivier, Fernande: *Picasso und seine Freunde. Erinnerungen aus den Jahren 1905–1913.* Vorwort von Paul Léautaud. Aus dem Französischen von Gertrud Droz-Rüegg. Mit Reproduktionen von 30 Bildern, Plastiken, Dokumenten und 28 Fotos auf Tafeln und 16 Zeichnungen im Text. – Zürich: Diogenes, 1982.

Polgar, Alfred: *In Memoriam Franz Hessel.* – In: *Aufbau* (New York) vom 21. Februar 1941, S. 9.

Polgar, Alfred: *Der Lastträger.* – In: Alfred Polgar: *Kleine Schriften. Band 4. Literatur.* Herausgegeben von Marcel Reich-Ranicki in Zusammenarbeit mit Ulrich Weinzierl. – Hamburg: Rowohlt, 1984.

Polgar, Alfred: *Ein unmöglicher Mensch.* – In: Gregor Ackermann/Hartmut Vollmer (Hgg.): *Über Franz Hessel. Erinnerungen – Porträts – Rezensionen.* Herausgegeben von Gregor Ackermann und Hartmut Vollmer. – Oldenburg: Igel, 2001. – S. 14–16. [zuerst in: *Berliner Tageblatt* (Berlin) 12. Januar 1932, Abendausgabe].

Proust, Marcel: *Auf der Suche nach der verlorenen Zeit. Band 1: In Swanns Welt. Band 2: Im Schatten junger Mädchenblüte. Band 3: Die Welt der Guermantes. Band 4: Sodom und Gomorra. Band 5: Die Gefangene. Band 6: Die Entflohene. Band 7: Die wiedergefundene Zeit.* Aus dem

Französischen von Eva Rechel-Martens. – Frankfurt am Main: Suhrkamp, 1957.

Rathenau, Walther: *Impressionen*. – Leipzig: Hirzel, 1902.

Reventlow, Franziska Gräfin zu: *Briefe 1890–1917*. Herausgegeben von Else Reventlow. Mit einem Nachwort von Wolfdietrich Rasch. – München/Wien: Langen Müller, 1975.

Reventlow, Franziska Gräfin zu: *Jugendbriefe*. Herausgegeben von Heike Gfrereis. – Stuttgart: Hatje, 1994.

Reventlow, Franziska zu: *Sämtliche Werke in fünf Bänden*. Herausgegeben von Michael Schardt. – Oldenburg: Igel, 2004.

Reventlow, Franziska Gräfin zu: *Tagebücher 1895–1910*. Herausgegeben von Else Reventlow. – Hamburg: Luchterhand, 1992.

Rilke, Rainer Maria: *Briefwechsel mit Thankmar von Münchhausen 1913 bis 1925*. Herausgegeben von Joachim W. Storck. Mit einem Geleitwort von Maleen Gräfin von Hatzfeld und Hieronyma Baronin Speyart van Woerden. – Frankfurt am Main: Insel, 2004.

Ringelnatz, Joachim: *Briefe*. Herausgegeben von Walter Pape. – Berlin: Henssel, 1988.

Ringelnatz, Joachim: *Gedichte*. Auswahl und Nachwort von Walter Pape. – Stuttgart: Reclam, 1998.

Roché, Henri-Pierre: *Carnets. Les Années Jules et Jim. Première partie. 1920–1921*. Avant-propos de François Truffaut. – Marseille: André Dimanche, 1990.

Roché, Henri-Pierre: *Deux Anglaises et le Continent*. – Paris: Gallimard, 1956.

Roché, Henri-Pierre: *Jules et Jim*. – Paris: Gallimard, 1953.

Roché, Henri-Pierre: *Jules und Jim*. Roman. Aus dem Französischen von Peter Ruhff. Neu durchgesehen von Klaus Völker. Mit einem Vorwort von François Truffaut. – Berlin: Aufbau, 1995.

Roth, Joseph: *Die Autoren sind mir persönlich bekannt*. – In: Joseph Roth: *Werke 2: Das journalistische Werk 1924–1928*. Herausgegeben und mit einem Nachwort von Klaus Westermann. – Köln: Kiepenheuer & Witsch, 1990. – S. 765–767.

Sahl, Hans: *Memoiren eines Moralisten*. – Darmstadt und Neuwied: Luchterhand, 1983.

Salomon, Ernst von: *Der Fragebogen*. – Hamburg: Rowohlt, 1951.

Scheid, Richard: *Avalun. Ein Jahrbuch neuer deutscher lyrischer Wortkunst.* – München: Avalun, 1901.

Schmitz, Oscar A. H.: *Dämon Welt. Jahre der Entwicklung.* – München: Georg Müller, 1926.

Schoenberner, Franz: *Innenansichten eines Außenseiters. Erinnerungen Band 2.* – Icking: Kreisselmeier, 1965.

Scholem, Gershom: *Von Berlin nach Jerusalem. Jugenderinnerungen.* Erweiterte Fassung. – Frankfurt am Main: Suhrkamp, 1994.

Scholem, Gershom: *Walter Benjamin/Gershom Scholem. Briefwechsel 1933–1940.* Herausgegeben von Gershom Scholem. – Frankfurt am Main: Suhrkamp, 1980.

Scholem, Gershom: *Walter Benjamin – die Geschichte einer Freundschaft.* – Frankfurt am Main: Suhrkamp, 1975.

Schroeder, Max: *Eine Sommerfrische in der Provence.* – In: *Lion Feuchtwanger zum 70. Geburtstag. Worte seiner Freunde.* – Berlin: Aufbau, 1954. – S. 83–111.

Siemsen, Hans: *Schriften III. Briefe von und an Hans Siemsen.* Herausgegeben von Michael Förster. – Essen: Torso, 1988.

Speyer, Wilhelm: *„Komm, iß von meiner Suppe". Franz Hessels Persönlichkeit.* – In: Manfred Flügge (Hg.): *Letzte Heimkehr nach Paris. Franz Hessel und die Seinen im Exil.* – Berlin: Das Arsenal, 1989. – S. 97–102.

Stieler, Hilde: *Die Edelkomparsin von Sanary.* Herausgegeben von Manfred Flügge. – Berlin: Aviva, 2009.

Tucholsky, Kurt: *Gesamtausgabe. Band 10: Texte 1928.* Herausgegeben von Ute Maack. – Reinbek bei Hamburg: Rowohlt, 1996.

Tucholsky, Kurt: *Gesamtausgabe. Band 13: Texte 1930.* Herausgegeben von Sascha Kiefer. – Reinbek bei Hamburg: Rowohlt, 1996.

Tucholsky, Kurt: *Gesamtausgabe. Band 20: Briefe 1933–1934.* Herausgegeben von Antje Bonitz und Gustav Huonker. – Reinbek bei Hamburg: Rowohlt, 1996.

Uhde, Wilhelm: *Von Bismarck bis Picasso. Erinnerungen und Bekenntnisse.* – Zürich: Oprecht, 1938.

Wolff, Charlotte: *Augenblicke verändern uns mehr als die Zeit. Eine Autobiographie.* – Weinheim und Basel: Beltz, 1982.

Wolff, Charlotte: *Innenwelt und Außenwelt. Autobiographie eines Bewußtseins*. Autorisierte Übersetzung aus dem Englischen von Christel Buschmann. – München: Rogner & Bernhard, 1971.

Wolfskehl, Karl: *Briefwechsel aus Neuseeland 1938–1948*. Mit einem Vorwort von Paul Hoffmann, herausgegeben von Cornelia Blasberg. – Darmstadt: Luchterhand, 1988.

Wolfskehl, Karl: *Zehn Jahre Exil. Briefe aus Neuseeland. 1938–1948*. Herausgegeben und eingeleitet von Margot Ruben mit einem Nachwort von Fritz Usinger. – Heidelberg und Darmstadt: Lambert Schneider, 1959.

Unveröffentlichte Quellen

Brief von Ann und Walther Tritsch an Franz Hessel vom 14. März 1939. – Deutsches Literaturarchiv Marbach am Neckar.

Brief des Bermann-Fischer-Verlags an Franz Hessel vom fünften Juni 1939. – Deutsches Literaturarchiv Marbach am Neckar.

Brief von Doris von Schönthan an Franz Hessel vom zehnten April 1939. – Deutsches Literaturarchiv Marbach am Neckar.

Brief von Doris von Schönthan an Franz Hessel vom fünften Juni 1939. – Deutsches Literaturarchiv Marbach am Neckar.

Brief von Franz Hessel an Dr. Freund vom zehnten Oktober 1928. – Deutsches Literaturarchiv Marbach am Neckar.

Brief von Franz Hessel an Piper vom 16. Juli 1928. – Piper Verlagsarchiv im Deutschen Literaturarchiv Marbach am Neckar.

Brief von Franz Hessel an Piper vom zwölften Dezember 1928. – Piper Verlagsarchiv im Deutschen Literaturarchiv Marbach am Neckar.

Brief von Franz Hessel an den Piperverlag vom 16. Dezember 1928. – Piper Verlagsarchiv im Deutschen Literaturarchiv Marbach am Neckar.

Brief von Franz Hessel an R. Piper vom 24. Dezember 1928. – Piper Verlagsarchiv im Deutschen Literaturarchiv Marbach am Neckar.

Brief von Franz Hessel an R. Piper vom 25. September 1930. – Piper Verlagsarchiv im Deutschen Literaturarchiv Marbach am Neckar.

Brief von Gottfried Bermann-Fischer an Franz Hessel vom zweiten November 1938. – Deutsches Literaturarchiv Marbach am Neckar.

Brief von Hanns Hessel an Franz Hessel vom 22. Dezember 1938. – Deutsches Literaturarchiv Marbach am Neckar.

Brief von Johanna (Bobann) Hessel-Grund an Franz Hessel vom 17. Oktober 1938. – Deutsches Literaturarchiv Marbach am Neckar.

Brief von Julie von Rosenberg an Franz Hessel vom 19. Oktober 1938. – Deutsches Literaturarchiv Marbach am Neckar.

Brief (Einladung) von Dr. Karl Wolff an Franz Hessel (ohne Datum). – Deutsches Literaturarchiv Marbach am Neckar.

Brief von Manfred Georg an Franz Hessel vom achten März 1931. – Deutsches Literaturarchiv Marbach am Neckar.

Brief von Maria Speyer an Franz Hessel vom zehnten Oktober 1939. – Deutsches Literaturarchiv Marbach am Neckar.

Brief von Muschelkalk Ringelnatz an Franz Hessel vom 13. November 1938. – Deutsches Literaturarchiv Marbach am Neckar.

Brief (mit Beileidsschreiben) von Robert Briske an Franz Hessel vom zehnten Juni 1939. – Deutsches Literaturarchiv Marbach am Neckar.

Brief von Rudolf Olden an die P.E.N. Association vom achten Oktober 1939. – Deutsches Literaturarchiv Marbach am Neckar.

Brief von Siegfried Adler an Ludwig Elias vom zehnten November 1928. – Piper Verlagsarchiv im Deutschen Literaturarchiv Marbach am Neckar.

Brief von S. Katz an Franz Hessel vom 25. Januar 1939. – Deutsches Literaturarchiv Marbach am Neckar.

Brief von Tante Lise an Franz Hessel (ohne Datum). – Deutsches Literaturarchiv Marbach am Neckar.

Brief von Ursula de Boor an Franz Hessel vom 19. Mai 1939. – Deutsches Literaturarchiv Marbach am Neckar.

Brief des Verlags *Die Schmiede* an Franz Hessel vom 27. Februar 1926. – Piper Verlagsarchiv im Deutschen Literaturarchiv Marbach am Neckar.

Brief des Verlags *Die Schmiede* an Franz Hessel vom 24. September 1926. – Piper Verlagsarchiv im Deutschen Literaturarchiv Marbach am Neckar.

Brief des Verlags *Die Schmiede* an Walter Benjamin vom 20. Juli 1925. – Piper Verlagsarchiv im Deutschen Literaturarchiv Marbach am Neckar.

Brief des Verlags *Die Schmiede* an Franz Hessel/Walter Benjamin vom 19. Oktober 1926. – Piper Verlagsarchiv im Deutschen Literaturarchiv Marbach am Neckar.

Brief von Walter Benjamin und Franz Hessel vom 28. August 1929 an den Piper-Verlag. – Piper Verlagsarchiv im Deutschen Literaturarchiv Marbach am Neckar.

Brief von Walter Benjamin an den Piper-Verlag vom 20. November 1930. – Piper Verlagsarchiv im Deutschen Literaturarchiv Marbach am Neckar.

Brief von Walter Breslauer an Franz Hessel vom vierten November 1938. – Deutsches Literaturarchiv Marbach am Neckar.

Fontaine, André: *La Tuilerie des Milles* [Zusammenfassung der Umstände von André Fontaine, die der Autorin als Kopie von Barthélémy Rotger, dem Stadtchronisten von Sanary-sur-mer, zur Verfügung gestellt worden ist].

Hessel, Franz: *Das Kind und die Wanduhr. Märchen.* – In: Brief von Julie Rosenberg an Franz Hessel vom 29. Oktober 1938. – In: Deutsches Literaturarchiv Marbach am Neckar.

Lebensläufe in Englisch von Hanns Hessel. – In: Deutsches Literaturarchiv Marbach am Neckar.

Meldeschein für eine Mischehe. – Deutsches Literaturarchiv Marbach am Neckar.

Stéphane Hessel im Interview mit der Autorin im dai Heidelberg am achten November 2000. Das Interview ist im Anhang abgedruckt.

Typoskript eines unvollendeten Romans von Franz Hessel (ohne Titel). – Deutsches Literaturarchiv Marbach am Neckar.

Sekundärliteratur

Selbständige Schriften

Ackermann, Gregor/Hartmut Vollmer (Hgg.): *Über Franz Hessel. Erinnerungen – Porträts – Rezensionen.* – Oldenburg: Igel, 2001.

Becker-Furrer, Franziska: *Frühlingsgrün auf herbstlicher Straße. Genuss und Glück in Franz Hessels Prosawerk.* – Hamburg: Igel, 2009.

Boehringer, Robert: *Mein Bild von Stefan George.* Zweite ergänzte Auflage. Zum Jubiläumsjahr 1968. – Düsseldorf und München: Helmut Küpper, 1967.

Bohle-Heintzenberg, Sabine/Barbara Schneider (Hgg.): *Tiergarten. Ein Bezirk von Berlin.* – Berlin: Nicolaische Verlagsbuchhandlung, 1988.

Borie, Françoise: *Franz Hessel – un flâneur de deux rives.* – Paris: Suger, 1999.

Brodersen, Momme: *Spinne im eigenen Netz. Walter Benjamin: Leben und Werk.* – Bühl-Moos: Elster, 1990.

Brunot, Michaël/Jeanpierre Guindon/Didier Martina-Fieschi/Hervé Monjoin/Magali Nieradka/Barthélemy Rotger/Annick Seifert (Hgg.): *Sur les pas des Allemands et des Autrichiens en exil à Sanary, 1933–1945.* – La Valette du Var: Hemisud, 2004.

Eden, Wiebke: *Das Leben ist ein Narrentanz. Weiblicher Narzissmus und literarische Form im Werk Franziska zu Reventlows.* – Pfaffenweiler: Centaurus, 1998.

Egin, Kirsten: *Der ästhetische Daseinsentwurf im Werk von Franz Hessel.* – Hannover: Dissertation, 1997.

Faber, Richard: *Franziska zu Reventlow und die Schwabinger Gegenkultur.* – Köln, Weimar und Wien: Böhlau, 1993.

Faber, Richard: *Männerrunde mit Gräfin. Die „Kosmiker" Derleth, George, Klages, Schuler, Wolfskehl und Franziska zu Reventlow. Mit einem Nachdruck des „Schwabinger Beobachters".* – Frankfurt am Main (u.a.): Peter Lang, 1994.

Ferroud, Karin: *Une vie d'écriture.* – Paris : Dissertation, 1994.

Flügge, Manfred: *Gesprungene Liebe. Die wahre Geschichte zu „Jules und Jim".* – Berlin: Aufbau, 1996.

Flügge, Manfred (Hg.): *Letzte Heimkehr nach Paris. Franz Hessel und die Seinen im Exil.* – Berlin: Das Arsenal, 1989.

Flügge, Manfred: *Muse des Exils. Das Leben der Malerin Eva Herrmann.* – Frankfurt am Main: Insel, 2012.

Flügge, Manfred: *Stéphane Hessel. Ein glücklicher Rebell.* – Berlin: Aufbau, 2012.

Flügge, Manfred: *Wider Willen im Paradies. Deutsche Schriftsteller im Exil in Sanary-sur-Mer.* – Berlin: Aufbau, 1996.

Fontaine, André: *Les Camps d'Etrangers des Milles.* – Aix-en-Provence: Édisud, 1989.

Fritz, Helmut: *Die erotische Rebellion. Das Leben der Franziska Gräfin zu Reventlow.* – Frankfurt am Main: Fischer, 1980.

Gauguin, Pola: *Ludvig Karsten.* – Kopenhagen: Aschehoug, 1949.

Gegenfurtner, Marc-Heiner: *Der Autor als Flaneur. Einsamkeit und Ausgrenzung im Werk von Franz Hessel und Robert Walser.* – München: Magisterarbeit, 1999.

Gleber, Anke: *The Art of Taking a Walk. Flanerie, Literature, and Film in Weimar Culture.* – Irvine: University of California, 1988.

Göpel, Barbara/Erhard Göpel (Hgg.): *Leben und Meinungen des Malers Hans Purrmann.* Anhand seiner Erzählungen, Schriften und Briefe zusammengestellt von Barbara und Erhard Göpel. – Wiesbaden: Limes, 1961.

Guérini, Jean-Noël (Hg.): *Varian Fry: Du refuge à l'exil.* – Marseille: Actes Sud, 1999.

Guindon, Jeanpierre/Jürgen Danyel (Hgg.): *Les lieux de vie des intellectuels exilés à Sanary-sur-mer. 1930–1941.* – Sanary-sur-mer: Conseil Général. Comité Départemental du Tourisme, 2000.

Härtling, Peter: *Zwischen Untergang und Aufbruch. Aufsätze, Reden, Gespräche.* – Berlin und Weimar: Aufbau, 1990.

Heißerer, Dirk: *Wo die Geister wandern. Eine Topographie der Schwabinger Bohème um 1900.* – München: Diederichs, 1993.

Himmer, Martina: *Stadtbilder und Stadtblicke. Literarische und filmische Konstruktionen von Stadt bei Franz Hessel und Walter Ruttmann.* – Göttingen: Magisterarbeit, 2001.

Kähler, Hermann: *Berlin – Asphalt und Licht. Eine große Stadt in der Literatur der Weimarer Republik.* Mit 18 Porträtzeichnungen von Emil Stumpp. – Berlin (West): Das europäische Buch, 1986.

Karsunke, Yaak: *Walter Benjamins Blauer Chinese: Franz Hessel.* Unveröffentlichter Vortrag. – Berlin: Literaturhaus, 1988.

Kasties, Bert: *Walter Hasenclever. Eine Biographie der deutschen Moderne.* – Tübingen: Niemeyer, 1994.

Kilian, Hendrikje: *Die Jüdische Gemeinde in München 1813–1871. Eine Großstadtgemeinde im Zeitalter der Emanzipation.* – München: Kommissionsverlag UNI-Druck, 1989.

Klarsfeld, Serge (Hg.): *Les Juifs sous l'Occupation. Recueil des Textes Officiels Français et Allemands 1940/1944.* Réédité par l'Association *Les Fils et Filles des Déportés Juifs de France.* – Paris: Centre de documentation juive contemporaine, 1982.

Köhn, Eckhardt: *Straßenrausch. Flanerie und kleine Form. Versuch zur Literaturgeschichte des Flaneurs bis 1933.* – Berlin: Arsenal, 1989.

Landau, Edwin M./Samuel Schmitt (Hgg.): *Lager in Frankreich. Überlebende und ihre Freunde. Zeugnisse der Emigration, Internierung und Deportation.* – Mannheim: von Brandt, 1991.

Liersch, Werner: *Hans Fallada. Sein großes kleines Leben.* – Düsseldorf/ Köln: Diederichs, 1981.

Lottman, Herbert R.: *Die Rothschilds in Frankreich. Geschichte einer Dynastie.* Aus dem Englischen übersetzt von Ilse Utz. – Hamburg: Europäische Verlagsanstalt, 1999.

Lühe, Irmela von der: *Erika Mann. Eine Biographie.* – Frankfurt/New York: Campe, 1993.

Lunau, Katharina: *L'homme personnage. Literarisches self-fashioning und Strategien der Selbst-Fiktionalisierung bei Henri-Pierre Roché.* – Hamburg: Igel, 2010.

Mälzer, Nathalie: *Proust oder ähnlich. Proustübersetzen in Deutschland. Eine Studie.* – Berlin: Das Arsenal, 1996.

Mayer, Paul: *Ernst Rowohlt. Mit Selbstzeugnissen und Bilddokumenten.* – Reinbek bei Hamburg: Rowohlt, 1995.

Mertz-Rychner, Claudia/Maya Rauch (Hgg.): *Christiane von Hofmannsthal: Ein nettes kleines Welttheater. Briefe von Thankmar Freiherr von Münchhausen.* – Frankfurt am Main: Fischer, 1995.

Meyer, Ahlrich: *Die deutsche Besatzung in Frankreich 1940–1944. Widerstandsbekämpfung und Judenverfolgung.* – Darmstadt: Wissenschaftliche Buchgesellschaft, 2000.

Müller-Endbergs (Hg.): *Wer war wer in der DDR?* – Berlin: Links, 2006.

Münzberg, Olav (Hg.): *Vom alten Westen zum Kulturforum. Das Tiergartenviertel in Berlin. Wandlungen einer Stadtlandschaft.* – Berlin: Das Arabische Buch, 1988.

Nieradka, Magali Laure: *„Die Hauptstadt der deutschen Literatur". Sanary-sur-Mer als Ort des Exils deutschsprachiger Schriftsteller.* – Göttingen: V & R unipress, 2010.

Oberhauser, Fred/Nicole Henneberg (Hgg.): *Literarischer Führer Berlin. Mit zahlreichen Abbildungen, Karten und Registern.* – Frankfurt am Main: Insel, 1997.

Opitz, Michael/Jörg Plath (Hgg.): *„Genieße froh, was du nicht hast". Der Flaneur Franz Hessel.* – Würzburg: Königshausen & Neumann, 1997.

Peteuil, Marie-Françoise: *Helen Hessel. Die Frau, die Jules und Jim liebte.* – Frankfurt am Main: Schöffling, 2013.

Plath, Jörg: *Liebhaber der Großstadt. Ästhetische Konzeptionen im Werk Franz Hessels. Mit Abdruck eines unbekannten Textes von Franz Hessel.* – Paderborn: Igel, 1994.

Ranc, Lilian: *Zwischen „Vaterland" und „Mutterstadt". Freiwilliges und erzwungenes Grenzgängertum bei Franz Hessel.* – Marburg: Tectum, 2009.

Rockenstrocly, Xavier: *Henri-Pierre Roché, profession: écrivain.* – Université Lyon II : Dissertation, 1996.

Scarpa, Ludovica: *Martin Wagner und Berlin. Architektur und Städtebau in der Weimarer Republik.* – Weimar/Wiesbaden: Friedrich Vieweg, 1986.

Schaper, Rainer Michael: *Der gläserne Himmel. Die Passagen des 19. Jahrhunderts als Sujet der Literatur.* – Frankfurt am Main: Athenäum, 1988.

Schmidt, Julia: *Der Flaneur. Analysiert am Beispiel von Franz Hessel.* – Osnabrück: Magisterarbeit, 1999.

Schütz, Erhard: *Romane der Weimarer Republik.* – München: Fink, 1986.

Schütz, Hans J.: *Eure Sprache ist auch meine. Eine deutsch-jüdische Literaturgeschichte.* – Zürich und München: Pendo, 2000.

Stein, Gerd: *Dandy – Snob – Flaneur.* – Frankfurt am Main (u.a.): Peter Lang, 1985.

Stern, Fritz: *Der Traum vom Frieden und die Versuchung der Macht. Deutsche Geschichte im 20. Jahrhundert.* – Berlin: Aufbau, 1988.

Székely, Johannes: *Franziska Gräfin zu Reventlow. Leben und Werk. Mit einer Bibliographie.* – Bonn: Bouvier, 1979.

Truffaut, François: *Henri-Pierre Roché revisité.* – In: Henri-Pierre Roché: *Carnets. Les Années Jules et Jim. Première partie. 1920–1921.* Avant-propos de François Truffaut. – Marseille: André Dimanche, 1990. – S. IX–XXX.

Walter, Hans-Albert: *Deutsche Exilliteratur 1933–1950. Band 3: Internierung, Flucht und Lebensbedingungen im Zweiten Weltkrieg.* – Stuttgart: Metzler, 1988.

Wiesner, Herbert/Ernest Wichner (Hgg.): *Der Flaneur und die Memoiren der Augenblicke.* – In: *die horen. Zeitschrift für Literatur, Kunst und Kritik* (Bremerhaven) 4/2000.

Wichner, Ernest/Herbert Wiesner (Hgg.): *Franz Hessel. Nur was uns anschaut, sehen wir.* – Berlin: Literaturhaus Berlin, 1998.

Wunderlich, Heinke: *Spaziergänge an der Côte d'Azur der Literaten.* – Zürich/ Hamburg: Arche, 2001.

Wunderlich, Heinke/Stefanie Menke (Hgg.): *Sanary-sur-Mer. Deutsche Literatur im Exil.* Mit 136 Abbildungen. Bearbeitet von Heinke Wunderlich und Stefanie Menke unter Mitwirkung von Gisela Klemt, Thomas Lambertz und Heidemarie Vahl. – Stuttgart und Weimar: Metzler, 1996.

Zauner-Schneider, Christiane: *Die Kunst zu balancieren: Paris – Berlin. Victor Auburtins und Franz Hessels deutsch-französische Wahrnehmungen.* – Heidelberg: Winter, 2006.

Zoch-Westphal, Gisela: *Aus den sechs Leben der Mascha Kaléko. Biographische Skizzen, ein Tagebuch und Briefe mit 62 Fotos und Zeichnungen sowie 19 Dokumenten.* – Berlin: arani, 1987.

Zoch-Westphal, Gisela: *Vorwort.* – In: Mascha Kaléko: *In meinen Träumen läutet es Sturm.* Gedichte und Epigramme aus dem Nachlass. Herausgegeben von Gisela Zoch-Westphal. – München: dtv, 1997.

Sammelschriften

Becker, Claudia: *Helen Grund.* – Opitz, Michael/Jörg Plath (Hgg.): *„Genieße froh, was du nicht hast".* *Der Flaneur Franz Hessel.* – Würzburg: Königshausen & Neumann, 1997. – S. 191–210.

Bienert, Michael: *Todesarten. Über die Verwandlungen des Motivs in Franz Hessels Romanzen. Mit einem Nachtrag zu unveröffentlichten Nachlasspapieren im Deutschen Literaturarchiv.* – In: Michael Opitz/Jörg Plath (Hgg.): *„Genieße froh, was du nicht hast". Der Flaneur Franz Hessel.* – Würzburg: Königshausen & Neumann, 1997. – S. 133–156.

Dimanche, André/Blandine Masson/Antoine Raybaud (Hgg.): *Le Journal, les lettres.* – In: Helen Hessel: *Journal d'Helen. Lettres à Henri-Pierre Roché. 1920–1921.* Traductions par Antoine Raybaud. Notes par Karin Grund. – Marseille: André Dimanche, 1991. – S. VII–XXII.

Echte, Bernhard: *Nachwort.* – In: Franz Hessel: *Ein Garten voll Weltgeschichte. Berliner und Pariser Skizzen.* Herausgegeben und mit einem Nachwort versehen von Bernhard Echte. – München: dtv, 1994. – S. 125–154.

Echte, Bernhard: *Nachwort.* – In: Franz Hessel: *Sämtliche Werke in fünf Bänden.* Herausgegeben von Hartmut Vollmer und Bernd Witte. Werke 3: Städte und Porträts. Herausgegeben und mit einem Nachwort versehen von Bernhard Echte. – Oldenburg: Igel, 1999. – S. 363–378.

Erhard, Ulrike: *Literarisches Exil in Sanary-sur-Mer in den dreißiger und vierziger Jahren.* – In: Gerd Koch (Hg.): *Literarisches Leben, Exil und Nationalsozialismus. Berlin – Antwerpen – Sanary-sur-Mer – Lippoldsberg.* Mit Beiträgen von Marlene Man-Flechtheim, Ulrike Erhard, Gesa Koch-Wagner, Gerd Koch. – Frankfurt am Main: Brandes & Apsel, 1996. – S. 63–92.

Fabry, Geneviève: *Les personnages de « Campo francés » de Max Aub: du reportage à la chanson du geste.* – In: Vincent Engel (Hg.): *La Littérature des Camps: La Quête d'une parole juste, entre silence et bavardage.* Études rassemblées et présentées par Vincent Engel. – Louvain-la-Neuve: Les Lettres Romanes, 1995. – S. 71–80.

Flügge, Manfred: *Sichtbare Vergangenheit.* – In: Manfred Flügge (Hg.): *Letzte Heimkehr nach Paris.* – Berlin: Das Arsenal, 1989. – S. 151–173.

Fries, Fritz Rudolf: *Die Suche nach der verlorenen Stadt.* – In: Michael Opitz/Jörg Plath (Hgg.): *„Genieße froh, was du nicht hast". Der Flaneur Franz Hessel.* – Würzburg: Königshausen & Neumann, 1997. – S. 9–11.

Frisby, David: *The flâneur in social theory.* – In: Keith Tester (Hg.): *The Flâneur.* – London/New York: Routledge, 1994. – S. 81–110.

Gernig, Kerstin: *Von der Schwierigkeit, nur einen Mann zu lieben. Franziska zu Reventlow und der Schwabinger Kreis.* – In: Unda Hörner (Hg.): *Im Dreieck. Liebesbeziehungen von Friedrich Nietzsche bis Marguerite Duras.* – Frankfurt am Main: Suhrkamp, 1999. – S. 85–113.

Gleber, Anke: *Die Frau als Flaneur und die „Sinfonie der Großstadt".* – In: Katharina von Ankum (Hg.): *Frauen in der Großstadt. Herausforderung der Moderne?* Herausgegeben und übersetzt aus dem amerikanischen Englisch von Katharina von Ankum. – Dortmund: edition ebersbach, 1999. – S. 59–88.

Grund-Ferroud, Karin: *Nachwort.* – In: Franz Hessel: *Sämtliche Werke in fünf Bänden.* Herausgegeben von Hartmut Vollmer und Bernd Witte. *Werke 2: Prosasammlungen.* Herausgegeben und mit einem Nachwort versehen von Karin Grund-Ferroud. – Oldenburg: Igel, 1999. – S. 439–448.

Heißerer, Dirk: *Die Zeit von „Laura Wunderl". Franz Hessel in München.* – In: Michael Opitz/Jörg Plath (Hgg.): *„Genieße froh, was du nicht hast". Der Flaneur Franz Hessel.* – Würzburg: Königshausen und Neumann, 1997. – S. 37–52. [Auch in: *Aus dem Antiquariat.* Herausgegeben von der Arbeitsgemeinschaft Antiquariat im Börsenverein Jahrgang 1997. – Frankfurt am Main: Buchhändler-Vereinigung, 1997. – S. A1–A12].

Hessel, Stéphane: *Avant-propos.* – In: Walter Hasenclever: *Côte d'Azur 1940: Impossible asile.* Traduit de l'allemand et préfacé par Jean Ruffet. Avant-propos de Stéphane Hessel. – La Tour d'Aignes: Editions de l'Aube, 1998. – S. 5–7.

Honold, Alexander: *Geld und Liebe, oder was dazwischen liegt.* – In: Michael Opitz, Michael/Jörg Plath (Hgg.): *„Genieße froh, was du nicht hast". Der Flaneur Franz Hessel.* – Würzburg: Königshausen & Neumann, 1997. – S. 13–36.

Klatt, Gudrun: *Berlin – Paris bei Walter Benjamin.* – In: Peter Wruck (Hg.): *Literarisches Leben in Berlin 1871–1933.* – Berlin (Ost): Akademie, 1987. – S. 279–321.

Klein, Anne: *Rettung und Restriktion. US-amerikanische Notvisa für politische Flüchtlinge in Südfrankreich 1940/41.* – In: *Exilforschung* (München) 15/1997. – S. 213–232.

Knobloch, Heinz: *Waschzettel für Franz Hessel.* – In: Franz Hessel: *Ein Flaneur in Berlin. Mit Fotografien von Friedrich Seidenstücker, Walter Benjamins Skizze „Die Wiederkehr des Flaneurs" und einem „Waschzettel" von Heinz Knobloch.* – Berlin: Das Arsenal, 1984. – S. 1.

Laharie, Claude: *Die Internierungslager in Südfrankreich in der Vichy-Zeit 1940–1944.* – In: Landau, Edwin M./Samuel Schmitt (Hgg.): *Lager in Frankreich. Überlebende und ihre Freunde. Zeugnisse der Emigration, Internierung und Deportation.* – Mannheim: von Brandt, 1991. – S. 11–34.

Merschmann, Helmut: *Vom Mythos einer Amour fou zu dritt. Jules und Jim.* – In: Unda Hörner (Hg.): *Im Dreieck. Liebesbeziehungen von Friedrich Nietzsche bis Marguerite Duras.* – Frankfurt am Main: Suhrkamp, 1999. – S. 274–290.

Müller, Lothar: *Peripatetische Stadtlektüre. Franz Hessels „Spazieren in Berlin".* – In: Michael Opitz/Jörg Plath (Hgg.): *„Genieße froh, was du nicht hast". Der Flaneur Franz Hessel.* – Würzburg: Königshausen & Neumann, 1997. – S. 75–103.

Neumeyer, Harald: *Franz Hessels Flanerien: Versuche zur Bewältigung der Moderne.* – In: Harald Neumeyer: *Der Flaneur. Konzeptionen der Moderne.* – Würzburg: Königshausen & Neumann, 1999. – S. 295–327.

Opitz, Michael: *Frauen und Städte. Ein unrealisiertes Buchprojekt von Franz Hessel.* – In: Michael Opitz/Jörg Plath (Hgg.): *„Genieße froh, was du nicht hast". Der Flaneur Franz Hessel.* – Würzburg: Königshausen & Neumann, 1997. – S. 157–190.

Otto, Viktor: *Warum Goebbels kein Flaneur sein konnte. Politische Dimensionen der Berlin-Flaneure um 1930.* – In: Peter Sprengel (Hg.): *Berlin-Flaneure. Stadt-Lektüren in Roman und Feuilleton 1910–1930.* – Berlin: Weidler, 1999. – S. 161–179.

Petke, Wolfgang: *Alfred Hessel (1877–1939), Mediävist und Bibliothekar in Göttingen.* – In: Kohnle, Armin/Frank Engehausen (Hgg.): *Zwischen Wissenschaft und Politik. Studien zur deutschen Universitätsgeschichte. Festschrift für Eike Wolgast zum 65. Geburtstag.* – Stuttgart: Franz Steiner, 2001. – S. 387–414.

Plath, Jörg: *Weiblichkeit und Metropole.* – In: Michael Opitz/Jörg Plath (Hgg.): *„Genieße froh, was du nicht hast". Der Flaneur Franz Hessel.* – Würzburg: Königshausen & Neumann, 1997. – S. 117–132.

Potdevin, Arndt: *Franz Hessel und die Neue Sachlichkeit.* – In: Peter Sprengel (Hg.): *Berlin-Flaneure. Stadt-Lektüren in Roman und Feuilleton 1910–1930.* – Berlin: Weidler, 1999. – S. 101–135.

Proske, Stefanie: *Von Flaneuren, Literaten und Lebenskünstlern.* – In: Stefanie Proske (Hg.): *Flaneure. Begegnungen auf dem Trottoir.* – Frankfurt am Main: Büchergilde Gutenberg, 2010. – S. 7–9.

Schneider, Christiane: *Was macht Werther in Paris? Traumprotokoll und Wirk-lichkeitsbericht in Hessels „Pariser Romanze".* – In: Michael Opitz/Jörg Plath (Hgg.): *„Genieße froh, was du nicht hast". Der Flaneur Franz Hessel.* – Würzburg: Königshausen & Neumann, 1997. – S. 53–73.

Severin, Rüdiger: *Zwischen Identitätssuche und Weltgericht: Flanerie bei Hessel und Benjamin.* – In: Rüdiger Severin: *Spuren des Flaneurs in der deutschsprachigen Prosa.* – Frankfurt am Main (u. a.): Peter Lang, 1988. – S. 194–224.

Sommer, Lothar: *Nachbemerkung.* – In: Franz Hessel: *Persönliches über Sphinxe. Vier Berliner Skizzen.* Mit einer Nachbemerkung von Lothar Sommer. – Berlin: Silver & Goldstein, 1990. – S. 43–48.

Svoboda, Markus: *Die Straße als Wohnung. Walter Benjamins Rezension von Franz Hessels „Spazieren in Berlin".* – In: Peter Sprengel (Hg.): *Berlin-Flaneure. Stadtlektüren in Roman und Feuilleton 1910–1930.* – Berlin: Weidler, 1999. – S. 137–160.

Thalheim, Werner: *„Le Dachau français": Exilierte hinter Stacheldraht.* – In: *Die vergessenen Lager* (Dachau) 5/1989. – S. 188–192.

Thomasberger, Andreas: *Von Pan zu Apollo (GmbH).* – In: Franz Hessel: *Sämt-liche Werke in fünf Bänden.* Herausgegeben von Hartmut Vollmer und Bernd Witte. *Werke 4: Lyrik und Dramatik.* Herausgegeben und mit ei-nem Nachwort versehen von Andreas Thomasberger. – Oldenburg: Igel, 1999. – S. 319–336.

Ueding, Gert: *Im Morgenland der Dinge. Über Franz Hessel.* – In: Gert Ue-ding: *Die anderen Klassiker.* – München: Beck, 1986. – S. 226–240.

Vidal-Naquet, Marie: *Sur un espace mort.* – In: Geneviève Decrop: *Des camps au génocide: la politique de l'impensable.* – Grenoble: Presses universi-taires, 1995. – S. 11–19.

Vollmer, Hartmut: *Der Flaneur in einer „quälenden Doppelwelt" – Über den wiederentdeckten Dichter Franz Hessel.* – In: *Neue deutsche Hefte* (Ber-lin) 4/1987. – S. 725–735.

Vollmer, Hartmut: *Nachwort.* – In: Franz Hessel: *Von den Irrtümern der Lie-benden und andere Prosa.* Mit einer umfassenden Hessel-Bibliographie von Gregor Ackermann und Hartmut Vollmer. Hrsg. und mit einem Nachwort versehen von Hartmut Vollmer. – Paderborn: Igel, 1994. – S. 170–179.

Vollmer, Hartmut: *Nachwort.* – In: Franz Hessel: *Sämtliche Werke in fünf Bänden.* Herausgegeben von Hartmut Vollmer und Bernd Witte. *Werke 5:*

Verstreute Prosa und Kritiken. Mit Zeittafel, Bibliographie und Nachwort von Hartmut Vollmer. – Oldenburg: Igel, 1999. – S. 287–297.

Witte, Bernd: *Ein Bauer in Paris.* – In: *Juni. Magazin für Literatur und Politik* (Mönchengladbach). 1/1989. – S. 17–33.

Witte, Bernd: *Das Leben in Schrift verwandelt. Franz Hessels Romantetralogie.* – In: Franz Hessel: *Sämtliche Werke in fünf Bänden.* Herausgegeben von Hartmut Vollmer und Bernd Witte. *Werke 1: Romane.* Herausgegeben und mit einem Nachwort versehen von Bernd Witte. – Oldenburg: Igel, 1999. – S. 441–463.

Witte, Bernd: *Nachwort.* – In: Franz Hessel: *Alter Mann. Romanfragment.* Herausgegeben und mit einem Nachwort versehen von Bernd Witte. – Berlin: Suhrkamp, 1989. – S. 128–136.

Witte, Bernd: *Nachwort.* – In: Franz Hessel: *Heimliches Berlin.* Roman. Mit einem Nachwort von Bernd Witte. – Frankfurt am Main: Suhrkamp, 1987. – S. 127–137.

Witte, Bernd: *Nachwort.* – In: Franz Hessel: *Der Kramladen des Glücks.* Roman. Mit einem Nachwort von Bernd Witte. – Frankfurt am Main: Suhrkamp, 1983. – S. 245–254.

Zoch-Westphal, Gisela: *Vorwort.* – In: Mascha Kaléko: *In meinen Träumen läutet es Sturm. Gedichte und Epigramme aus dem Nachlass.* Herausgegeben und eingeleitet von Gisela Zoch-Westphal. – München: dtv, 1998. – S. 7–13.

Rundfunk- und Fernsehbeiträge

Haage, Ulrike/Ulrike Voswinckel: *Exakte Vision. Helen Hessels „Jules und Jim". Hörspielproduktion des Bayrischen Rundfunks.* – Bonn: Sans Soleil, 2004.

Hempel, Lasse Ole/Timo L. Kuff: *Pflastertreter und Dichter der Stadt: Ein Portrait des Schriftstellers Franz Hessel.* – In: *Norddeutscher Rundfunk* (Hannover) vom dritten Dezember 2002.

Ritzenhofen, Médard: *Themenabend ‚Der Mythos von Jules und Jim'.* – *ARTE* (Straßburg) vom 28. September 1999.

Rosenberg, Barbara: *Der Dichter und der Don Juan: das Kultbuch „Jules und Jim".* – In: *Deutschlandradio* (Berlin) vom ersten April 2003.

Voswinckel, Ulrike: *„Aber was tue ich hier?" Helen Hessels Jahre in Amerika.* – In: *Bayern 2* (München) vom 23. September 2004.

Voswinckel, Ulrike: *Es geschah im Isartal ... Die Münchner Bohème im Grünen.* – In: *Bayern 2* (München) vom sechsten Mai 1998.

Voswinckel, Ulrike: *Die Gräfin und Gruhle. Unveröffentlichte Briefe der Franziska zu Reventlow.* – In: *Bayern 2* (München) vom elften Dezember 1994.

Voswinckel, Ulrike: *Jugend eines Flaneurs. Franz Hessel und München.* – In: *Bayern 2* (München) vom 28. September 1987.

Voswinckel, Ulrike: *„Jules und Jim" im Isartal. Franz Hessel, Helen Hessel, Henri-Pierre Roché oder die Liebe zu dritt.* Nacherzählt von Ulrike Voswinckel. – In: *Bayern 2* (München) vom 16. Januar 1988.

Winter, Mona: *Bad Girl Franzi: ein Überlebenstraining um 1900.* – In: *Sender Freies Berlin* (Berlin) vom sechsten Juli 1999.

Zeitungs- und Zeitschriftenartikel

Bellmann, Günther: *Ein Flaneur fährt dem Polizeichef in die Parade.* – In: *Berliner Morgenpost* (Berlin) vom 12. Mai 1997. – S. 25.

Bienert, Michael: *Das Leben war brutaler. Dreieckskonstruktion. Manfred Flügges wahre Geschichte zu „Jules und Jim".* – In: *taz* (Berlin) vom 06. Oktober 1993. – S. 12.

Desplechin, Marie: *Jules, Jim et Marie.* – In: *Lire* (Paris) 12/1999. – S. 23f.

Hairapetian, Marc: *Oskar Werner Bonaparte. Im Tod wird der exzentrische Schauspieler wie ein Popstar verehrt.* – In: *Die Welt* (Berlin) vom 12. November 1997. – S. 30.

Hildebrandt, Dieter: *Im Kramladen des Glücks.* – In: *Die Zeit* (Hamburg) vom 16. März 2003. – S. 49.

Kerwelat, Jürgen: *Auf dem Wasser zu lesen.* – In: *taz* (Berlin) vom 25. April 1992. – S. 40.

Klinggräff, Fritz von: *Stadtlandschafen und Tatorte. Reiseführer und historischliterarische Wanderungen.* – In: *taz* (Berlin) vom 07. November 1992. – S. 20.

Krause, Tilman: *Innenansichten des Flaneurs.* – In: *Berliner Morgenpost* (Berlin) vom 10. August 2002. – S. 19.

Martin, Marko: *Einer, der Glück hatte. Ein Film über den Diplomaten und Zeitzeugen Stéphane Hessel.* – In: *taz* (Berlin) vom 21. Februar 1995. – S. 17.

mey.: *Bewegte Stadt. Franz Hessel: Ein Flaneur in Berlin.* – In: *Neue Zürcher Zeitung* (Zürich) vom 23. Mai 1985. – S. 39.

Mohr, Reinhard: *Das schöne Ding Berlin.* – In: *Der Spiegel* (Hamburg) 2/2001. – S. 158–161.

Plath, Jörg: *Spazierengehen, richtig angewandt. Am 6. Januar vor fünfzig Jahren starb Franz Hessel.* – In: *taz* (Berlin) vom 08. Januar 1991. – S. 15–16.

Pralle, Uwe: *Renovierung des Neuen Westens. Das „Industriegebiet der Intelligenz" im Literaturhaus.* – In: *taz* (Berlin) vom 29. September 1988. – S. 18.

Pralle, Uwe: *Tote schlafen nicht. Zwei Wiedergänger des Neuen Westens im Literaturhaus.* – In: *taz* (Berlin) vom 04. Oktober 1988. – S. 18.

Rada, Uwe: *Kann man in der Passage küssen? Der Trend zu Passagen hält an. Der geordnete Konsum im Privaten stößt aber kaum auf Gegenliebe. taz-Serie „Das Verschwinden des öffentlichen Raums" (Teil 3).* – In: *taz* (Berlin) vom 02. August 1996. – S. 24.

Schaper, Rüdiger: *Schneewittchen und der siebte Zwerg.* – In: *Tipp* (Berlin) 25/1986. – S. 103.

Steinbrügge, Lieselotte: *Da hab' ich einfach 'ne Fünf riskiert. Interview mit Gisèle Freund.* – In: *taz* (Berlin) vom 22. Dezember 1990. – S. 13–14.

Ueding, Gert: *Ein Don Quijote der Liebe. „Pariser Romanze". Franz Hessels Roman in einer Neuausgabe.* – In: *Frankfurter Allgemeine Zeitung* (Frankfurt am Main) vom 17. August 1985. – S. 29.

Ueding, Gert: *Liebes-Schule. Franz Hessels „Ermunterungen zum Genuß".* – In: *Frankfurter Allgemeine Zeitung* (Frankfurt am Main) vom 27. Februar 1988. – S. 35.

Nachschlagewerke

Bahlow, Hans (Hg.): *Deutsches Namenlexikon. Familien- und Vornamen nach Ursprung und Sinn erklärt.* – Frankfurt am Main: Suhrkamp, 1977.

Engler, Winfried (Hg.): *Französische Literatur im 20. Jahrhundert.* – Tübingen und Basel: Francke, 1994.

Hockerts, Hans Günther (Hg.): *Akten der Reichskanzlei. Herausgegeben für die Historische Kommission bei der Bayrischen Akademie der Wissenschaften für das Bundesarchiv von Friedrich P. Kahlenberg. Regierung Hitler 1933–1945. Band 2. 1934/35.* Bearbeitet von Friedrich Hartmannsgruber. – München: Oldenburg, 1999.

Huber, Ernst Rudolf (Hg.): *Dokumente zur deutschen Verfassungsgeschichte. Band 2. Deutsche Verfassungsdokumente 1851–1900.* Dritte neubearbeitete Auflage. – Stuttgart/Berlin/Köln/Mainz: W. Kohlhammer, 1986.

Lexikon des internationalen Films. Das Angebot in Kino, Fernsehen und Video. Band 4. – Hamburg: Rowohlt, 1995.

Rössig, Wolfgang (Hg.): *Hauptwerke der französischen Literatur. Einzeldarstellungen und Interpretationen. Band 2. Das 20. Jahrhundert. Die Literaturen außerhalb Frankreichs.* – München: Kindler, 1996.

Salzer, Anselm/Eduard von Tunk (Hgg.): *Illustrierte Geschichte der deutschen Literatur in sechs Bänden. Band V: Das 20. Jahrhundert.* Neubearbeitung und Aktualisierung von Claus Heinrich und Jutta Münster-Holzlar. – Frechen: Komet, 1982.

Schmoldt, Hans (Hg.): *Kleines Lexikon der biblischen Eigennamen.* – Stuttgart: Reclam, 1990.

Schmuck, Hilmar (Hg.): *Jüdischer Biographischer Index.* – München: Saur, 1998.

Walk, Joseph: *Kurzbiographien zur Geschichte der Juden 1918–1945.* Herausgegeben vom Leo Baeck Institute, Jerusalem. – München, Saur, 1988.

Wilpert, Gero von/Adolf Gühring (Hgg.): *Erstausgaben deutscher Dichtung. Eine Bibliographie deutscher Literatur 1600–1990.* 2., vollständig überarbeitete Auflage. – Stuttgart: Kröner, 1992.

Internetartikel

http://www.berlinerzimmer.de/ortmann/studium/hessel.html vom 10. Juni 1999, Sabrina Ortmann: Franz Hessel: *Ein Flaneur in Berlin*.

http://www.BerlinOnline.de/wissen/berlin.html vom 11. September 1996, Manfred Flügge: *Paris war ihm die mütterliche Geliebte. Wanderer zwischen den Welten (4): Erinnerung an den Schriftsteller Franz Hessel.*

http://www.dem.de/entertainment/kino/108/108589.html vom 06. August 1999.

http://www.hessel-niederrhein.de vom 15. Mai 2003.

http://www.stiftung-genshagen.de vom 05. Januar 2014.

http://www.us.imdb.com/Tawards?0055032 vom 06. August 1999.

http://www.webtexte.de/flaneur/elemente/auge.html vom 06. August 1999, *Die Ideengeschichte des Flaneurs*.

http://www.dla-marbach.de/Kallias.html vom 25. August 2003.

Bildnachweise

Abb. 1:   Quelle: stabi02.unblog.fr
          Rechte unbekannt

Abb. 2:   Quelle & Rechte: Münchner Stadtmuseum, Sammlung Fotografie,
          Archiv Kester (München)

Abb. 3:   Quelle & Rechte: Deutsches Literaturarchiv (Marbach am Neckar)

Abb. 4:   Quelle & Rechte: Johannes Nawrath (Hamburg)

Abb. 5:   Quelle: Deutsches Literaturarchiv (Marbach am Neckar), Rechte:
          Viola Röhr von Alvensleben (München)

Abb. 6:   Quelle & Rechte: Magali Nieradka-Steiner (Heidelberg)

Abb. 7:   Quelle & Rechte: Archives Municipales (Sanary-sur-Mer)

Abb. 8:   Quelle & Rechte: Magali Nieradka-Steiner (Heidelberg)

Abb. 9:   Quelle: Deutsches Literaturarchiv (Marbach am Neckar)
          Rechte: Gisa Hausmann-Gizinski (Berlin)

Abb. 10: Quelle & Rechte: Magali Nieradka-Steiner (Heidelberg)

Abb. 11: Quelle & Rechte: Archives Municipales (Sanary-sur-Mer)

Abb. 12: Quelle & Rechte: Magali Nieradka-Steiner (Heidelberg)

Abb. 13: Quelle & Rechte: 2012 Indignez-vous! / Tony Gatlif /
          Princes Production (Paris)